本书为国家自然科学基金项目
"三螺旋创新视角下创业型大学运行机制及对策研究"
（项目编号：71173040）成果之一

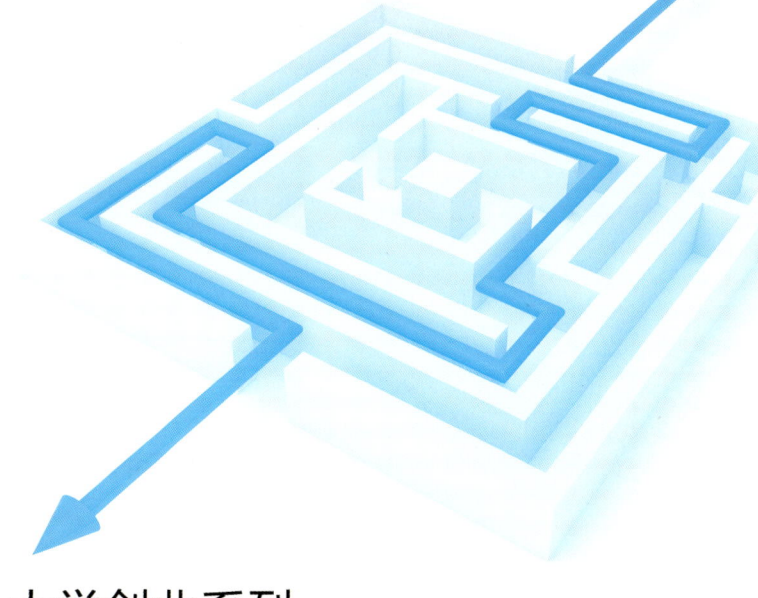

大学创业系列

总主编 陈笃彬

三螺旋创新视角下
创业型大学
形成机理与转型策略研究

郑旭辉 著

厦门大学出版社 国家一级出版社
XIAMEN UNIVERSITY PRESS 全国百佳图书出版单位

图书在版编目(CIP)数据

三螺旋创新视角下创业型大学形成机理与转型策略研究/郑旭辉著.—厦门:厦门大学出版社,2018.9
(大学创业系列)
ISBN 978-7-5615-6806-4

Ⅰ.①三… Ⅱ.①郑… Ⅲ.①大学生－创业－研究 Ⅳ.①G647.38

中国版本图书馆 CIP 数据核字(2018)第 021184 号

出 版 人	郑文礼
责任编辑	甘世恒
封面设计	李嘉彬
技术编辑	许克华

出版发行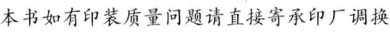

社　　址	厦门市软件园二期望海路 39 号
邮政编码	361008
总 编 办	0592-2182177　0592-2181406(传真)
营销中心	0592-2184458　0592-2181365
网　　址	http://www.xmupress.com
邮　　箱	xmup@xmupress.com
印　　刷	厦门集大印刷厂

开本 720 mm×1 000 mm　1/16
印张 16
字数 280
版次 2018 年 9 月第 1 版
印次 2018 年 9 月第 1 次印刷
定价 62.00 元

本书如有印装质量问题请直接寄承印厂调换

厦门大学出版社
微信二维码

厦门大学出版社
微博二维码

总 序

随着经济全球化程度的深入和知识经济时代的到来,区域创新体系建设成为决定该区域获取竞争优势的重要因素。高等学校已经从社会边缘走向了社会中心,成为区域创新的主体,承载着人才培养、科学研究、社会服务、文化传承创新和国际交流合作的重要使命。

当今,大学正面临着诸多挑战,探索一种新的大学发展范式是应对这些挑战的重要途径。美国著名高等教育学家克拉克·科尔(Clark Kerr)在上世纪 90 年代初谈到高等教育改革时指出,"如果高校要想在国际化轨道上生存,就必须发挥自身优势进行转型,而不能仅仅依靠政府,高校必须发展创业领导力,建立创业型大学,以获得更大的自治"。创业型大学以发展高科技、开拓新产业为己任,利用自己的知识创新成果,引资创办高技术公司,加快原创性科技成果的转化、孵化、催生、兴办新的产业,承担了发展国家和区域经济、创造新的工作机会、提升国家竞争力的"创业"的历史责任。

我国高等教育在改革开放之后获得迅猛的发展,但也遇到诸多问题:政府有限的拨款、学校发展的可支配资源不足、供需矛盾依然尖锐;社会对学校的价值期待日益苛刻;高水平的学科带头人、科技标志性成果偏少,科技纵横向课题经费比例失衡,科技成果转化率和社会贡献率低;学生的实践能力和创新能力提升不显著,创业意识和能力有待提高;学校内部存在许多矛盾,变革的力量和雄心不足,观念滞后和制度建设滞后,等等。这些问题的存在,必须在大学发展的进程中给予解决。创业型大学通过创造资源、实现知识资本化,破解学校发展资金"瓶颈"问题,走出办学资金困境;通过形成"大学—企业—政府"三螺旋结构关系,肩负起更大的社会责任,从社会的边缘走进社会经济组织的中心,实现学校内在诸多的质变和跨越发展;通过对教师的评级和晋升体现对教师中的发明者、企业家以及与工业合作的鼓励,逐渐形成"企业家精神"和"创业文化";通过全面推进创业教育,培养 21 世纪需要的创业型人才。因此,创建创业型大学,不仅有利于全面提升我国大学的综合实力,增强我国核心竞争力和可持续发展后劲,而且可以满足广大师生员工和各类社会利益主体的价值期待,有利于培育"创业精神",增强大学文化,促进和谐校园建设。

创业型大学作为高等教育发展的未来趋势之一,已经引起了国外学术界的高度重视。为了使我国高等教育发展能够满足未来社会发展以及产业发展的实际需要,我国的学术界也开始关注创业型大学的研究。但对于我国创业型大学如何构建,创业型大学怎么运行等问题,不管是在实业界还是在理论界都尚未给出一个比较明确的答案,尤其是在我国高等教育的发展环境和国外发达国家高等教育发展环境存在巨大差别的前提下。本套丛书依托国家自然科学基金项目"三螺旋创新视角下创业型大学运行机制及对策研究"(项目号:71173040),拟就上面的问题进行一些理论上的探讨,从而为创建有中国特色的创业型大学提供理论依据。

"大学创业系列"包括:

1.李坤皇、何文婷、邓雪、邱俊珲等的《三螺旋创新视角下大学的发展与创新创业教育研究》。该著作从三螺旋创新视角出发审视我国大学的发展、创新、创业教育和创业文化,并在创业型大学建设模式构建、区域创新体系建设和大学创业文化建设方面进行国际比较研究,吸收国外高校的发展经验,对我国建设创业型大学提出对策建议。

2.郑旭辉的《三螺旋创新视角下创业型大学形成机理与转型策略研究》。该著作以三螺旋创新理论为基础,借鉴克拉克等其他学者的研究结果,揭示"创业型大学"的实质与内涵,阐述创业型大学的教学、科研与服务社会的功能,并探讨三螺旋创新理论视角下创业型大学的模式与类型;通过分析创业型大学形成的主要影响因素,构建创业型大学形成机理的理论模型,并以此为分析框架,对比我国重点研究型大学与国外典型创业型大学的差距,探讨我国的大学向创业型大学转型存在的问题与障碍;进而从宏观——政府行为与职能变迁层面、中观——大学经营管理转型层面、微观——教师参与意愿提升层面为切入点,探讨我国大学向创业型大学转型的策略。

3.张海滨的《大学治理对大学创业影响研究》。该著作根据组织控制理论的分析框架,从内部治理和外部治理两个层面,构建大学治理影响大学创业的机理模型,定量实证分析大学内部治理对大学创业的影响,探索开发了大学内部治理结构的测量模型。通过调查问卷,运用结构方程模型在对不同办学层次和办学规模的大学内部治理结构进行差异性分析的基础上,定量分析了大学内部治理结构对大学创业的影响。运用多元线性回归分析,研究大学领导班子结构特征对大学创业的影响。通过对斯坦福大学和沃里克大学的双案例研究,从组织整合、资源承诺和决策控制的维度,实证检验了大学外部治理对大学创业的影响作用。基于大学治理优化的大学创业提升的对策研究,以大学治理现代化来促进大学创业。

  4.刘有升的《基于三螺旋理论的高校创业型人才培养机制研究》。该著作从三螺旋理论的视角,对麻省理工学院、沃里克大学、福州大学等三所国内外典型高校开展探索性案例研究;通过数理统计和结构方程建模结合的方法,实证分析政府、产业、高校在创业型人才培养中的参与度及其三者之间的协同度对创业型人才培养绩效的影响及作用机制。实证研究探讨了政产学参与度与创业型人才培养绩效的相关关系;引入政产学协同度作为调节变量,分析了其对"政产学参与度—创业型人才培养绩效"关系的调控性影响;探索了教师产学合作能力、学生创业实践能力在政产学参与度与创业型人才培养绩效关系中的中介作用。在此基础上,提出了三螺旋理论视角下完善创业型人才培养机制的对策,包括强化政府的引导机制、改进产业的引擎机制、优化高校的引领机制、健全政产学的协同机制。

  这套丛书从创业型大学的发展建设、形成机理、治理机制、人才培养等维度,展现了国家自然科学基金项目"三螺旋创新视角下创业型大学运行机制及对策研究"的研究成果。出版这套丛书,主要是为了促进创业型大学领域研究的学术交流,希望与学术界的同仁共同努力,推动创业型大学的研究,为充分发挥现代大学的功能、促进区域经济发展和国家自主创新能力的提升尽绵薄之力。

陈笃彬
2018 年 1 月 18 日
于泉州四读阁

前 言

创业型大学是20世纪后期崛起的一种新型大学,它是大学走出"象牙塔",主动将教学科研与区域经济社会发展相结合、直接参与或服务于创业活动的一种全新的办学模式。本书立足于三螺旋创新理论,分析三螺旋创新主体之一的大学最新发展趋势——创业型大学形成的主要因素,阐述其形成机理的理论模型,并以此为基础探讨当前我国大学在向创业型大学转型过程中存在的障碍与问题,进而从宏观、中观和微观层面进行策略分析。主要内容包括:(1)以三螺旋创新理论为基础,借鉴克拉克等其他学者的研究成果,揭示"创业型大学"的实质与内涵,阐述创业型大学的教学、科研与服务社会的功能,并探讨三螺旋创新理论视角下创业型大学的模式与类型;(2)通过分析创业型大学形成的主要影响因素,构建创业型大学形成机理的理论模型,并以此为分析框架,对比我国重点研究型大学与国外典型创业型大学的差距,探讨我国的大学向创业型大学转型存在的问题与障碍;(3)从宏观——政府行为与职能变迁层面、中观——大学经营管理转型层面、微观——教师参与意愿提升层面为切入点,探讨我国大学向创业型大学转型的策略。

本书由7个章节构成,各章的主要内容如下:

第1章,绪论。本章提出"创业型大学"研究的必要性以及对我国高等教育改革的意义;概要介绍本书研究的主要内容、框架及方法;对国内外学者相关研究现状进行文献综述,为后面界定"创业型大学"奠定基础。

第2章,从大学与外部经济关系出发,介绍创业型大学产生背景、特征以及不同三螺旋模式下的创业型大学角色。

第3章,首先分析推动创业型大学产生的内外部力量,这其中包括政府资助的减少、区域经济发展对大学的期待、高等教育发展的需要等外部因素,以及资金压力、竞争压力、内部运行效率压力等内部因素;同时在克拉克及埃兹科维兹关于创业型大学特征研究基础上,分析影响创业型大学形成的主要因素,如区域环境、科研实力、创新组织、创业文化等,探索这些要素之间的相互关系,得出创业型大学形成机理的理论模型,为后续分析奠定基础。

第 4 章,在阐述我国建设创业型大学必要性以及总体现状基础上,对比分析清华大学、浙江大学、上海交通大学等与斯坦福大学、麻省理工学院之间在科研成果数量、创业教育、科研成果转化等方面的差距,进而探讨三螺旋创新理论在我国创业型大学转型中的运用;在结合复旦大学、福州大学、浙江农林大学建设创业型大学的案例基础上,总结我国创业型大学建设存在的问题与障碍。

第 5 章,在对创业型大学形成机理理论模型以及我国建设创业型大学存在问题分析的基础上,从宏观层面——政府行为与职能变迁角度提出我国大学在向创业型大学转型的相应策略及保障。

第 6 章,从中观层面——大学经营管理转型角度提出我国大学向创业型大学转型的相应策略与保障。

第 7 章,从微观执行层面——教师参与创业型大学建设意愿的提升角度,探讨影响教师参与创业型大学建设意愿的影响因素,并采用 Probit 模型进行回归分析,进而提出相应的策略。

第 8 章,结论与展望。

目 录

第1章 绪论 ·· 001
  1.1 研究的背景和意义 ································· 001
  1.2 国内外研究现状综述 ······························ 006
  1.3 研究目标、内容与思路 ···························· 024
  1.4 研究方法 ·· 027
  1.5 本书特色和创新之处 ······························ 028

第2章 三螺旋理论与创业型大学 ················· 030
  2.1 三螺旋创新理论中的大学 ························ 030
  2.2 创业型大学的定义 ································· 036
  2.3 创业型大学的特征 ································· 038
  2.4 创业型大学与三螺旋模式 ························ 041
  2.5 创业型大学的类型 ································· 043
  2.6 本章小结 ·· 045

第3章 创业型大学形成机理 ························ 046
  3.1 创业型大学形成的内外部因素 ·················· 046
  3.2 创业型大学形成的主要因素提炼 ··············· 052
  3.3 创业型大学形成机理的理论模型 ··············· 063
  3.4 案例分析:麻省理工学院创业型大学转型经验 ··· 077
  3.5 本章小结 ·· 089

第4章 我国创业型大学建设现状与问题分析 ··· 090
  4.1 我国创业型大学建设的必要性 ·················· 090
  4.2 我国创业型大学建设的总体状况 ··············· 091
  4.3 我国大学与国外典型创业型大学的横向比较——以我国部分
      研究型大学为例 ···································· 093
  4.4 三螺旋理论在我国的应用 ························ 097
  4.5 我国探索建设创业型大学的案例 ··············· 101

4.6 我国创业型大学建设存在的问题与障碍 … 108
4.7 本章小结 … 114

第5章 政府的行为与职能变迁
—— 创业型大学转型宏观层面策略研究 … 116
5.1 三螺旋理论中的政府行为模式 … 116
5.2 政府在三螺旋理论中的职能变迁 … 118
5.3 创业型大学转型中的宏观策略研究——以美国为例 … 126
5.4 我国政府促进创业型大学建设的策略保障 … 129
5.5 本章小结 … 136

第6章 大学的经营管理转型与经营能力提升
—— 创业型大学转型中观层面策略研究 … 138
6.1 大学经营管理转型 … 138
6.2 经营管理变革是向创业型大学转型的必经历程 … 140
6.3 高校新型经营管理模式——创业管理的兴起 … 142
6.4 建设创业型大学的经营管理转型策略 … 153
6.5 大学经营管理转型的策略保障 … 179
6.6 本章小结 … 187

第7章 教师的参与意愿提升
—— 创业型大学转型微观层面策略研究 … 188
7.1 提升教师参与大学经营管理转型建设意愿的必要性 … 188
7.2 教师参与创业型大学建设核心方式的界定 … 191
7.3 教师参与创业型大学建设意愿的影响因素分析 … 192
7.4 教师参与创业型大学建设意愿的调查 … 195
7.5 教师参与创业型大学建设意愿影响因素的实证分析 … 213
7.6 本章小结 … 223

第8章 结论与展望 … 224
8.1 主要结论 … 224
8.2 局限性与不足 … 225
8.3 未来展望 … 226

参考文献 … 227

附录一 高校教师对建设创业型大学的态度及参与意愿影响因素的调查问卷 … 241

附录二 高等院校或科研院所转向创业型组织影响因素问卷调查 … 244

第 1 章

绪　论

形成于后工业时代的创业型大学(entrepreneurial university),是大学在回应社会需求、将教学科研与区域经济社会发展相结合的过程中出现的一种新型的大学模式,这是大学对自身功能与发展战略重新定义而形成的一种新型大学。创业型大学从社会边缘走向社会中心,以倡导创新创业、服务国家和社会为目标,通过拓展大学的功能,整合内外部资源,进而担负起区域创新的核心重任。创业型大学的成功兴起,为加快我国现代大学转型、推进高等教育改革以适应经济社会发展需要提供了一条切实可行的路径。

1.1 研究的背景和意义

1.1.1 研究背景

大学是知识创造、创新、传播的重要载体。纵观世界各国特别是以美国为代表的发达国家的著名大学演化历史,大多是在和社会互动的过程中成功地进行功能转型。经济社会发展需求和客观条件促进了大学转型,大学转型又对经济社会发展做出巨大贡献。我国大学的发展也一直在努力顺应我国经济社会发展需求,但如何在新的形势下解决高等教育问题(尤其是如何加快我国世界一流大学建设步伐),以促进我国科教兴国、创新型国家战略的实施,从而全面推进我国社会主义现代化建设,这已经是一个刻不容缓的问题了。

(一)我国经济社会发展要求建设创业型大学

知识经济时代,社会经济发展的主要驱动力来自于不断创新的知识。据估计,在农业经济时代科学技术对经济增长的贡献率不到 10%,工业经济时代的后期达到 40%,而知识经济时代预测将达到 80%。党的十八大报告中明确指出"实施创新驱动发展战略","要坚持走中国特色自主创新的道路,以全球视野谋划和推动创新,提高创新集成创新和引进消化吸收再创新能力,更加注重协同创新",并且提出"把全社会智慧和力量凝聚到创新发展上来"。《国家中长期教育改革和发展规划纲要(2010—2020 年)》提出高等教育要牢固树立社会服务意识,全面推进产学研用结合,加快科技成果转化。这一新要求的提出,预示着我国经济社会即将出现重大变革,作为创新活动最活跃的大学也将被寄予更多的社会期许和责任,大学必须要走到社会的中心,成为区域经济发展的动力源。而基于三螺旋理论、出现于 20 世纪后期的创业型大学的兴起则是高等教育领域对这一要求与挑战的积极回应,它是在大学将教学、科研与区域经济社会发展相结合的过程中出现的一种新的大学发展模式。创业型大学以发展高科技、孵化新企业为目的,以创新和开放的积极姿态与政府、企业界建立全新联系,协同构建区域创新体系,提升国家竞争力。创业型大学的建设不仅是大学社会职能的又一次重大转变[1],更是人类社会发展的一个重大现象[2]。对这一现象的研究将会是未来很长一段时间国内外关注和争论的焦点。

(二)创建创业型大学是适应我国高等教育培养创新创业型人才需求的必由之路

联合国教科文组织发表的《21 世纪的高等教育:展望与行动世界宣言》中提出,高等学校必须将创业技能和创业精神作为高等教育的基本目标,要使毕业生不仅成为求职者,而且成为岗位的创造者。从 2004 年到 2014 年,我国高校毕业生人数逐年递增,但是大学毕业生参与自主创业的人数比例仅有 1% 左右[3]。如果加上高职高专院校毕业生,这个比例会有所扩大。麦可思研究

---

[1] 陈笃彬.正确处理八个关系,建设创业型大学[J].福州大学学报(哲学社会版),2009(4):14-1.

[2] 王雁,孔寒冰,王沛民.两次学术革命与大学的两次转型[J].浙江大学学报,2005(03):162-167.

[3] http://news.xinhuanet.com/politics/2014-05/21/c_1110791348.htm[EB/OL].新华网.

院研究了近年的数据后发现,包括本科毕业生和高职高专院校毕业生在内的中国大学生毕业后选择自主创业的比例基本呈逐年上升的趋势:2007年为1.2%,2008年1%,2009年1.2%,2010年1.5%,2011年1.6%,2012年2%,2013年2.3%,2014年2.9%,其中高职高专院校毕业生创业比例始终高于本科院校创业比例[①],但这比例远低于发达国家高达20%~30%的大学生创业率。胡锦涛总书记在十七大报告中指出:"实施扩大就业的发展战略,促进以创业带动就业。"以习近平同志为总书记的新一届领导集体大力鼓励全民创业和创新,提出"大众创业,万众创新"方针。习近平指出:"创业是推动经济社会发展、改善民生的重要途径。青年学生富有想象力和创造力,是创新创业的有生力量。希望广大青年学生把自己的人生追求同国家发展进步、人民伟大实践紧密结合起来,刻苦学习,脚踏实地,锐意进取,在创新创业中展示才华、服务社会。"创业教育的提出和探索是中国高等教育信息化和全球化背景下走向深化的必然趋势和重要标志,是高等教育国际化与大众化的必然结果,是知识经济和社会发展的必然要求,是新时代下高等教育的根本职责。对大学生进行创新创业教育,培养具有创新创业能力的高素质人才是当前我国高等学校的重要任务。

(三)创业型大学的建设是适应我国高等教育发展新趋势新变化的战略选择

我国高等教育在改革开放之后获得迅猛发展,但在连年扩招的大背景下遇到诸多问题:(1)政府有限的拨款导致大学普遍陷入财政危机,学校发展的可支配资源不足、供需矛盾依然尖锐,高校财政已进入高额负债运行期并形成制约发展的"瓶颈"问题;(2)社会对学校的价值期待日益苛刻;(3)高水平的学科带头人、科技标志性成果偏少,科技纵横向课题经费比例失衡,科技成果转化率和社会贡献率低;(4)学生的实践能力和创新能力提升不显著,创业意识和能力有待提高;(5)学校内部存在许多矛盾,变革的力量和雄心不足,观念滞后和制度建设滞后等等。这些问题的存在,必须在大学发展的进程中给予解决。创业型大学通过创造资源、实现技术的产业化和知识的资本化,破解学校发展资金"瓶颈"问题,走出办学资金困境;通过形成"大学—企业—政府"三螺旋结构关系,大学肩负起更大的社会责任,从社会的边缘走进社会中心,促使

---

① http://finance.chinanews.com/gn/2015-08-13/7465769.shtml[EB/OL].中国新闻网.

学校内在诸多因素产生质变进而实现跨越式发展;通过对教师的评级和晋升评价体系的改变,体现对教师中的发明者、企业家以及对他们与产业界合作的鼓励,逐渐形成"企业家精神"和"创业文化"。因此,创建创业型大学,不仅有利于全面提升我国大学的综合实力,增强我国核心竞争力和可持续发展后劲;而且可以满足广大师生员工和各类社会利益主体的价值期待,有利于培育"创业精神",浓厚大学文化,促进和谐校园建设。

(四)创业型大学的创建顺应了国际大学发展的主流趋势

创业型大学发端于美国麻省理工学院,斯坦福大学加以传承和发展,进而在全美乃至世界范围都产生了巨大影响。从19世纪到20世纪,美国经济、科技、军事等和美国大学一起都发生了世纪之变。19世纪末,世界顶尖的10所大学中欧洲占了7所,美国只有2~3所;到了20世纪末,数据颠倒过来。这就是各国大学、企业和政府机构直到现在都十分重视研究创业型大学的重要原因之一。于是世界各地展开了建设创业型大学的实践,创业型大学呈现出多样化发展:有将大学创业活动作为科学研究延伸的美国模式①,有将大学创业活动作为教学活动延伸的欧洲模式②,也有直接引入创业教育与孵化器概念的巴西模式③。创业型大学不再是研究型大学的专利,在伯顿·克拉克看来,甚至二三流的大学更容易成长为创业型大学④。我国大学在现代化转型过程中已经不断借鉴、吸收这些先进理念,并开展多种方式的探索和实践,然而相关的理论研究成果和实践活动远远不够,与我国创建创新型国家的实际

---

① 根据亨利·埃茨科威兹的观点,美国模式是指将大学的科学研究使命直接向经济领域扩展。缘于《贝耶—多尔法案》的实施,大学取得了由联邦政府资助的研究所获得的知识产权所有权,这些知识产权可以转交给公司,也可以在这些知识产权基础上直接成立公司,美国教授以企业家的身份组建公司,师生一起参与创业。

② 欧洲模式是指通过大学教学使命的延伸而产生的。欧洲大学主要是集中精力培养学生去创建新公司,教授以顾问或部分主人的身份参与学生公司运作。

③ 巴西模式是指以在大学内扩展创业培训的形式实施教学使命而实现的一种创业型大学建设模式,大学创业活动成为大学教学使命的组成部分,并将创业训练引入大学课程。学术界的创业可以通过孵化中的创新来实现,通过高水平的知识管理和培训将孵化植入实验室。比如成立于1997年里约热内卢的天主教大学创世纪学院,被誉为巴西最好的创业孵化器之一,主要职能是对创业者进行培训,为创业项目提供技术、管理和融资。这三个模式详见亨利·埃茨科威兹的《三螺旋》一书。

④ 伯顿·克拉克.大学的持续变革——创业型大学新案例和新概念[M].北京:人民教育出版社,2008.

需要仍有不小差距。

总之,创业型大学的办学理念对区域经济和国家经济发展的重要性不言而喻,并影响着各国大学的发展。要有效解决我国社会经济发展过程中遇到的各种创新问题,探索适应我国高等教育发展以及我国大学未来发展的新趋势,要与国际大学发展相衔接,就必须研究具有中国特色的创业型大学形成机理与转型策略。

1.1.2 研究意义

(一)本研究在理论方面的意义

1.在现代高等教育中创建创业型大学的意义

大学是区域创新的引领者,是创新体系中的最重要的因素,是知识、人力资源和技术的源泉。创业型大学能有效提高国家核心竞争力。知识经济时代,大学已从社会的边缘地带走向经济社会的轴心,在国家和区域经济发展中发挥着越来越突出的作用,担负着知识创造的中心、知识企业的孵化器、高新技术的辐射源和高新技术开发区的智力支柱等多重角色。大学只有和政府、企业结合起来,才能成为真正的学习型组织,并进行新知识的生产。本课题用一种全新的视角来研究具有中国特色的创业型大学形成机理与形成路径,进一步发展和丰富了现有创业型大学理论,也为我国有效地创建创业型大学提供了可供参考的理论依据。

2.对三螺旋创新理论方面的意义

三螺旋创新理论涉及政府、企业和大学,已有的三螺旋创新理论大多从政府、企业(特别是区域经济)的角度来论述,或者是通过论述政府、企业和大学三者之间的关系来阐述,但从创业型大学的视角并以创业型大学为主体来研究三螺旋创新理论的成果还不多见。本研究将弥补三螺旋创新理论研究的不足,为三螺旋创新理论的发展添砖加瓦。

(二)现实意义

本研究通过对具有中国特色的创业型大学的形成机理与转型策略进行探索,对我国大学向创业型大学转型提供现实指导,进而提高我国大学作为知识创新主力军、技术创新生力军的重要作用;有利于培养创新创业型人才;有利于提升我国大学的核心竞争力,从而真正发挥现代大学的社会辐射功能、促进区域经济发展和国家自主创新能力的提升。可见,本研究对于加快我国从高等教育大国向高等教育强国迈进,全面增强自主创新能力,建设创新型国家具有重要的启发和借鉴意义。

1.2 国内外研究现状综述

1.2.1 三螺旋理论的国内外研究综述

(一)国外研究综述

1953年莱纳斯·鲍林(Linus Pauling)和科里(Robert B.Corey)提出了DNA是由三个链组成的理论。而华生(James Watson)和克里克(Francis Crick)则认为DNA是双螺旋结构,最终双螺旋被确定为DNA的正确结构。这是因为双螺旋比三螺旋更稳定,它能保持两者互补从而保持平衡,而三螺旋包含着不同类型的复杂行为。因此,后来就将三螺旋模式用来研究复杂的转型过程。通过引入生物学中的三螺旋概念,1997年,美国纽约州立大学亨利·埃茨科威兹(Henry Etzkowitz)教授在观察、分析并总结经验的基础上,建议利用"三螺旋"模型来分析大学、产业和政府之间的关系,并用来解释三者间在知识经济时代的新关系。从此,三螺旋理论被认为是一种创新型的结构理论。雷德斯多夫(Leydesdorff)对"三螺旋"概念进行了研究。他认为,"三螺旋"模型是由创新的不同发展阶段演化而来并最终形成所谓的"三螺旋"。三螺旋(The Triple Helix)模型又被称为三螺旋理论、三重螺旋理论、三螺旋创新理论(模型)等等,具体说来是指大学－企业－政府之间相互作用,在各种各样的结合中,每个机构范围保持传统作用和独特身份的同时又起着其他机构范围作用的三螺旋模式,是组织创造的兴奋剂[①]。

1996年"三螺旋"这一概念的两位创始人在阿姆斯特丹组织召开了第一届三螺旋国际研讨会,2016年第十四届三螺旋大会在德国海德堡召开[②]。这

---

① 亨利·埃茨科维兹.三螺旋[M].北京:东方出版社,2005.
② http://www.triplehelixeonferenee.org/.

一大会逐渐受到企业和政府界代表的重视。埃茨科威兹和雷德斯多夫后于著作中指出,当大学、企业和政府合力促进经济发展和学术研究时会形成一个扩张的交互式螺旋网络系统,在这个结构系统下,学术一改过去传统的培训人才和传授基础知识的角色,成为技术结构和地区发展的重要资源[①]。享利·埃茨科威兹指出"大学—企业—政府"是一个交互式而非线性的创新模型关系。当一个公司提高技术水平时,将更加依赖学术模型,致力于高水平的培训和知识分享。政府不再是传统的政策的制定者,而成为一个公共企业家和风险投资家[②]。

三螺旋理论一经提出就得到国内外许多学者的关注与响应。比如有学者研究得出发展中国家需要通过政策刺激重视国家创新系统,并消除三螺旋文化发展的障碍[③]。J.P.C.Marques,J.M.G.Caraça and H.Diz 等基于对葡萄牙科英布拉大学"大学—企业—政府"关系的案例研究,验证在三螺旋创新模型下,科英布拉大学在促进地区创新活力和创业精神方面起到的重要作用[④]。Loet Leydesdorff 采用定量分析方法,将日本和加拿大的情况进行对比分析,对日本的大学—企业—政府三重螺旋关系在其国际合作中发挥的作用进行研究[⑤]。

三螺旋创新模式产生了强大的创新动力,Hoye K,Pries F 就指出企业—大学—政府的三螺旋是提高区域和国家创新系统的关键[⑥];Kevin Philpott,Lawrence Dooley 认为三螺旋使创新过程从线性模式转变为系统的、动态的过程[⑦];埃茨科威兹认为国家 R&D 系统结构可以通过使用三螺旋研究大学—

---

① ETZKOWITZ,LEYDESDORFF.The Transformation Of University-industry-government Relations[J].Electronic Journal of Sociology,2001.

② ETZKOWITZ.Innovation in Innovation:The Triple Helix of University-Industry-Government Relations.Social Science Information,2003 (42):293—337.

③ SAAD,ZAWDIE. Source From technology transfer to the emergence of a triple helix culture:the experience of Algeria in innovation and technological capability development[J].Technology Analysis and Strategic Management,2005(17):89—103.

④ MARQUES.How can university-industry-government interactions change the innovation scenario in Portugal? —the case of the University of Coimbra[J].Technovation,2006(26):534—542.

⑤ LEYDESDORFF.National and International Dimensions of the Triple Helix in Japan:University-Industry-Government Versus International Coauthorship Relations[J].Journal of the American Society for Information Science and Technology.2009(4):778—788.

⑥ HOYE K.,PRIES F.,Repeat commercializers:the habitual entrepreneurs of university—industry technology transfer[J].Technovation,2009,29:682—689.

⑦ LAWRENCE DOOLEY.The entrepreneurial university:Examining the underlying academic tensions[J].Technovation,2010 (3):1—10.

企业—政府之间的关系来审核[①]。同时,Dzisah 和埃茨科威兹强调三螺旋通过增强国家 R&D 系统中科技能力创新能刺激知识战略和加速社会经济发展的速率[②]。Carlos Rodrigues 和 Ana I.Melo 以葡萄牙的小型企业为例,分析了三螺旋模型在推动区域创新发展和制定地区发展战略方面的作用[③]。诸如此类的研究也如雨后春笋般出现。

(二)国内研究综述

国内对三螺旋模型的研究起步较晚,2005 年以前的文章较少,但随着周春彦翻译出版的《三螺旋:大学、企业、政府三元一体的创新模式》以及其他国外著作的引进,三螺旋理论逐渐被学者关注。

周春彦是国内最早研究三螺旋理论的学者,她的成果包括译著、学术论文和学术报告等。2006 年,周春彦在其发表的文章《大学—企业—政府三螺旋创新模式》[④]中对亨利·埃茨科维兹的三螺旋理论进行了细致的介绍与解读,并探讨"如何将该理论运用到我国"。同年发表的《双三螺旋:创新与可持续发展》[⑤]由周春彦与亨利·埃茨科维兹合作完成,文章介绍了三螺旋的新发展——双三螺旋模型,并提出了该模型下关于创新和可持续发展的问题,进一步丰富完善了该理论。2010 年,她翻译了荷兰学者劳埃特·雷德斯多夫和英国学者马丁·迈耶尔共同发表的论文《三螺旋模式与知识经济》[⑥],介绍了该理论在技术经济制度方面的应用,拓展了国内学者的研究视野。2011 年,她对国外三螺旋理论的研究前沿和最新进展进行了介绍,指出从关联学角度研究大学—企业—政府间的网络关系、从动力学角度研究三螺旋运行机制、创新和可持续发展(可持续发展三螺旋与创新三螺旋协同发展)、第四螺旋、美国模

---

① ETZKOWITZ H.Triple Helix Innovation:Industry,University,and Government in Action[M].Routledge,London /New York,2008.

② DZISAH J.,ETZKOWITZ H.Triple helix circulation:the heart of innovation and development.In:A Theme Paper Presented at the 2009 Triple-Helix Annual Conference,Glasgow,UK,2009(6):16—18.

③ CARLOS RODRIGUES,ANA I.MELO.The Triple Helix Model as Inspiration for Local Development Policies:An Experience-Based Perspective[J].International Journal of Urban and Regional Research,2012(1):2—4.

④ 周春彦.大学—企业—政府三螺旋创新模式[J].自然辩证法研究,2006(4):75—76.

⑤ 周春彦.双三螺旋:创新与可持续发展[J].东北大学学报,2006(5):170—172.

⑥ 劳埃特·雷德斯多夫,马丁·迈耶尔.三螺旋模式与知识经济[J].周春彦译.东北大学学报.2010(1):11—13.

式是否可以复制等方面是今后研究的重点方向①。她的文章及论著不断更新在新浪博客中②。

随着学者们研究的深入,三螺旋理论不断在实践中获得应用。例如陈红喜基于三螺旋理论的政产学研合作模式③,吴敏则结合区域创新体系构建④,彭绪娟,彭绪梅,龙雪梅,龙泳伶等结合三螺旋对大学教育模式等进行了探讨⑤;徐珏,于丽英研究了官产学三螺旋对企业集群成长的现实意义,指出需要我国政府发挥主导的优势,促进企业和大学的积极性主动性,推动政府、企业和大学的不断发展与密切合作,使我国的官产学三螺旋走向最优化⑥;齐善鸿和吴思利用三螺旋模型理论分析了我国 1949 年以来的创新战略演进,得出政府创新的三元互动趋势、大学创新的科研与创业趋势及企业创新的国际化趋势将成为创新战略的主线,并指出了创新战略多方参与机构的努力方向⑦;陈静、林晓言探讨了三螺旋理论中关于技术转移和创业型大学的经典逻辑关系以及借鉴美国大学技术转移的成功经验,指出了我国大学在技术转移过程中存在的问题⑧;王勇针对海峡西岸经济区正日益成为实现两岸要素资源优化整合的先行先试区域这一大背景,对海峡西岸经济区区域三螺旋合作的现状和存在的问题进行了分析并提出政策建议⑨;周志霞运用三螺旋模型对潍坊市蓝色高端企业集群的创新机制予以研究⑩;胡浩民、李思思、向安强运用

---

① 周春彦,李海波,李星洲等.国内外三螺旋研究的理论前沿与实践探索[J].科学与管理.2011(4):21—22.

② http://blog.sina.com.cn/alice1082 周春彦博客.

③ 陈红喜.基于三螺旋理论的政产学研合作模式与机制研究[J].科技进步与对策,2009(24):6—8.

④ 吴敏.基于三螺旋模型理论的区域创新系统研究[J].中国科技论坛,2006(1):36—40.

⑤ 彭绪娟,彭绪梅.基于三螺旋理论的创业型大学的创业能力培育探析[J].黑龙江高教研究,2007(12):106—108.

⑥ 徐珏,于丽英.企业集群成长中的官产学三螺旋关系演变分析[J].科技管理研究,2010(11):180—186.

⑦ 齐善鸿,吴思.中国创新战略演进及其趋势分析——基于三螺旋创新模型的架构[J].中国科技论坛,2007:3—6.

⑧ 陈静,林晓言.基于三螺旋理论的我国技术转移新途径分析[J].技术经济,2008(7):1—6.

⑨ 王勇.海峡西岸经济区区域三螺旋合作深化发展路径探讨[J].台湾研究集刊,2011(3):34—42.

⑩ 周志霞.基于三螺旋模型的潍坊市蓝色高端企业集群创新研究[J].安徽农业科学.2011(3):1805—1806.

三螺旋理论,结合温氏集团科技创新发展实践经验,指出科技创新体系具有多元联合互动的逻辑特点①。

此外,学者们还将三螺旋理论应用于工业园区、企业集群、政府作用、技术转移路径、专利分析、科技成果转化、大学科技园区等方面,摸索出我国区域创新研究的新视角、新观点。如刘志铭将一个经济区域内的大学、企业与政府之间结成三螺旋网络视为获得区域创新优势的关键②,三螺旋中,官产学三个主体的互动实现动态平衡,生成持续的创新力。马永斌,王孙禺认为在三螺旋模式中,大学、政府和企业打破了原有的组织边界,并在边界切面上搭建起新的桥梁。官产学彼此间正在形成一种相互渗透、相互依存、相互制约、共生共荣的网络关系③。王如东以江苏工业园区为分析对象,以三螺旋作为发展创意城市的理论支撑④;胡士强、张云霞通过无锡尚德与贵州微硬盘的实际比较研究,运用三螺旋分析政府在高新技术企业发展中的角色定位,指出政府应该从服务型政府导向出发,不应过多干预企业、市场行为⑤;栾春娟、陈悦、刘则渊借鉴三螺旋框架,分析了全球范围内的学术机构专利产出情况,指出大学需要和企业加强合作提高专利质量,政府应该加强在知识产权方面的管理服务工作⑥;王建华运用三螺旋框架论述了绿色技术创新中的官产学合作问题,指出在绿色技术创新体系中,企业、政府、大学共同作为创新的多元主体才是真正实现绿色创新的关键所在⑦;柳岸阐述了我国目前使用的三螺旋模型及三要素的角色、关系、相应的模式及产生的问题,分析了中科院科技成果转化中的

---

① 胡浩民,李思思,向安强.科技创新体系的多元联合互动逻辑——温氏集团科技创新发展的三重螺旋模型理论分析[J].科技管理研究.2011(3):24—30.

② 刘志铭.大学—企业—政府关系与创新模式的变革[J].当代经济研究,2007(10):55—59.

③ 马永斌,王孙禺.浅谈大学、政府和企业三者间关系研究[J].清华大学教育研究,2007(5):26—33.

④ 王如东.基于三螺旋的创意城市研究——以苏州工业园区为例[J].上海管理科学,2008(5):78—81.

⑤ 胡士强,张云霞.高新技术产业发展中的政府作用探析——无锡尚德与贵州微硬盘的比较研究[J].科技管理研究,2008(4):26—28,33.

⑥ 栾春娟,陈悦,刘则渊.三螺旋创新模式下的全球学术界专利竞争[J].情报杂志,2008(4):12—15.

⑦ 王建华.基于国家战略产业发展需求的产学研合作新机制、新模式[J].中国科技企业,2010(1):48—51.

做法及效果,指出了我国科技成果转化中存在的问题并给出建议①;张铁男、陈娟通过对孵化活动的三螺旋分析,为孵化模式创新提供理论指导并创造性地提出"企业基地孵化"的大学科技园孵化模式②。

1.2.2 创业型大学的国内外研究综述

(一)国外研究综述

创业型大学作为一种新生的大学组织形式,已经引起了国外学者的广泛关注和探讨。欧美地区已积累了大量有关创业型大学的文献和专著,并呈现不断增加的趋势。该领域权威的学者为美国纽约州立大学亨利·埃茨科威兹(Henry Etzkowitz),美国加州大学洛杉矶分校比较教育学家伯顿·克拉克(Burton R.Clark)和美国乔治亚大学教授希拉·斯劳特(Sheila Slaughter)三人。他们分别从大学与企业界合作的角度,大学组织转型的角度以及学术资本主义的角度对创业型大学进行研究,为学者们后续对创业型大学展开全面研究提供了坚实的理论基础。

1.有关创业型大学的概念、特点及与企业界合作的研究

亨利·埃茨科威兹是这一领域的先驱者,他提出了关于"大学－企业－政府"创新的三螺旋理论,并对创业型大学的定义、特征、评价标准等理论问题进行了研究。1995年,他与罗伊特·雷德斯多夫(Loet Leydesdorff)编写的《大学与全球知识经济:大学—企业—政府关系的三重螺旋》中提出了创业型大学的概念:"经常得到政府政策鼓励的大学及其组成人员对从知识中收获资金的兴趣日益增强,这种兴趣和愿望又加速模糊了学术机构与公司的界限,公司这种组织对知识的兴趣总是与经济应用和回报紧密相连的。"③而创业型大学的主要特点为拥有研究团队、建立有商业潜力的研究基础、将研究成果作为知识产权转移出大学的组织机制、在大学里组建公司的能力以及学术要素和商业要素整合成新的组织模式,如大学—工业研究中心等。2002年,埃茨科维兹

---

① 柳岸.我国科技成果转化的三螺旋模式研究——以中国科学院为例[J].科学学研究,2011(8):1129－1134.

② 张铁男,陈娟.基于三螺旋模型的大学科技园孵化模式[J].研究情报杂志,2011(2):66－67.

③ ETZKOWITZ,ANDREW WEBSTER,Universities and The 610bal Knowledge Economy[M].Rout Ledge Press,1995,228.

出版其新著《第二次学术革命:麻省理工学院与创业型科学的兴起》(*The Second Academic Revolution, MIT and The Rise of Entrepreneurial Science*)。该书以麻省理工学院、斯坦福等大学为案例,以两次学术革命为视角,论述了在新的社会环境下,大学职能的扩展——从教学、科研扩展到经济与社会的发展。2005年埃茨科威兹出版了他另一本关于三螺旋专题的研究著作《三螺旋——大学·企业·政府三元一体的创新战略》,他认为随着大学地位的改变,创业型大学已经成为大学、企业、政府三螺旋关系中的重要角色,是三螺旋的推进器,是国家创新体系的主要动力。同时他也指出了创业型大学的五个标准:知识资本化、相互依存性、相对独立性、混合形成性和自我反应性[①]。在2007年5月的第六届国际三螺旋大会上埃茨科威兹做了《区域创新发动者——不同三螺旋模式下的创业型大学》的主题发言,认为根据创新组织者和发动者的不同,即在大学推动、政府拉动、公司引导三种不同的模式下,创业型大学的作用是不同的[②]。埃茨科威兹在文章中着重讨论大学是如何将它的核心功能从教学与科研扩展到经济与社会发展的,从而作为大学－企业－政府三螺旋关系的一部分,在创新动力学中扮演关键角色[③]。

2.有关创业型大学发展模式的研究

20世纪70年代,伯顿·克拉克从组织转型的角度对创业型大学的发展模式进行研究。在其1998年出版的《建立创业型大学:组织上转型的途径》(*Creating Entrepreneurial University; Organizational Pathways of Transformation*)中,通过对欧洲几所大学的长期研究,发现了不同的大学在应对外界复杂多样需求时的"创业型反应"表现出的共同特征:"强有力的领导核心;得到扩张的发展边界;多样化的资金基础;受激的学术中心地带;整合的创业文化"。同时也特别指出"创业型"是指许多社会系统的一个特征,即全部大学及其内部系科、科研中心、学部和学院的一个特征,而且这个概念还带有"事业"的含义,即在需要很多特殊活动和精力的建校工作中的执着的努力。"创

---

① ETZKOWITZ, ZHOU CY. Regional innovation initiator: the entrepreneurial university in various triple helix models. Singapore Triple Helix Ⅵ Conference theme paper, 2007.

② ETZKOWITZ, ZHOU CY. Regional innovation initiator: the entrepreneurial university in various triple helix models. Singapore Triple Helix Ⅵ Conference theme paper, 2007.

③ 亨利·埃茨科威兹.创业型大学与创新的三螺旋模型[J].科学学研究,2009(04):481-488.

业型"更有力地指向经过深思熟虑的努力,指向导致改变组织姿态的行动[①]。2005年克拉克出版的《大学的持续变革——创业型大学新案例和新概念》(Sustaining Change in Universities:Continuities in Case Studies and Concepts)中,对创业型大学进化的特征进行了更深入的分析。在书中克拉克以案例的形式对大学转型的制度进行了更为全面的研究,并得出结论:大学存在集体现象,从基础层面的学科与学系、多学科及跨学科的研究中心,到媒介层面教职员工、学院,再到整个大学,这是创业团队在各方面扩展的积累。其中,教职员工和管理者在各个层面都有参与,这体现了一种共识:学术价值是管理价值得以发挥作用的基石[②]。此外,不少学者认为大学的社会职能也转变了,Gibbons认为大学从过去单纯的理论发展和知识应用相关联的职能变为了教学、研究、创新三位一体的多样化角色[③]。McKelvey认为大学正由"科学－政府环境"转变为"科学－经济环境",促进有经济报酬的科学活动,使得经济和科学精英共同影响知识技术探索[④]。埃茨科维兹与周春彦分析不同三螺旋模式下的创业型大学,提出创业型大学有大学推动模式、政府拉动模式、大公司引导模式三种类型。[⑤]

3.有关学术资本主义的研究

Rosemary Deen认为学术资本主义就是指以公共资金资助为主的大学的学术群体,在一个竞争的环境中,通过教学、科研、咨询或其他学术知识的应用来发展其学术资本,学术群体的行为与资本家无二致,并且成为国家所奖励的企业家,因此,他们从好奇与探索奥秘为导向的学术转向了更为实际的工作研究[⑥]。希拉·斯劳特和拉里·莱斯利(Sheila Slaughter & Larry L.Leslie)在其合著

---

① BURTON C.Creating Entrepreneurial Universities:Organizational Pathways of Transformation[M].IAU Press.1998:7—9.

② BURTON C.Sustaining Change In Universities:Continuities in Case Studies and Concepts.America:McGraw—Hill Press,2005:.

③ GIBBONS M,Limoges C,Nowotny,H,et al.The New Production of knowledge:The Dynamics of Science and Research in Contemporary Societies[M].London:Sage,1994:6—12.

④ McKelvey,M.D.Emerging environments in biotechnology,in H.Etzkowitz and L.Leydesdorff,Universities and the Global Knowledge Economy:Triple-Helix of Industry—University-Government Relationship,London:Printer.1997.

⑤ 亨利.埃茨科维兹,周春彦.区域创新发动者——不同三螺旋模式下的创业型大学. http://doc.mbalib.com/view/0e8791b2a7e3045c7608c4cdc6d1959a.html.

⑥ ROSEMARY D.Globalization,New Managerialism,Academic Capitalism and Entrepreneurialism in Universities:Is the Local Dimension Still Important? [J]Comparative Education,2001(37):7—20.

的《学术资本主义:政治、政策和创业型大学》(Academic Capitalism:Politics, Policies and the Entrepreneurial University)中提出所谓学术资本主义(Academic Capitalism)是指学术人员或学术机构为获得外部资金所表现出的市场或类似市场的行为[1],认为创业型大学实质就是大学的市场化,特别是对外部资金的竞争上,对于学术人员来说,成功的学术资本家能够从大学中获得更大的力量;对大学而言,作为共同体这一概念则有所缺失,提供了巨大财政支持的政府和缴纳高额学费的学生反而承担了大学组织的花费[2]。与之相反的是斯劳特等人的观点,由于斯劳特等人对于学术资本主义和创业型大学所持的怀疑态度,所以在面对教师和学者的市场行为,他们甚至呼吁使大学重新公立化(republicizing),也就是重申大学的公共目的和公共投资。Steve G.Hoffman探讨了学术资本化背景下,学术研究人员面临新的选择和诱惑,他们可能趋向市场和商业导向的工作,传统的学术价值虽然受到前所未有的冲击,但是其本质并不会改变。[3]

4.创业型大学形成的条件研究

国外理论界对于创业型大学形成的条件有较为一致的判断,这些条件可归结为:变化着的大学的社会地位,变化着的学生客户、大学和学习市场,变化着的知识形式,变化着的研究活动的本质,变化着的传递课程计划的方法,变化着的学术的地位。还有其他学者认为创业型大学的外部驱动力更为复杂,如 Schmandt,Wilson 认为政府公共政策的改变,促进了高等院校的技术商业化,新型的合作方式与资金来源也逐渐出现[4];Rostow W.W.认为由于社会需要革命性的技术,而这种新技术的产生需要高额的预算支持,这只能借助于新的大学与工业合作的方式。[5] 大学使命感、责任感,全球工业竞争的要求,额

---

[1] SHEILA S,LARRY L,LESLIE.Academic capitalism:policies and the Entreprneurial University[M].Maryland:The Johns Hopkins University Press,1997:12—22.

[2] PETER J.University and Corporate University:The Higher learning Industry in Global Society[M].Kogan Page Limited,2001:3.

[3] HOFFMAN.The new tools of the science trade:contested knowledge production and the conceptual vocabularies of academic capitalism[J].Social Anthropology/Anthropologie Sociale,2011(19):439—462.

[4] SCHMANDT J,WILSON.R.Growth Policy in the Age of High Technology:The Role of Regions and States[M].Unwin Hyman Press,1990:203.

[5] ROSTOW W.W.The Fourth Industrial Revolution and American Society:Some Reflections on the Past of the Future,Furino A(eds),Cooperation and Competition in the Global Economy:Issues and Strategies[M].Mass Ballinger Press.1998:63—64.

外研究经费的要求等等都会推动着大学变革。

以埃茨科威兹为代表的学者指出,技术转移是创业型大学形成的基础。埃茨科威兹认为,随着大学逐步向创业型大学演进,其技术转移能力也日趋完善,使基于官产学三方资源整合后的技术转移能够发挥技术创新的最大功效。Rosenberg 和 Nelson 调查表明美国大学正日益与企业之需紧密联系,尤其与区域工业之需相联系。高度分散的美国大学以及各种工业学校为美国的工业发展作出了贡献。[1] Siegel 对相关文献进行研究,显示大学技术转移的激励和组织机构及其运行在加强技术转移的有效性方面起着重要作用[2]。Landry 认为必须对技术转移中出现的创业者给予更多的关注[3]。Rasmussen 及其合作者的研究认为专利、授权及衍生企业通常被认为是大学技术转移的更实际的方式[4]。Boardman 等通过调查研究认为大学和实验室的科学研究对工业界的研究和开发非常重要[5]。Crespi 等对大学专利的应用情况作了调查研究,尽管政策鼓励优先向小企业技术转移,但调查表明大学专利更多地应用于大企业[6]。Drucker P.F.则认为,教职工对于创业的态度是最重要的推动力,除此之外,与企业的联系、灵活的组织结构、为学生设置的创业课程、对技术转移的支持都是重要条件。另一方面,组织结构和高校治理有可能成为高校向创业型大学转型的最大阻碍。缺少创业政策作为明确的任务、牵头的目标以及可实现的宗旨,协同行动就不可能实现[7]。国外还有不少学者通过案例分析,研究了大学技术转

---

[1] ROSENBERG N,NELSON R.American universities and technological change in industry[J].Research Policy,1994(23):323—348.

[2] SIEGEL D S,VEUGELERS R,WRIGHT M.Technology transfer offices and commercialization of university intellectual property:performance and policy implications[J]. Oxford Review of Economic Policy,2007(4):640—660.

[3] LANDRY,SAHI,AMARAA,OUIMET.Evidence on how academics manage their portfolio of knowledge transfer activities[J].Research Policy,2010(39):1387—1403.

[4] RASMUSSEN,E.,MOEN,O.,GULBRANDSEN,M..Initiatives to promote commercialization of university knowledge.Technovation[J].2006(4):518—533.

[5] BOARDMAN.Government centrality to university-industry interactions:University research centers and the industry involvement of academic researchers[J].Research Policy,2009(38):1505—1516.

[6] CRESPI.The impact of academic patenting on university research and its transfer [J].Research Policy,2011(31):55—68.

[7] DRUCKER P F,WELLS M.Innovation and Entrepreneurship[J].Journal of Creative Behavior,2011,22(3):196—202.

移对区域经济发展的作用,并对提高大学技术转移成效的影响因素作了分析。

5.创业型大学的实例研究

除了伯顿·克拉克和埃茨科威兹对欧洲和美国创业型大学的实例研究外,较有代表性的研究成果还包括:西蒙·马金森教授从权力结构、管理模式、学术研究等角度对澳大利亚创业型大学进行分析,指出创业型大学是一种新生的办学模式,是一种进步。但创业型大学也存在着不少的问题,如创业型大学容易失去自身特色、办学体制和管理模式越来越趋同等[①]。新加坡学者 Poh-Kam Wong,Yuen-Ping Ho,Annette Singh 通过对国立新加坡大学的创业实践案例得出结论:"由于新加坡经济政策的转变,新加坡的大学被赋予新的使命扮演新的角色。大学通过加强与工业界的联系以及技术商业化吸引人才并培养创业思维。"[②]英国学者 Paul Benneworth 认为"在经济欠发达地区,关键的经济实体在区域经济发展中应扮演重要角色,尤其是高科技部门对于外资的吸引力较大"[③]。他认为大学应该扮演好这个角色并对区域经济发展产生更系统的影响,并以英格兰东北部的纽卡斯尔大学为例来说明。Arianna Martinelli,Martin Meyer,Nickvon Tunzelmann 认为"一所创业型的大学要想塑造出创业文化,首先教师应该具备创业精神,且校领导应采取一切措施对行政部门进行创业式管理"[④]。David A.Kirby,David Urbano 探讨了创业型大学的新发展,他们制定了创业型大学的评价标准,并对西班牙巴塞罗那自治大学进行实证分析,结果发现假设的障碍因素并不干扰相应的标准,该大学正逐步走向"创业化"[⑤]。

---

① 西蒙·马金森,马克·康西丹.澳大利亚企业型大学的权力结构、管理模式与再创造方式[M].周心红,译.杭州:浙江大学出版社,2007:204—207.

② WONG PK,HO YP,SINGH.Towards an "Entrepreneurial University" Model to Support Knowledge-Based Economic Development: The Case of the National University of Singapore World Development[J].Oxford:Jun 2007(6):941.

③ BENNEWORTH.Seven Samurai Opening Up the Ivory Tower? The Construction of Newcastle as an Entrepreneurial University[J].European Planning Studies.Abingdon:Apr 2007(4):487.

④ MARTINELLI,MEYER,TUNZELMANN.Becoming an entrepreneurial university? A case study of knowledge exchange relationships and faculty attitudes in a medium-sized, research-oriented university[J].Journal of Technology Transfer.Indianapolis:Jun 2008(3):259,25.

⑤ KIRBY,URBANO.Making Universities More Entrepreneurial:Development of a Model[J].Canadian Journal of Administrative Sciences Revue canadienne des sciences de l'administration,2011(28):302—316.

Jen Nelles,Tim Vorley 发现随着大学这个学术机构日益社会化并与经济发生密切联系,创业型大学这一新形式勾勒了大学发展的新蓝图,在研究中他们使用"企业架构"的新角度对创业型大学进行分析①。Einar Rasmussen,Simon Mosey,Mike Wright 对英国和挪威的四家大学衍生企业进行研究,发现三种能力对于提升大学的创业能力十分重要,即细化和把握机会的能力、运作和表现的能力以及乐于挑战的能力②。

(二)国内研究综述

创业型大学方面,我国的研究还处于初始阶段,与国外的研究水平相距甚远。不少的文献资料主要是通过对国外学者的研究成果进行翻译的介绍性研究,主要集中于以下几方面:

1.认为创业型大学是我国高等教育发展的新趋势

创业型大学是在研究型大学的基础上成长起来的,是研究型大学的进一步发展和深化③。冒澄对创业型大学的模式进行了探析,提出了建设中国创业型大学的思路和策略④。创业型大学的重要特征是学术的创业化和知识的资本化。研究型大学在积极回应发展变化的境遇中,从区域创新的边缘者转向主体者,呈现出创业型大学的特征⑤。浙江大学王雁则将创业型大学定义为"具有企业家精神的研究型大学",认为创业型大学的职能体系是教学、研究、创业三位一体的完整体系,跟传统的研究型大学相比,更具有环境敏感的组织范式与内外协调的运行机制⑥。彭宜新、邹珊刚则探讨了研究型大学的

---

① NELLES,VORLEY.Entrepreneurial Architecture:A Blueprint for Entrepreneurial Universities[J].Canadian Journal of Administrative Sciences Revue canadienne des sciences de l'administration.2011(28):341—353.

② RASMUSSEN,MOSEY,WRIGHT.The Evolution of Entrepreneurial Competencies:A Longitudinal Study of University Spin-Off Venture Emergence[J].Journal of Management Studies September.2011(48):6.

③ 李世超.大学变革的趋势——从研究型大学到创业型大学[J].科学学研究,2006(4):552—558.

④ 冒澄.试论创新背景下的创业型大学建设[J].教育发展研究,2007,(11):51—54.

⑤ 易高峰,赵文华.创业型大学:研究型大学模式的变革与创新[J].复旦教育论坛,2009,(1):53—57.

⑥ 王雁.创业型大学:美国研究型大学模式变革的研究:[D].杭州:浙江大学,2005.

职能随着社会环境的变化而发生改变,分析研究型大学向创业范式的转变情况①。王雁、孔寒冰、王沛民介绍了创业型大学是在研究型大学的基础上成长起来的,是研究型大学的进一步发展和深化,引领着大学的进一步向前发展②。李世超、苏竣在分析研究型大学特征和变革趋势基础上,指出创业型大学是对研究型大学的进一步发展和深化,并将以其创业活动和实质性贡献引导新时期大学发展的新方向③。邹晓东、陈汉聪提出创业型大学的组织特征应包括四个方面:知识服务经济发展是其组织目标,多元组织和模糊边界是其组织构成要素,创业活动与商务运营是其组织运作方式,注重实效和倡导创业是其组织文化④。

2.结合三螺旋理论对创业型大学进行研究

随着埃茨科威兹的三螺旋理论引入国内,学者们纷纷借助三螺旋理论对创业型大学进行分析和研究。南佐民认为三螺旋理论与创业型大学有着非常密切的关联,三螺旋理论为创业型大学提供了更为坚实的理论基础和实践指南。三螺旋理论可以有助于我们理解高校运作过程中出现的众多复杂的理念和相互关系,有助于我们更好地把握大学在区域经济发展和国家创新系统建设中的地位和作用⑤。韩高军综述了三螺旋理论的产生及其主要内容,对创业型大学在三螺旋模型中的推进器作用进行了阐述,并分析了在不同类型三螺旋模式中创业型大学的作用⑥。刘则渊根据知识活动系统的全息性与自相似性的特征,判定企业、大学、科研所三者之间也相互联系,从而创建了产学研三螺旋的创新体系⑦。陈士俊、柳洲按产学研合作中各方所处的地位、关系,将产学研合作的模式分为多种类型,通过指出"三螺旋模型"的不足,提出产学

---

① 彭宜新,邹珊刚.从研究到创业——大学职能的演变[J].自然辩证法研究,2003(4):44—49.

② 王雁,孔寒冰,王沛民.两次学术革命与大学的两次转型[J].浙江大学学报,2005(03):162—167.

③ 李世超,苏竣.大学变革的趋势——从研究型大学到创业型大学[J].科学学研究,2006(08):552—558.

④ 邹晓东,陈汉聪.创业型大学:概念内涵、组织特征与实践路径[J].高等教育工程研究,2011(3):55—56.

⑤ 张秀萍.论基于三螺旋理论的大学知识创新模式[J].沈阳师范大学学报(社会科学版),2010(3):83—86.

⑥ 南佐民.论三螺旋理论下的创业型大学建设[J].教育与职业,2004(30):10—11.

⑦ 刘则渊,杨中楷.基于知识活动系统的中国三螺旋创新模式[C].第八届国际三螺旋大会,新加坡,2007(05).

研合作的"钻石琥珀模型",并给出了若干政策建议①。

另一方面,在三螺旋模式下大学从创新的边缘者转向创新的主体。刘志铭认为在知识经济条件下,大学成为两种最有价值资产(受过高等教育的人才和新的观念)的主要源泉,也是创新的重要推动者②。在以知识为基础的社会中,大学在创新中扮演一个更加突出的角色,它的作用与政府及企业不相上下③。张金波认为大学、企业和政府中的每一方都是创新的主体,都可以发起创新并在其中起领导作用④。创业型大学在大学推动三螺旋类型中,发挥着区域创新孵化驱动器的主要作用⑤。三螺旋理论下的大学越来越重视知识创新的技术潜力和经济价值,开始兼顾基础领域和应用领域的创新活动⑥。段雪辉从三螺旋理论的视角出发,对美国高校创业教育的发展历史和模式进行相应阐述,分析其市场驱动型创业教育模式及成因⑦。

3.大学技术转移的研究

章淡提出大学技术转移的概念,认为大学技术转移是涉及技术、技术提供者(主要为大学)和技术接受者(主要为企业)之间组织互动以及与环境相匹配的复杂过程⑧。卢山则提出技术转移主要包括资金、技术、人员、信息、组织管理等机制和创办科技型企业、战略合作模式、技术市场交易三种模式⑨。刘彦认为我国促进大学技术转移的政策重点已转向知识产权激励制度建设,但缺乏专业化服务⑩。学术界已对大学技术转移的重要性获得一致认识,从最开始对美国技术转移的介绍、阐释到结合我国实际开展理论研究已经形成基本

---

① 韩高军.三螺旋理论视角下的创业型大学[J].教育学术月刊,2010(06):41—43.
② 陈士俊,柳洲.产学研合作的"钻石琥珀模型"及其启示[J].科学学与科学技术管理,2008(02):14—18.
③ 亨利·埃茨科威兹.创业型大学与创新的三螺旋模型[J].科学学研究,2009(4):482—488.
④ 张金波.三螺旋理论视野中的科技创新——基于美国创业型大学的分析[J].高等工程教育研究,2009(5):89—94.
⑤ 韩高军.三螺旋理论视角下的创业型大学[J].教育学术月刊,2010(6):41—43.
⑥ 张秀萍.论基于三螺旋理论的大学知识创新模式[J].沈阳师范大学学报(社会科学版),2010(3):83—86.
⑦ 段雪辉.美国高校创业教育模式分析[J].前沿,2011(6):195—196.
⑧ 章淡.大学技术转移影响因素模型研究[J].科学学与科学技术管理,2007(11):43—47.
⑨ 卢山.我国大学技术转移机制模式及政策建议[J].改革与战略,2008(51):144—146.
⑩ 刘彦.我国大学技术转移的发展与问题[J].中国科技论坛,2007(3):99—104.

的技术转移理论框架体系①。

4.创业型大学发展的原因、背景研究

胡春光通过探讨西方创业型大学兴起的内外部环境和动力,指出大学外部各种要求改革的强烈呼唤与大学内在发展逻辑的主动变革促使创业大学的兴起②。马志强分析总结出知识经济、高等教育大众化、政府投资下降、工业的期待、科技开发结构的变化等是创业型大学崛起的重要促进因素,同时还归纳出创业型大学转型的三个阶段:集中优势学科,与资源提供者商榷学科发展方向;促使教师、职员和学生的研究成果商业化;与政府合作提升区域创新环境的效率③。易高峰、赵文华研究指出一些研究型大学在积极回应发展变化的境遇中,从学术型科研共同体走向创业型共同体,从学术人文主义转向学术资本主义,从区域创新的边缘者转向主体者,呈现创业型大学的特征。张鹏、宣勇认为创业型大学的学术变革应当围绕学科、任务与平台三大核心要素展开,建构基于学科、面向任务、整合资源的矩阵型组织结构④。甘永涛从创业型大学的理念、创业型大学的要素、创业型大学的三螺旋、价值冲突和生存途径及运营方式五个方面建构了创业型大学研究的理论架构,由此论述了创业型大学的五种驱动力类型⑤。

5.创业型大学的类型与模式

王雁、李晓强在对美国创业型大学研究的基础上,选取16项指标评价美国大学能力,提取科学能力因子和创业能力因子作为公共因子,将美国现有创业型大学细分为创业Ⅰ型、创业Ⅱ型、学术研究型大学和一般研究型大学四种类型进行深入研究,并由此提炼其对我国创业型大学建设的经验⑥。陈汉聪、邹晓东在以色列学者曼纽尔·崔腾伯格提出的三种创业型大学的基础上提出了变革型大学、创新型大学和创业型大学三种创业型大学的类型⑦。文晓灵提出创业型大学有不同种类,包括大学创业活动作为研究延伸的美国模式,大学创业活动作为教学活动延伸的欧洲模式,引入创业教育和孵化器概念

---

① 胡冬云.中美大学技术转移研究述评[J].研究与发展管理,2008(8):117—122.
② 胡春光.大学变革的趋势:创业型大学的兴起[J].高等农业教育,2005(11):10—13.
③ 马志强.创业型大学崛起的归因分析[J].江西教育科研,2006(7):48—51.
④ 张鹏,宣勇.创业型大学学术运行机制的建构[J].教育发展研究.2011(9):30.
⑤ 甘永涛.论创业型大学研究的理论架构[J].科学学研究.2011(11):1620.
⑥ 王雁,李晓强.创业型大学的典型特征和基本标准[J].科学学研究.2011(2):175—180.
⑦ 陈汉聪,邹晓东.发展中的创业型大学:国际视野与实施策略[J].比较教育研究.2011(9):32—36.

的巴西模式等①。

6.创业型大学建设路径及模式

鼓绪娟等在对34所"985工程"研究型大学的创业能力评价的基础上,提出中国走向创业型大学的模式包括:创业型大学建设模式的基点、"政府政策引导下的'产学研'结合"的宏观运行方式、"产学研"结合的大学系统内部微观运行方式②。易高峰结合对研究型大学创新创业的定量研究,构建出创业型大学发展模型内容:一是创业型大学首先作为区域知识创新主体,与政府、企业界等机构构成创新三螺旋,二是创业型大学的教学对市场作出回应,科研注意创新与创业理念的融合,创业职能促进国家和区域经济社会发展,三是发展模式的治理核心在于构建一个强有力的引领核心,四是发展模式的运行依托不断拓展的创新创业平台,五是发展模式的动力机制来自三螺旋中的知识转移。同时文中对发展模式的价值取向、运行平台及动力机制进行详细阐释③。高明研究了美国斯坦福大学从研究型大学到创业型大学转变的路径,分析其转变的内外部动因及其采取的应对措施,总结出适用我国的相应经验④。王军胜以黄河科技学院为例阐述我国民办应用本科学院向创业型大学转型的路径。⑤

7.其他研究成果

国内学者对创业型大学的研究内容与视角渐趋丰富多样,主要成果体现在对创业型大学的建设定位、评价、具体案例分析和人才培养模式、组织特性等方面。如陈笃彬结合实践研究了创业型大学的发展战略以及创业型大学在区域经济发展中的定位,并深入研究了创业型大学的战略定位和内部组织建设⑥⑦⑧;刘

---

① 文晓灵."三螺旋模式"中的高校定位[J].创新科技,2006(11),16—17.

② 彭绪娟,彭绪梅.基于三螺旋理论的创业型大学的创业能力培育探析[J].黑龙江高教研究,2007(12):106—108.

③ 易高峰.崛起中的创业型大学——基于研究型大学模式变革的视角[M].上海:上海交通大学出版社,2011.

④ 高明.斯坦福大学——美国研究型大学向创业型大学转型的典范[J].当代教育科学,2011(19):38—39.

⑤ 王军胜.创业型大学视角下民办本科高校转型路径研究[D].天津大学,2013.

⑥ 陈笃彬.正确处理八个关系建设创业型大学[J].福州大学学报(哲学社会科学版),2009(4):14—18.

⑦ 陈笃彬.创建创业型大学,服务海西工业科学发展[J].发展研究,2008(9):104—106.

⑧ 陈笃彬.确立创业型大学办学理念,走区域特色创业型强校之路[J].高等教育研究(福州大学高等教育研究所编),2008(2):1—5.

蓉洁从创业型大学与政府的关系探讨大学与政府的角色定位①；宋东林、付丙海、唐恒归纳了创业型大学创业能力的定义和构成要素，从创业文化、创业资源、创业人才培养、知识成果转化四个方面，建构创业型大学创业能力的评价指标体系②；石变梅、陈劲则是以美国史蒂文斯理工学院为研究对象，介绍其特殊的AE模式的形成背景及具体措施③；吴伟、邹晓东、陈汉聪以慕尼黑工业大学为例分析了德国创业型大学的人才培养模式，总结其特色和成功经验④；付八军认为创业型大学的组织特性是学术资本转化而非学术资本化⑤。

1.2.3 国内外研究现状简评

(一)创业型大学在三螺旋理论中的地位不断提升，但研究尚处于起步阶段

研究成果表明，国内外学者都论述到创业型大学在三螺旋创新中的重要地位，对三螺旋创新模式下大学变革和大学、企业、政府间协同关系的重要性都给予了高度评价。国外学者用案例研究得出结论，创业型大学在区域及国家创新体系中具有核心作用。

国外学者在大学技术转移以及技术转移的形式方面成果颇丰。他们提出推动大学技术转移是推进国家创新系统建设的关键。大学通过技术转移促进科技进步和经济发展，不仅要重视传统的科学研究，同时也应该在技术转移中制定技术转移战略并有所作为。有学者通过案例分析，研究了大学技术转移对区域经济发展的作用，并对提高大学技术转移成效的影响因素作了分析。还有学者提出三螺旋理论，从建立创业型大学的角度去诠释技术转移的内涵。创业型大学是一种全新的、集成的教育发展模式，也是近几年国外高等教育理

---

① 刘蓉洁.创业型大学模式下政府与大学关系的调整[J].亚太教育,2016(3):288-289.

② 宋东林,付丙海,唐恒.创业型大学的采用能力评价指标体系构建[J].科技进步与对策,2011(8):116.

③ 石变梅,陈劲.可持续创新:美国史蒂文斯理工学院 AE 模式[J].高等教育工程研究,2011(1):95-96.

④ 吴伟,邹晓东,陈汉聪.德国创业型大学人才培养模式探析——以慕尼黑工业大学为例[J].高教探索,2011(1):69-70.

⑤ 付八军.学术资本转化:创业型大学的组织特性[J].教育研究,2016(2):89-95.

论界讨论的热点。有学者提出,创业型大学是大学发展的未来趋势和国家创新体系的主要动力源泉,创业型大学不仅可以在知识空间的形成中起作用,而且还会促成趋同空间和创新空间的形成,在三螺旋的形成中起着十分重要的作用,是三螺旋的推进器。有学者对创业型大学的形成原因、要素及条件、创业形式、创业型大学和三螺旋的关系等方面进行了研究。

国内学者研究起初多侧重于技术转移,而且多以促进科技成果转化、技术转让、产学研合作等概念出现。学者们主要是将国际技术转移理论与我国技术市场实际情况相结合,由此得出符合我国国情的技术转移理论和政策建议。对于三螺旋理论的研究则侧重于三者关系和构成的研究,研究大学、政府和企业三者关系的学者也不多见。国内学者偶有涉及大学、政府和企业三边伙伴关系研究的,尚未形成完善的理论体系与框架。对于创业型大学的研究领域还处在刚刚起步的阶段,大多数研究都停留在对西方文献的介绍与欧美创业型大学事例的介绍和创业型大学组织建设的分析上。

(二)创业型大学的理论尚未形成统一的框架,未能对我国创业型大学的建设提供指导

国内外学者虽然已经开始对创业型大学的建设开展研究与实践,但这些研究与实践大部分是针对发达国家的创业型大学,而且比较零散,还未能形成统一的理论框架。已有的研究和实践成果固然对于构建与运行具有中国特色的创业型大学具有很强的指导意义,但不可否认,中国的社会、政治、经济等背景不同于西方发达国家,具有中国特色的创业型大学的运行不能够完全照搬西方发达国家创业型大学运行模式,而必须在借鉴发达国家创业型大学运行的经验并针对中国的具体国情从教育学、经济学、管理学等多个角度进行系统研究,并据此提出我国创业型大学运行的相关对策,力求做到对症下药,这样才能促进我国创业型大学的有效构建与运行。可见,对三螺旋创新视角下创业型大学形成机理及转型策略进行研究是现代高等教育学中创业型大学运行理论和三螺旋创新理论研究的趋势之一。

(三)对我国创业型大学如何实现经营管理转型的研究极少

目前国内对创业型大学的基本理论、评价方面的资料不少,但针对如何实现传统大学向创业型大学具体的转型的研究并不多。国外在这一领域已经有了比较成熟的研究,比如从战略转型、组织变革方面对传统大学向创业型大学转型进行阐述,在国内鲜有这一方面的研究。2013年天津大学王军胜的博士

论文《创业型大学视角下民办本科高校转型路径研究》开创了国内针对大学转型经营管理的研究先河,其研究以宏观层面为主,着重从战略管理角度进行分析。综观国内学术界,目前从中观和微观层面研究创业型大学的转型管理,仍是无人涉及。

(四)缺乏对创业型大学建设的主要参与主体——教师参与意愿的研究

从知网上用"教师意愿"或"教师参与意愿"与"创业型大学"、"产学合作"进行搜索,未能查找到任何记录,意味着目前在创业型大学建设或者产学研合作中对教师参与意愿的研究仍然为一片空白。而针对大学生或毕业生这一主体探讨学生创业意愿的研究却不少。教师作为最主要的参与主体,在创业型大学建设和产学研合作开展中的作用是至关重要的,反而被忽略。目前多数对创业型大学和产学研合作的研究都集中在政府和高校应出台何政策来激励教师,却从未从教师参与意愿的影响因素角度来研究真正影响教师意愿的因素。

综上所述,本项目选题针对性强,不但拥有良好的研究基础,在现代高等教育学中创业型大学运行理论、三螺旋创新理论上也都具有前瞻性,研究主导思想与研究方法均站在国内外研究前沿,具有明显的实用性和新颖性,创新性强。

1.3 研究目标、内容与思路

1.3.1 研究目标

为了使我国高等教育发展能够满足未来社会与区域经济发展的实际需要,就有必要探讨我国高等教育未来的发展模式。创业型大学作为高等教育发展的未来趋势之一,已经引起了国外学术界的高度重视,我国的学术界也开始关注创业型大学的研究。但对于我国创业型大学应如何构建,现有的大学如何向创业型大学转型等问题,都没能给出一个比较明确的答案,尤其是在我国高等教育的发展环境和国外发达国家高等教育发展环境存在巨大差别的条件下。本书拟就上述问题给出一些理论上的答案。通过研究创业型大学发展的主要影响因素,深入了解我国创业型大学创建的实际背景、紧迫性以及必然性,从而探寻其形成的机理;在此基础上以我国的大学为例,撷取科研成果、创业教育等主要影响因素,与国外典型创业型大学进行比较,系统地总结我国建设创业型大学存在的问题,并探寻三螺旋理论在我国的实际运用,进而从政府职能与角色转换、大学经营管理转型及教师参与意愿提升的宏、中、微观层面,探索我国大学向创业型大学转型的策略及保障,以引导国内高校更加有效地依据实际情况向创业型大学转型。通过以上的理论研究和验证性分析,为创建有中国特色的创业型大学提供理论依据。

1.3.2 研究内容

本书旨在研究适合我国国情的创业型大学理论,探讨其形成机理与转型策略。具体内容如下:

(一)创业型大学类型及其特征分析

创业型大学是高等教育对环境主动适应的产物,它应三螺旋创新模式而生,同时又推动着三螺旋的旋进。不同系统中产生的创业型大学固然有其相同的特征,但更多时候都被打上环境的烙印。本部分主要研究国外创业型大学的类型及特征,重点探讨三螺旋创新视角下,因不同的背景而产生的创业型大学的内涵、类型及特征。

(二)创业型大学建设的主要影响因素分析及形成机理研究

创业型大学的产生、创建和发展具有很多催化因素。

从外部环境看,基于供给—需求视角,随着我国经济的不断发展,企业也得以不断的优化、升级和转型,技术创新、技术企业化的要求也不断提高,这就需要更多的创业型大学来满足企业的发展需求;另外一方面,地方政府的发展和区域竞争力的提高也急需创业型大学;最后,近几年来受企业界和学术界关注的大学产学研发展模式的最终结局也需要创业型大学的出现。基于投入—产出的视角考虑,以前大学的投入以政府投入为主,但随着国内高等教育不断扩招的背景下,政府拨款已经不能满足大学发展的实际需求,国内的诸多大学都陷入了财政危机之中,要有效解决这个问题,就必须转变思路,在政府投入的前提下,还必须想方设法地协调企业增加对大学的投入,从而有效解决大学资金的投入机制与投入模式,而要获得企业对大学的投入,毫无疑问,大学本身就必须是创业型大学。

从内部环境看,伴随着大学职能的转变,走向创业型大学建设之路是许多大学的必然选择。大学的教学、科研和社会服务三个职能形成一股新的内三螺旋,支撑着创业型大学在三螺旋创新中扮演的角色。如何在内部促成这种内三螺旋的形成与运行,使大学的变革真正发生在战壕里,是内部环境中研究的主要内容。

在以上影响创业型大学出现的诸多因素中,哪些是主要因素,这些因素之间的相互关系是怎么样的,只有深入了解这些内容,才能对创业型大学形成机理进行深入分析。

(三)我国大学向创业型大学转型策略与保障研究

创业型大学的发展并不是一蹴而就的,必然会经历一个从无到有、从大到小的过程,这个过程必然需要从政府职能与角色转化、大学经营管理转型以及从建设创业型大学的核心力量——教师主体参与意愿角度探讨,从而实现现有的大学向创业型大学转型,最终实现建设创业型大学的战略目标。为此,本课题在遵循形成机理探索结果基础上,针对我国创业型大学建设存在的问题,首先从政府宏观层面探讨如何支持大学向创业型大学转型,实现外围的政策支持;其次从大学经营管理中观层面探索建设创业型大学的策略,包括大学经营管理者思维的变革、设立创业型大学的愿景及目标、管理体制机制变革、构建创业型组织、整合技术转移流程、建设官产学研合作新机制、构建完善的创业教育体系等;再次,基于教师主体是建设创业型大学的核心力量这一认识,从微观层面探索实现经营管理转型策略落地的策略与保障,即教师参与创业型大学建设意愿高低直接影响经营管理转型策略执行的效果。因此,实现以大学自身为主导,依据我国国情,积极开展经营管理转型,在政府支持下实现向创业型大学转型,并注重激发教师主体的意愿,从而加快实现建设创业型大学的战略目标。

1.3.3 研究思路

本书的研究思路如图1-1所示。

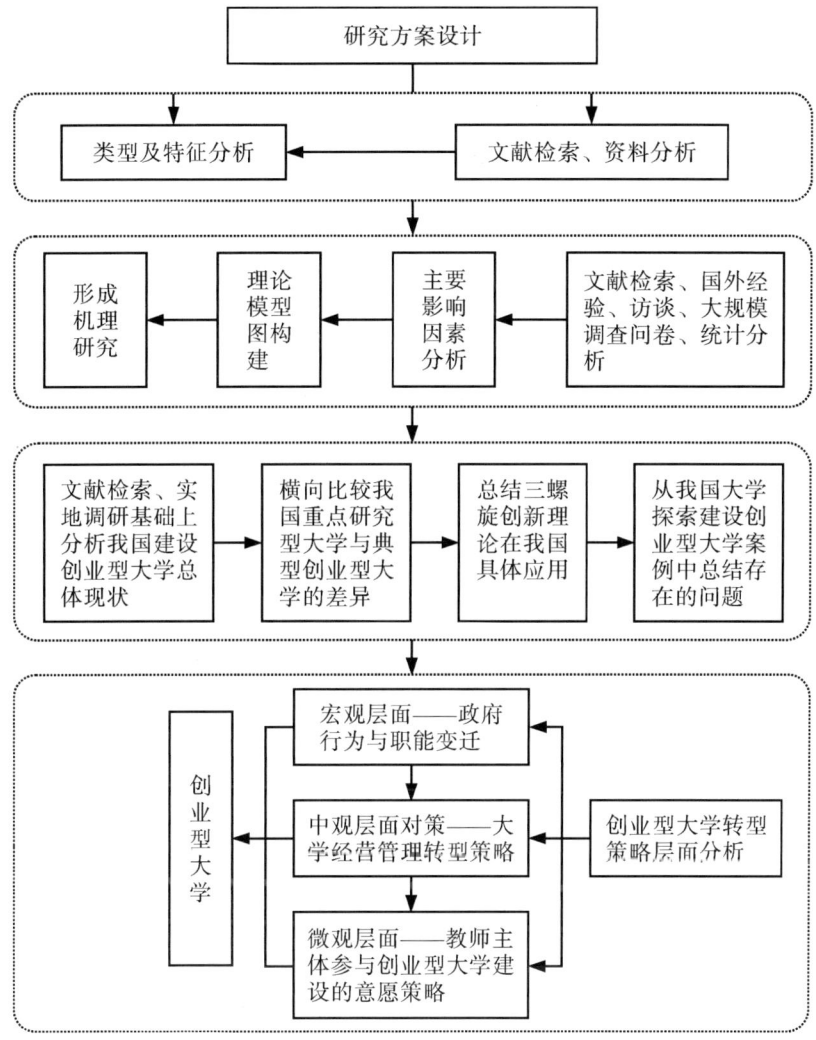

图 1-1 研究思路

1.4 研究方法

本书属于高等教育研究的范畴,也属于管理科学与工程研究的范畴,为此要综合各种高等教育学研究方法和技术创新研究方法来探讨本书设定的各种

研究内容与目标,具体研究方法如下:

1.文献分析法。通过馆藏资料、网络等途径,广泛系统地搜集关于三螺旋理论、创业型大学建设的相关文献资料,并进行梳理和分析,进而探讨国内外大学分类的基本规则以及具体的类型,在此基础上定义具有中国特色的创业型大学,并且划分出其类型,最后总结出具有中国特色的创业型大学的特征。

2.调查研究法。对部分高校进行实地考察,掌握其在向创业型大学转型过程中各影响因素相互作用的第一手资料,从而为机理的构建提供佐证。同时通过向省内外多所高校的部分学院及教师发放问卷以及面谈法等,研究教师创业意愿提升的问题。

3.案例研究方法。通过文献检索、国外经验总结、访谈、实地考察等方式,选取若干所国内外大学为范本,研究影响创业型大学发展的影响因素,在此基础上构建创业型大学发展的影响因素概念模型图,并设计创业型大学形成机理图,通过对典型创业型大学建设的案例分析,进而验证创业型大学形成的机理。

4.定量研究方法。在面谈及问卷调查的基础上,运用 Probit 模型进行回归分析,调查影响教师参与创业型大学建设意愿的影响因素,进而提出提升教师参与创业型大学建设意愿的对策。

1.5 本书特色和创新之处

1.5.1 本书特色

中国大学未来发展模式不同于发达国家的大学发展模式,也不同于中国现有大学发展模式,而是应该适应我国政治、经济、文化发展的需求变化而做出相应的改变。作为大学未来发展的趋势之一——创业型大学模式,已经在许多国家取得了实效,但国外创业型大学建设经验并不能为我国大学发展所完全采用。本书在借鉴和参考国外创业型大学发展模式的基础上结合我国国情,研究三螺旋创新视角下创业型大学形成机理及转型策略,研究成果对于指导我国创业型大学的创建和发展更具有针对性,这就是本书的最大特色。

1.5.2 创新之处

本书的创新之处体现在以下三个方面：

1.为我国创业型大学建设提供理论参考。国外关于创业型大学的研究成果和实践比较多，但这些成果并不能直接应用于我国创业型大学的创建和发展，而国内关于创业型大学的研究成果大多局限于创业型大学的基本概念和相关定义探讨，对于创业型大学形成机理方面的研究明显不足，甚至是空白。本研究在三螺旋创新理论的指导下研究我国创业型大学形成机理，不但使得研究成果能够直接落实到我国创业型大学创建和发展的日常运作中，同时扩大了现有现代高等教育学中创业型大学创建理论和三螺旋创新理论的研究视角。

2.宏观、中观与微观层面结合，对创业型大学的转型提供策略支持。已有创业型大学的研究成果都是基于宏观层面，本书从大学内外部多个层面的角度来研究创业型大学的建设及对策，不仅从宏观层面，更注重从中观与微观层面，对如何更好地构建我国创业型大学，实现传统大学向创业型大学转型进行全面探讨。尤其从创业型大学建设主体，同时也是经常被忽略的群体——广大的教师群体参与创业型大学建设的意愿提升角度进行分析，这点目前在国内基本处于空白，这也是本书的新探索。

3.运用多学科的方法研究创业型大学建设与转型。当前绝大多数关于创业型大学的研究都是建立在定性的描述性分析研究的基础上，应用定量研究方法，借鉴管理学、经济学等学科的研究方法在该领域几乎为空白。本书运用多学科知识，从大学的经营管理层面提出建设创业型大学的策略；另外，在研究教师参与创业型大学建设意愿方面，运用 Probit 模型进行回归分析，从而为科学、有根据地提出提升教师参与意愿的对策提供依据。

第 2 章

三螺旋理论与创业型大学

在三螺旋理论的视域中,大学必然是创业型大学。创业型大学兴起的本质是高等教育为应对市场竞争日益激烈、环境变化日渐加剧的必然产物,它有别于教学型或研究型大学,具有独特而鲜明的特征,同时在不同的三螺旋模式中,呈现出不同的地位与类型。

2.1 三螺旋创新理论中的大学

2.1.1 大学—企业—政府的三螺旋创新理论

三螺旋创新理论源于美国纽约州立大学普切斯分校社会科学部科学政策研究所研究员亨利·埃茨科维兹(Henry Etzkowitz)和荷兰阿姆斯特丹大学科学和技术动力学系研究人员劳伊特·雷德斯多夫(LoetLeydesdorff),他们借用生物领域的三螺旋模式分析大学—产业—政府之间的互动关系。1994年,雷德斯多夫在一次"进化经济学和混沌理论:技术研究中的新方向"的专题讨论会上提出可以构建一种新型的大学—企业—政府关系模式,从而消除知识商业化过程中的各种障碍。1995年,埃茨科维兹和雷德斯多夫合编了《大学和全球知识经济:大学—企业—政府关系的三重螺旋》的论文集,同年又共同在欧洲科学和技术研究协会主办的《Easst Review》杂志第 14 期发表《三重螺旋—大学、企业、政府关系:以知识为基础的经济发展的实验室》一文。自此,三螺旋理论引起了巨大的反响。

三螺旋理论模型并非线性,而是一种非线性螺旋形的创新模式,大学、产业、政府三个主体在创新体系中,因结构制度等的设计与安排,能够密切合作、相互作用,强化资源共享与信息沟通,从而提高整体效率。且在这一过程中,三个主体又彼此独立,仅在合作区域上互有重叠,如图2-1。产业主体作为经济的直接参与者,是生产的场所;政府是黏合者,作为契约关系的来源,通过法律、制度、政策等确保相互作用与交换的稳定性;大学则是知识和技术的提供者,是知识经济核心的生产力要素。三方主体高度联系,创造相互支撑的创新三边网络,通过知识和市场力量不断重复上升,以达到持续发展的目标。

从本质上说,三螺旋理论提出了一种前所未有的崭新模式:非线性螺旋形。它以创新的主要参与者内部及其之间组织关系的变化为研究对象。其基本思想是,在知识经济的社会中,促进和激励创新的重点是处理好大学、产业、政府三者之间的相互关系。在创新过程中大学、产业、政府三者通过结构制度等的设计与实施,实现三者的紧密结合、相互配合与共同作用,以加强资源、数据和信息的沟通、传播,从而从根本上提高整体的运转效率。同时,三螺旋的任何一个主体都保持着其固有的特性和独一无二的身份,彼此相互之间是平等的和叠加的。即大学作为新知识、新技术的来源,是创新型社会建设中的主动要素;契约关系来源于政府,承担着维持三个机构范围持续的共同影响与沟通的职责;产业作为进行创新的基本场所,是经济活动的直接参与者。三个主体彼此互动,建立起高度的互惠联系,并创造性地构建起相互支撑的创新组织机构和三边网络,通过知识和市场的力量不断重复,实现持续发展的目标。

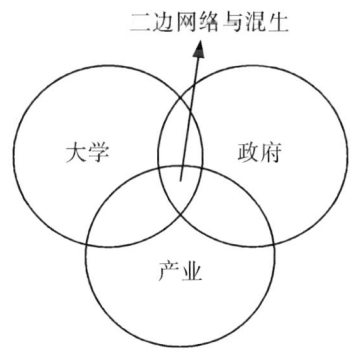

图 2-1 三螺旋:政府—产业—大学的三螺旋模式

包含于三螺旋理论中的另外一个要旨是,大学、产业、政府三个主体行为和功能实现重叠与渗透,即每一个创新主体在保持其原有作用和独特身份的情况下,都表现出另外两个主体的一些特征和能力,除履行自身的传统功能外还都承担了其他功能。因此,每个螺旋体的功能和结构都得到进化,职能也有所增强。由于大学、产业、政府之间紧密互动,这些螺线在一定范围内都代表着这些机构,获得更大的能力是其彼此之间提高作用水平与合作水平的基础,支持和鼓励在其他螺线里开展创新,从根本上形成创新的良性循环。在三螺旋模型中,大学、产业和政府三者的固有边界已经延伸至其他二者的固有区域,原来划分的区域界线逐步消失,大学、产业和政府的边界日益彼此交叉并相互重叠,使其在服务地方经济发展中各种功能相互作用,相互影响,浑然一体,集成一种如 DNA 三位螺旋体之间的共生体系,他们之间依赖度高,相互依存,共生共灭,达到不同区域跨界的协同合作。

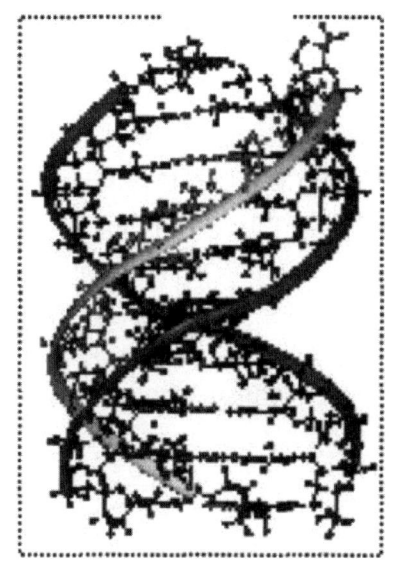

图 2-2　三重螺旋

资料来源:Leydesdorff and Etzkowitz(2001)

2.1.2 三螺旋理论视角下大学与外部关系

(一)大学与政府的关系

在三螺旋理论视角下,大学与政府之间的关系实质上是基于不同的利益动机,在一定政治经济、社会文化环境影响下,双方对各自拥有的不同资源进行选择、配置与利用,从而实现资源互换的过程。由此可见,这对关系中包含了交易主体、交易内容、交易方式及交易环境四大要素,其中最为核心的是可供两者交易的内容,即交易要素。大学主要是提供人才、技术、知识等要素,政府则主要提供资金、政策、法律法规等。

1.与政府的关系运行模型

大学与政府之间的经济关系运行包含要素的价值形成过程和交易过程两部分,两个部分互动循环,从而构成一个动态的运行模式,如图2-3所示。

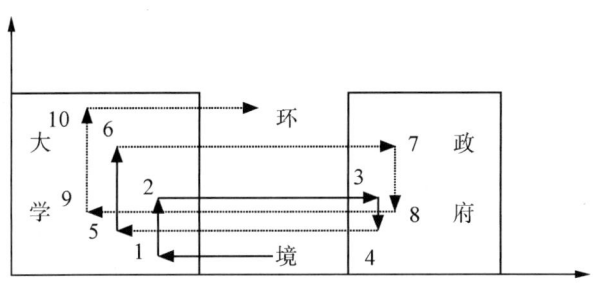

图2-3 创业型大学与政府之间的互动模型

首先大学需要从外部环境获取一定的资源,包括政府对大学投入的资源,假设这一资源为"要素1",大学获取"要素1"之后,便不断对经济资源进行合理有效的配置与利用,努力提升大学自身的价值,创造出新的可供交易的资源,由此形成了"要素2",它代表大学所沉淀大量的知识技术与人力资本,可见创造新的资源增量是大学职能职责之所在,这也是创业型大学与外部经济关系价值链运行的基本动力。为获得更多发展所需的资源,大学势必要通过一定的交易方式将"要素2"转化为政府需要的"要素3",反映了政府选择资源的过程,且资源的内容和效用直接决定了大学下一轮交易能获取资源的能力。政府通过自身系统的运行,配置和利用资源,以此形成能够供给大学的"要素4",因政府的重新配置,无法创造新的资源,"要素4"的价值量实际上是减少的,但是能供给的资源内容是有所变化的,根据大学发展所需进行再次的交易。图中可见,大学与政府之间"要素"交易循环过程和价值水平呈螺旋式上升,两者之间的经济关系运行由若干个简单循环组成,并实现大学社会总产出逐步提升。

2.与政府交换过程的价值力组合

从大学与政府之间的互动模型可以看出,两者间基于"要素"的资源交换是由一些力的组合构成的,如资源、制度、行为等,这些力量相互作用,形成牵引,并形成价值力,推动交换进行。具体看,(1)体制牵力。对比政府,大学体制牵力对交换关系的影响小之又小,政府毕竟是社会的管理者和调控者,是经济制度的设计者,政策、投资体制、办学体制等方面的制定者,对大学获取资源有着直接的影响。(2)资源牵力。大学的基础资源,如土地、人等生产要素,大部分是政府投入的,可以说作为准公共产品的大学教育,其起步的资源配置主力是政府;基于此,从广义上看,大学与政府之间的资源交换关系主要由资源力、制度力、行为力、法制力、环境力组合而成的。这五个价值力相互作用,其合力即为双方资源配置的多少与优劣的最终体现。

这五个价值力之间的内容、数量以及相互关系的紧密程度直接影响了创业型大学与政府资源交换的内容,如图2-4所示,图中价值力间的夹角是反应两者之间的紧密程度,越小则相互越紧密,配合度越高,交易成本就越小,所获得的资源配置力就越大;反之,则是配合松散,交易成本越大,资源配置力自然就小。可见,要提高创业型大学与政府之间资源交换程度就需要丰富资源要素的价值力,提高资源配置力。而降低交易成本的核心在于理顺大学与政府之间的关系,一方面要理顺大学创造价值的生产环节,提高大学的价值生产能力,实现大学内部资源配置最优,另一方面政府应提供大学创造价值的保障,包括资金、制度等,从而形成有利于两者资源交换的路径,减少交易成本,使得高等教育资源能够有效配置。

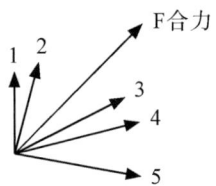

图2-4 创业型大学与政府的资源配置力

(二)大学与企业的关系

大学与企业之间存在关联的根源在于两者之间各自拥有对方所需的资源,从交易的内容看,大学为企业提供知识、技术、人才等,而企业则是提供资金、校验与应用科研成果的平台、市场需求信息等,这些交换的内容即为大学与企业交易的要素。从交易的渠道看,随着产学研合作的发展,大学与企业合作方式日益创新,如项目委托、联合研究、大学科技园等,双方都在强化资源组合与整合,包括人才、技术、资金、社会关系等,两者通过合作协议,使得企业成为大学科研与教学的基地,以及科研资金的重要提供者,而大学成为企业创新的重要支撑。

大学与企业交易的动因在于市场竞争的压力以及节约交易成本两个方面,通过企业这一中介,参与到市场各种经济活动,从而获得资源配置的权限,提高自身的竞争优势。基于此动因,大学与企业之间的经济关系尤为复杂,和大学与政府间经济关系的要素内容有显著的区别,特别是交易关系方面,大学与企业是平等的两个主体,相较而言,显然政府是资源的拥有者与分配者,是更为强势的主体。由此,可将大学与企业之间的交易看作是市场背景下,两个平等主体之间发生一系列经济活动组成的价值链,如图 2-5 所示,两者之间具体互动内容对价值链实现的影响如表 2-1、2-2 所示。

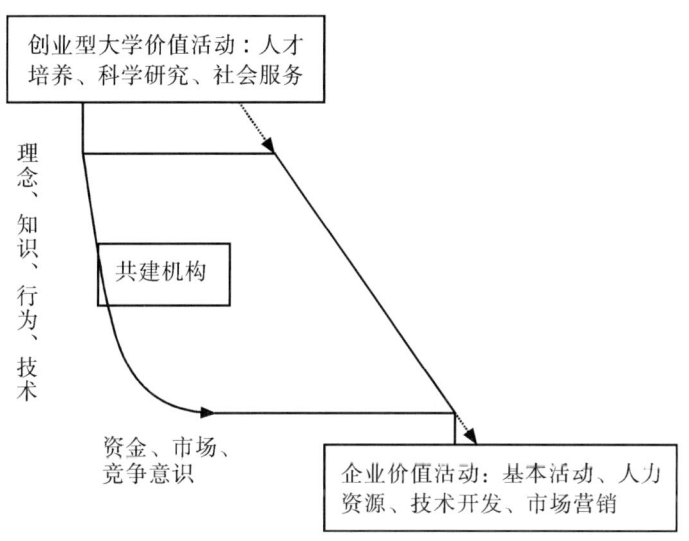

图 2-5　创业型大学与企业之间的互动模型

表 2-1　企业价值链对大学价值活动实现的影响

企业价值活动	要素	与大学价值链的关系	对大学价值链实现的影响
基本活动	物质资源	基础设施、科学研究人才培养	增加运行发展所需奖金、设备
基本活动	渠道资源	科学研究	增加检验成果的场所和渠道
人力资源管理	人力资源	人力资源管理、科学研究、人才培养	带动知识流动、增加知识存量
技术开发市场营销	信息资源	科学研究、人才培养	获取市场需求信息、技术需求信息、增加与市场的结合度

表 2-2　大学价值链对企业价值活动实现的影响

大学价值活动	要素	与企业价值链的关系	对企业价值活动的影响
人才培养	人才	人力资源管理、技术开发	获得运行所需人力资源
科学研究	知识	技术开发、生产经营、市场销售	获得运行发展的科学技术知识
社会服务	精神文化	全部价值活动	塑造企事业文化影响价值活动形态、增加销售附加值

由此可见,在三螺旋理论视角下,大学必须增强自身的经营能力,要求其从本质上改变传统的运作方式,必须走出象牙塔,实现向创业型大学的转型。

2.2 创业型大学的定义

大学作为一种独特的社会组织,在数百年的漫长历史中一直保持着相对稳定的组织形态,继承着不少原生态时期的追求和特质,但同时也发生着形态上的改变。当今时代,创业型大学时代已经到来。那么,创业型大学具体是如何演化而来的呢？事实上,自中世纪以来大学发生了两次质的飞跃,"研究"和"创业"作为新的学术任务先后被引入,研究型大学和创业型大学也是相继崛起。现在大学正在进行第二次质的飞跃,即创业在新时期已成为大学的一项新的任务,大学职能也因此被重新定义和延伸,创业型大学也因此而形成。

作为现代大学学术变革的新理念,创业型大学已在欧美等众多国家被广泛实践并取得了巨大成功。但是,作为一个概念,"创业型大学"不仅是崭新的高等教育管理理念和教学科研组织形式,而且是近几年理论界和实业界共同探讨的话题。目前,由于学者所面临的研究客体以及他们的知识背景的区别,加上创业型大学遵循的是一种从现象到理论的研究路径,所以对于它的定义,学术界尚无权威言论。但有多位知名学者从不同角度分别对其进行了阐述:

代表人物	"创业型大学"的含义	具体内容
亨利·埃茨科威兹（Henry Etzkowitz）	在从前,大学强调的重点主要是知识的进步,企业界强调的重点主要是知识资本化。然而,对于那些经常获得政府政策支持的大学,组成人员因其对获得资金的心理兴趣而使学术机构更接近于公司,公司总是把经济的应用与对知识的兴趣联系起来。	学术带头人能够形成自己的战略构想并付诸践行;具有把学术发明转化的功能,如采取授予专利、授予相关证明和培育的方法;在管理人员中间、创业精神在广大老师、学生当中普遍存在;能合理控制大学的资源,如物质财产和知识产权。
伯顿·克拉克（Burton R.Clark）	一所创业型的大学为将来取得更好的发展,凭自身努力积极地在其事业中探索如何创新,并在追寻组织的独特性上进行关键性的转变。	整合创业文化;拓宽发展外围;扩展资金来源;激活学术心脏;加强驾驭核心。
希拉·斯劳特（Sheila Slaughter）	创业型大学是指高校在新的社会形势下采取企业的管理方式,彰显市场化的目标,尤其表现在拉拢外部资金方面。	大学的任务和目标决定了市场化和数量化的评价模式;开设的课程必须合乎企业的要求;探寻全新的教育模式以培养更多的人才;并对教育的加工品进行买卖。
西蒙·马金森（Simon Marginson）	创业型大学是指在学校运行、组织模式、运作效能及科学研究等方面具有企业性质的大学。金钱是这种学校的一个重要思想,但提高大学的信誉和综合实力是关键任务。	出现有管理意愿的新行政力量,而且有比以往更大的行动自由;在结构上有创新;用新的管理机构和管理机制来改造或替换原有的管理形式;大学管理的灵活性大大提高;学科的作用有明显的削弱;出现新的权力下放方式。

根据学者们的观点,在把握创业型大学本质核心的基础上,我们认为,创业型大学是这样一种大学,它以促进地方社会经济发展与提高国家的综合实力为目标,以提高自身自主创业能力为主导,以加速高技术成果转化为核心。创业型大学的内涵应该包括以下内容:

1.在知识生产、知识传播、知识应用的知识经济背景下,旨在提高自身高技术创业能力、促进地方社会经济发展与提高国家的综合实力;

2.发展高新技术,催生高新企业,能有效和及时地将高新技术成果转化为现实生产力;

3.强调学术创业资本和智力资本,具有很强的创业精神和创业氛围,创业活动被普遍接受并得到系统的支持；

4.以市场为导向，与政府、企业、研究机构等外界机构形成紧密的良性螺旋互动关系。

2.3 创业型大学的特征

2.3.1 服务于知识转移的教学

教学是大学的基本职能，但在大学不同的发展阶段，教学活动也随着大学的发展而与时俱进。洪堡改革之后，极大地丰富了大学的教学功能，由原来简单的传授知识拓展到通过科研不断发现知识以及对未知领域的不懈探索。现今，随着创业型大学的发展，其教学任务又有所变化，教学应为大学的知识转移而服务。这就意味着，创业型大学的教学是一种实践教学，核心目标是为社会培养具有创新精神、能担任大学知识转移使者的创业型人才，因而在建设创业型大学过程中，教学改革不可避免，甚至有不少大学通过教学改革而成功转向创业型大学。如1998年新加坡麻省理工学院联合成立合作单位，共同组建创新型工程教育与研究组织。该组织目标在于培养年轻的工程师以成为"技术驱动型"人才。具体的教学活动，与传统大学相比，创业型大学除了具备传统大学所采取的课堂授课、学术研究等基本的方式方法外，还采取了直接组织创业活动和业务运营的运转行为。毕竟为所在地区或国家的发展提供大量高素质的人力资源是创业型大学最大的贡献，用人单位认为这些经过合作教育项目训练出来的毕业生不仅带来了前沿的知识，也带来了激情与关键技术，用他们"新鲜的眼光"刺激了企业研究小组的成员。①

2.3.2 满足社会经济发展需要的科研

科研是创业型大学发展的基础，为"创业"提供具有市场价值的研发成果。

---

① ALLISON BRAMWELL, WOLFE. Universities and regional economic development: The Entrepreneurial University of Waterloo[J]. Research Policy, 2008(37): 1175−1187.

从这一角度看,创业型大学应在研究型大学的基础上发展起来,但研究型大学未必就是创业型大学。因而,创业型大学除了具备研究型大学拥有相应水平实验室和领先于国际学术研究成果、拥有自主知识产权等特征外,更重要的在于创业型大学的科研能够快速满足社会发展的需要,拥有促进国家和社会发展与进步的能力,特别是在工业发展中能够发挥重要的作用。这是创业型大学区别于其他大学的根本。根据现有学者的研究,创业型大学普遍拥有卓越的学术成就,聚集了一批一流的专家,并在知识、专家智慧与资源的助力下,增进国家竞争力。可见,正如克拉克在《建立创业型大学:组织上转型的途径》一书所说的,并非只有一流大学才有机会成为创业型大学,只要大学能够将科研与国家、社会与地区经济发展需求结合起来,真正快速响应其所需,必定也能成为创业型大学。

2.3.3 促进社会发展与进步的服务

创业型大学不同于其他类型的大学,在于其增加了第三职能——服务社会。目前,这一理念已经得到广泛的认同,"威斯康星思想"或"威斯康星精神"是大学服务功能的一种形象描述。该理念根源于一百多年前的威斯康星州大学,它率先打破精英教育的界限,实践向普通民众教授知识,为产业界提供技术服务,并以此为立校之本,引发了其他大学的纷纷效仿,逐渐形成风气。

20世纪50年代,"威斯康星模式"发展至巅峰,大学周边建立起大量的科技园,这使得大学加快利用自身的智慧资本、科技资源所研发的科研成果,积极为地区社会经济发展服务。"威斯康星模式"之所以发展如此迅猛,这主要源于冷战后,政府支持大学的经费逐年递减,再加上基础研究与应用研究的界限逐渐模糊,大学的生存与发展面临前所未有的挑战,促使大学推动科技成果由国防领域向民用领域发展,这客观上促进了美国经济高速且稳定发展。在这种形势下,大学改革势在必行,服务社会成为大学实现持续发展的根本保障,由此也推动了大学向创业型大学发展。创业型大学丰富了大学的内涵,提升了传统大学的核心竞争力。20世纪90年代后,知识经济时代的到来,大学在国防、科技、经济等领域的作用日益凸显,创业型大学更成为各国提高国家综合实力的重要手段。

2.3.4 多样化的资金来源渠道

克拉克在《建立创业型大学:组织上转型的途径》一书中指出,一般而言大学的资金来源有三种渠道:一是政府的直接财政拨款支持;二是具有政府背景的各种研究基金委员会资助;三是除了前两者以外的其他收入,如私人机构捐赠、校友捐赠、学生学费、专利转让收入等。而作为创业型大学,其有别于其他大学的一个重要特征是资金来源渠道的多样化,且第三种渠道所占的比重高于其他渠道。究其根源在于创业型大学拥有掌控自身运营发展所需的资金命脉,而其他大学的资金过于依赖财政支持,毕竟政府财政支持的比重越高,大学所拥有的自主权必然越低,而拥有资金自主权,必然为大学创造宽松的环境提供最为重要的物质保障。再者,第三渠道资金所占的比重越大,说明大学具有的策划与经营管理能力越强,这些大学重视通过增加合同研究数量、科研成果转化获得盈利,重视品牌塑造提高对学生吸引力等方式扩大资金来源。这一显著特点促使创业型大学减少了对政府资金投入需求,也提高大学自身的经营管理能力,由此改变以往受制于政府的被动局面,确保大学的健康持续发展。

2.3.5 师生积极参与的创业文化

文化乃组织之"神",每一组织都有特定的文化氛围。文化作为一种静态的存在,它的作用是潜移默化的,同时又是长远的。传统大学文化的基本特征是学科忠诚和学术发展。大学内部各学术单元的基本目标是发展学术,组织成员致力于在本学科领域进行更深入的研究,以期对学科知识体系的积累有所贡献。在这一过程中,学者对所在学科的忠诚度,往往超过对其所在大学的忠诚度。而在创业型大学中,组织文化同样得到了显著的拓展,即注重实效和倡导就业这种文化心态已经融入了大学成员的日常行为之中。创业型大学中的科研人员,至少分化为三种类型:第一类是传统的从事基础研究的科研人员;第二类是将研究的主题转向或聚焦于实践领域,围绕解决产业领域和社会生活中的实际问题而展开研究的人员;第三类则是专门从事技术开发和技术运用工作的研究人员。在创业型大学中,组织成员个体和组织本身,都已经走出传统的学术发展模式,将更多的精力投入到科研成果的实践运用,通过创业行为直接服务地方经济。

在创业型大学中,注重实效与倡导创业并非只是孤立的组织文化形态,而是与很多其他相关的规章制度一起,共同起到推进创新创业行为的作用。这些支撑性的制度如知识产权制度、教师和研究人员的薪酬制度、大学评价体系和奖惩制度等,它们的出台和实施,都具有类似的目标和功能。美国麻省理工学院早在20世纪初就成立了一个专门的委员会,他们对教师能否从事咨询服务工作这一问题进行讨论,并在此基础上于20世纪20年代最终制定了著名的"五分之一原则",其核心要义就是"教授一周内有一天的时间可以用于咨询或者通过参与企业挣钱"。实践证明,类似的制度文化,能够有力地促进创业型大学的组织目标的实现。

2.4 创业型大学与三螺旋模式

大学、企业和政府是三螺旋运行的主体,相互作用,共同合作,从而形成一个完整的大系统,但是在不同的体制机制环境背景下,三个主体在系统中的位置有所不同,由此产生了不同的三螺旋模式。创业型大学在这些不同的三螺旋模式中所扮演的角色也各不相同。从学者所研究的结果看,三螺旋模式主要有三种:大学推动的三螺旋,政府拉动的三螺旋和企业引导的三螺旋。[1] 创业型大学在第一种模式中处于核心地位,推动着创新体系的运行;而在第二种模式中,创业型大学作为配合者,以政府政策方向为导向,并在政府的指导下,积极通过新的知识、新的技术帮助现有企业发展,同时也创造新的企业;在企业为主导的三螺旋模式下,大学则被鼓励积极与企业合作,以自身智慧资本的优势,在产品和工艺创新方面发挥作用。这三种模式并非一成不变,而是随着相应条件的变化,在大学主导、政府主导及企业主导之间不断转变。

2.4.1 处于核心地位的创业型大学

在大学主导的三螺旋创新系统中,创业型大学作为创新的动力,发挥着"孵化器"和"驱动器"的作用,引导了另外两个主体的行为。在这种模式中,大学在基础研究等领域拥有超强的科研实力,科研成果源源不断;政府的作用则

---

[1] 韩高军.三螺旋理论视角下的创业型大学[J].教育学术月刊,2010(6):41—44.

被限定在一定范围内,成为有限政府,仅在宏观上提供政策保障,全力支持大学和企业的创新,不直接参与市场运作,扮演着支持者的角色;而企业则专注在产品创新领域。

MIT是这一模式的典型代表,它是全球公认的第一所创业型大学。MIT在从纽约到波士顿沿128号公路形成的区域经济带中发挥了举足轻重的作用。[①] 在这一高技术园区内,由MIT创建的公司数占园区内总数比重超过70%。另一个典型的代表是斯坦福大学,其衍生公司创造了硅谷50%的销售收入,可见创业型大学在这种模式下是区域创新的核心。

2.4.2 处于辅助地位的创业型大学

在政府主导的三螺旋模式中,因政府作为创新系统的核心,主导了其他两者的行为。这种模式中的政府是万能的政府,以政策方针引导了整个国家的发展方向,而大学一般作为附属的主体,需要依赖政府的项目和资金支持,以政府所倡导的方向为发展方向。通常政府会引导大学与企业建立联系,鼓励大学帮助企业发展,大学在创新系统中处于辅助的地位。比较典型的代表是中国的大学,其遵循自上而下的路径,在政府宏观引导与要求下运行。

现阶段,我国明确国家创新体系是以政府为主导的,政府是创新的推动者与投资者。在这一模式下,所有的大学、科研院所都附属于政府,它们在政府主管部门的领导下参与创新,对区域发展起辅助作用,促进企业发展,为政府决策提供咨询服务。

2.4.3 处于合作地位的创业型大学

在企业主导的三螺旋创新系统中,企业是创新的驱动者,是技术创新的主体,它的行为影响着其他两个主体的行为。在这一模式中,政府以支持企业创新作为核心政策,优先支持大企业发展,以便实力雄厚的大企业能快速创新。企业为主导的模式以德国和韩国为典型代表。大财团承担着创新的驱动者,政府集中力量支持其发展,如德国的奔驰、宝马、西门子、贝尔、巴斯夫等企业都是在德国政府帮助下发展起来的,韩国的三星、现代汽车等企业也是遵循这一发展模式。而大学则是通过技术或知识转移、培养人才,促进高技术中小企

---

① 埃兹科维茨.麻省理工学院与创业科学的兴起[M].北京:清华大学出版社,2007.

业发展,促进其成为大企业的创新合作者。

2.5 创业型大学的类型

创业型大学的孕育、创建和发展,是1990年以来世界高校高等教育革新中出现的新潮流。从不同的研究路径出发,我们可以将创业型大学细分为"变革式"和"引领式"两种不同类型。

2.5.1 "变革式"创业型大学

"变革式"创业型大学所依托的研究路径主要是由伯顿·克拉克开创的。伯顿·克拉克把创业型大学发展作为一个机构的发展转型问题进行分析,也就是在新的社会条件下,大学为了更好地服务地方经济以及社会发展而应该如何进行改革。同时,他选择了一些高等教育机构作为自己的研究对象,这些教育机构具备了某些改革思路并正在实施这些改革。在伯顿·克拉克选择作为创业型大学研究对象中,初次选择了五所大学,如举办"技工讲习所"、授予大学资格只有短短十多年时间、但其办学历史却长达200多年的斯特拉斯克莱德大学;还有始建于1965年但发展迅速的沃里克大学等等。总的来说,创业型大学在伯顿·克拉克的分析视野中,指的是在此领域获得显著成绩的那些大学,并且随着时代的发展不断采取变革实践的大学。在这一研究路径中,研究人员对大学进行分析的角度包括:大学周围的社会发展环境;高校在飞速发展中需要破解的难题,即政、校、企随着社会的发展逐步对大学提出了更高的要求,但是在各种有限资源的约束和束缚下,大学要实现这些要求则充满着挑战;大学组织结构的变化;大学的办学理念或组织文化的变化;大学获取资源途径的变化等等。在伯顿·克拉克的分析语境下,大学充当着主动地适应变革的角色。大家非常关注的是大学为了适应社会发展的变化究竟应该采取什么样的改革、创新的思路,正如企业做的一样。

所以,"变革式"创业型大学指的是为了应对社会发展的变化而主动进行改革创新的大学,正如伯顿·克拉克所关注的一样,典型代表是斯特拉斯克莱德大学(苏格兰)、约恩苏大学(芬兰)、特温特大学(荷兰)、恰尔默斯大学(瑞典)、沃里克大学(英格兰)等。这些大学都不是研究型大学,更多的是教学科研型的学校,克拉克的研究打破了认为只有研究型大学才能走向创业型大学的这一固有思维。

"变革式"创业型大学成因在于:在等级森严的历史传统下,大学教授将自身的职责定位于搞好教学和科研、通过集中精力培养学生去创建新公司,促进经济发展和满足社会需求,而与企业家之间则保持较大的距离,更没有以企业家的身份直接采取措施组建公司的理念。同时,"变革式"创业型大学的创业活动多数是通过教学职能的扩展产生的。因为这种类型的大学不占据高等教育系统的中心地带,同时又面临着发展壮大所需巨额资金的压力。因此,这类大学为了继续存在下去并进一步发展壮大而不得不参与创业活动,在面临这种危机形势下而采取的行动,并在学校呼吁的创业精神的感召下,演变成强大的改革和创新的动力源泉。因此,"变革式"创业型大学对于那些僵化和保守为特征的,同时又不具备很强科研能力的大学,在寻求突破与发展时具有很好的启示与借鉴价值,更适合于规划一种非线性的发展路线。

2.5.2 "引领式"创业型大学

"引领式"创业型大学所依托的研究思路主要是以埃茨科威兹学者在对"三螺旋结构"进行探索的过程中提出来的。在这一研究路径中,大学如何运用自身在知识创造和人才培养方面的特长,更好地响应服务社会需要是研究的主题,研究对象则是世界著名高校并且科研实力名列前茅的高水平研究型大学,如北卡罗来纳州立大学、麻省理工学院、加州大学洛杉矶分校、斯坦福大学等。研究者旨在研究和分析这些大学面临的工业时代向知识经济时代过渡的形势,如何将自身创造的研究成果更快地转化为社会生产力,并且利用自身在知识创造和人才培养方面的优势,更好地实现知识转移、教学改革及其学术创新等活动。在这样的社会背景下,创业型大学的宗旨就是增强区域经济实力、经济活动效率和整个国家、民族的创造创新精神,从而在根本上增强和提高某一区域的综合实力。"创业型大学在为国家利益服务、具体承担经济发展任务的同时,给大学的传统职能赋予新的内容和形式,在社会经济活动中更大地发挥大学参与和大学引导的先锋作用"[①]。在这一研究思路中,学术界分析

---

① 创业型大学[EB/OL]http://wenku.baidu.com/link?url=7VBUQxD4DpX-2XmPh6TNOSkOua4ByofByvz9LDzNJ74IyyoIMUAU6nU9H927iL78k5OUE8vryECCrMTHIV59z0QrmC-DWfdw6sjf4v4jzFm.

考察大学的视角有：大学与政府的关系；大学与企业界的关系；大学的科研成果及其应用情况；大学的专利制度及知识转移的相关管理规定；风险投资及其他有利于促进创业行为的支持性制度安排；创业教育课程、创业论坛、校友网络、企业家网络等要素组成的创业网络等。

"引领式"创业型大学的成因在于："实用"理念由来已久，"敢于冒险、勇于创新"的精神也深入人心。创业原动力从其产生起就被深深地扎根于研究型大学之中，"引领式"创业型大学的创业活动不过是其创业原动力的自然延伸。同时，教授只被当作教师付给报酬，但教授职责却被扩展到科研方面。在此背景下，教授不得不在自己职业生涯的起始阶段就参与创业活动，以此为其研究活动寻找资金。同时，"引领式"创业型大学诞生于综合实力很强的研究型大学之中，这些研究型大学学术科研职能的进一步延伸就是创业活动，该活动的中心就是如何处理好社会经济水平的发展和提高与科学研究之间的互动。因此，大学的建立是通过从教学到科研，然后再到促进经济发展的线性发展过程转变而来的。

当然，两种类型的创业型大学之间也存在共性：大学发生转型的原因都是因为面临巨大的压力，即环境的需求和大学适应能力之间越来越深刻的不平衡；都拥有促进区域经济发展和增加对大学研究及其他活动经济回报的相似目标；都主张与产业界、地区政府、国家政府等组织建立新型的关系。考虑到引领和支持新兴企业的发展力度与加快成果转化的速度，不难预料，两种类型的创业型大学必将相互借鉴彼此的创业形式。

2.6 本章小结

在三螺旋理论视角下，大学与政府、企业之间优势互补，彼此之间相互重叠，互相交叉，大学在生存发展的压力下，必然要走出"象牙塔"，发展成创业型大学。创业型大学具有鲜明的特征，它拥有服务于知识转移的教学、满足社会经济发展需要的科研、促进社会发展与进步的社会服务、多样化的资金来源渠道、师生积极参与的创业文化等。在不同的三螺旋模式中，创业型大学处于不同的地位，同时呈现出不同的类型。根据我国的国情判断，当前我国大学正向处于辅助地位的"变革式"的创业型大学转变。

第 3 章

创业型大学形成机理

创业型大学的产生是大学发展的必然产物。"高等教育的历史,很多是由内部逻辑和外部压力的对抗谱写的。"[①]创业型大学可谓是大学内外力量相互制衡的结果,特别是随着政府对大学资助的急剧减少,大学面临着巨大的生存压力,为获得发展所需的资金,学术资本主义俨然而生,大学内部运营效率的改革也迫在眉睫;再者,各国竞争的加剧也使得政府对大学在发挥优势加强科技创新方面有更多的期待,大学服务社会经济发展的职能渐显重要,由此逼迫大学主动走出"象牙塔",利用自身的智慧资本创造价值,以换得生存发展所需的资源。这些内外部推力,最终使得大学积极改变且有所行动。本章在分析创业型大学形成的内外部因素基础上,重点探索促成创业型大学形成的主要影响因素,以期总结出这些主要因素之间的相互作用的关系及路径,并辅以典型案例作为支撑,为后续提出建设创业型大学策略奠定基础。

3.1 创业型大学形成的内外部因素

3.1.1 创业型大学形成的外部推力

"大学是遗传与环境的产物"[②],这是教育家阿什比的一个著名论断。现

---

① 王孙禺,刘继青.中国工程教育发展史研究的理论进路与解释框架[J].清华大学教育研究.2009(3):13—18.
② 阿什比.科技发达时代的大学教育[M].北京:人民教育出版社,1983:7.

代大学因社会、政治、经济和文化的变迁正面临着前所未有的挑战。迅速、灵活地适应环境的变迁,是大学能够持续不断发展的必要条件。当外部环境对大学提出了新需求、大学自身的运行方式有了新的变革需要时,大学就会日益调整在长时间里形成的独特的惯性状态,并逐步叠加直到能够彻底改变自身的性质的程度,最终加速了全新大学模式的产生。可以说,每一种大学模式的孕育、生成和发展都与大学内在积极的改革精神和外在环境要求其变革的呼声有直接的关系。上世纪80年代的创业型大学正是这样成长壮大的。

"高等教育的历史,很多是由内部逻辑和外部压力的对抗谱写的。"[1]在遵循内在发展逻辑时,大学必须适当回应外部环境不断发展的要求。对于创业型大学而言,其兴起的外部背景在于:

(一)区域发展对大学的期待

"全球化推动区域化",全球化与区域化正是21世纪社会发展的主流趋势。区域经济的崛起是引领经济全球化发展的生长点。正在崛起的区域形象跨越了国家与政府的界限,尤其在当今强调国际区域合作中具有无可替代的价值。区域经济的发展,既对当今高等教育体制提出了革新的要求,在客观上也对高等教育提出了更高的目标,成为引领区域全面发展的力量源泉、动力源。三螺旋之父埃茨科威兹曾说过:"我们认为,创业型大学的出现是大学对知识在国家和地区创新体系中的重要性不断增加而作出反应的结果,是不断深入地认识到大学是成本核算的和具有创造性的知识和技术的发明者和转化代理商的结果。"[2]

在区域经济发展中,大学所承担的角色发生了变化。大学在担负着传统的职能如教学、科研、服务社会等以外,还承担着"地区创新组织者"的功能,从根本上延伸了原有较少的专利转让与技术嫁接的功能。以麻省理工学院为例,为了实现与地方经济、社会、企业的无缝对接,特别是针对波士顿地区经济复苏之后所面临的挑战,麻省理工学院积极主动地跨出校园进行调研获得了举世瞩目的成绩。它的优秀毕业生和本校教职员工自从20世纪90年代以来

---

[1] 克拉克·克尔.高等教育不能回避历史——21世纪的问题[M].王承绪,等译.杭州:浙江教育出版社,2003:5.

[2] ETZKOWITZ,WEBSTER,GEBHARDT.The Future of University and the University of the Future: Evolution of Ivory Tower to Entrepreneurial Paradigm[J].Research Policy 29(2000),313−330.

注册的新企业年均多达150余个,仅1994年一年,这些企业的销售额高达2300多亿美元,提供了110万个就业岗位,这些企业对全国尤其对本区域的社会经济发展起到了重要作用。而斯坦福大学在1950年创建斯坦福科研园之后,硅谷内至今汇集了4000余家高端技术企业,30多万高端技术人才[①]。

再者,随着区域经济的发展与竞争的日趋激烈,企业为了保持其在国际市场上的竞争力,对大学技术、人才的服务标准也随之提高,从原来的仅仅满足于大学要服务于知识技术援助与职工培训等低级阶段的要求,到现在的更高标准和要求。企业所需的不再仅仅是低级层次上的知识的守护者,如图书馆管理员、领导秘书等岗位;那些具备敏锐的洞察力与想象力的以及思路清晰、操作熟练、把握电子产品发展趋势的软件开发人员才是社会真正需要的人才,如建筑工程师、机械工程师、电信工程师、企业高层管理人才等。并且,尽管不少企业拥有自己的研发基地,但是对那些奠定企业核心地位重要领域的技术创新和研发却依然依赖于大学,尤其表现在拓宽优势学科与科际整合范围方面,亟需校企之间实质性的交流合作。这其中的原因,大概可以解释为大学的学术科研是以应用为导向的,把科研成果应用到企业的生产上就能够提高企业的生产效率,并为之带来可观的利润;对那些置之于竞争浪潮之中的企业来讲,这竞争要求的技术革新单独靠自己的力量是难以完成的。因此,为满足企业界对大学提出的要求,一些大学不得不走上创业型大学道路,以满足自身的发展。

(二)高等教育发展的需要

作为未来高等教育的一种发展趋势,创业型大学从传统型大学中孕育分离,其关键因素正是当今高等教育面临的社会环境变化。在高等教育大众化的背景下,大学之间的竞争日益激烈,"优胜劣汰、适者生存"的自然法则势必导致部分传统大学转型为创业型大学。马丁·特罗认为:与学校规模的扩大相对应的是,发展新阶段的构成要素成为整个制度和结构,整个高等教育领域多层化、多元化的过程[②]。在高等教育大众化的背景下,意味着其中的大多数人有机会进入大学去接受高等教育,而高等教育的多样化则是指"有教无类、

---

① 欧洲版"麻省理工学院"诞生. http://news.sina.com.cn/c/cul/2008-09-11/092716272923.shtml.

② MARTIN TROW.The Expansion and Transformation of Higher Education[J].International Review of Education,1972(1):61—63.

因材施教",用各种各样的教育方式、教育方法来传授内容。就我国而言,20世纪末期进行的高等教育改革进入实质性阶段,主要表现在:重新规划教育结构、学校规模迅速膨胀,深化体制改革。此举标志着我国已进入了高等教育大众化的新时期。譬如,据有关部门统计,1998年我国的高等教育毛入学率仅仅为9.8%,到了2002年则上升到15%,2010年显著增高,高达26.5%,2013年更是达到34.5%[①]。

在此背景下,大学面临着日益繁重的压力和各式各样的期望:更多数量的、不同类型的、不同年龄阶段的学生要求享有高等教育的权利;高度专业化的劳动力部门日益专业化,要求不同的就业岗位必须吸纳与其要求相对应的毕业生;规模日益增长的大学毕业生对大学提出了各不相同的期望,要求大学的课程设置要紧贴经济发展的脉搏,企业的所需与学校的供给步调要一致;劳动力的培训要求也日益增加。在高等教育大众化的年代,国内的高校同样面临着为了适应社会发展的需求,大学应该如何转型的问题。为了找到问题的答案,大学务必要定位准确,取人之长,补己之短,厚积薄发,总结经验,增强自己的相对优势。

(三)政府财政支持的减少

一所大学为了具备强有力的竞争力通常需要获得较大的财政资源,特别需要尽可能多的能自行处理的资金。因此,扩大财政渠道变得刻不容缓。从世界范围来看,政府是大学资金的主渠道。但在20世纪70年代,资本主义国家普遍爆发了金融危机,对战后曾经一度繁荣的西方资本主义经济给予了沉重的打击。在社会对大学的要求也变得日益苛求与充满期待的背景下,政府和民众都迫切希望大学能够在解决经济和社会问题方面为社会承担更好的责任,但是由于大学本身耗费资金的大幅度增加、社会民众对大学的日益不信任、基础教育以及其他公益事业(如医疗卫生、国家安全、社会保障、弱势群体)的经费需求的竞争,政府在高等教育方面的投资"出尔反尔,成为不可信赖的赞助者。"[②]各国政府纷纷实行财政紧缩政策,具体包括学校数量与招生规模的减少,政府不再干涉高等教育的发展,对高等教育拨款的减少,寻求政府财政资助竞争性的加剧等措施。"在大学,昨日之伙伴(联邦政府)现在变得越来

---

① 参见教育部网站 http://www.moe.gov.cn.
② 伯顿•克拉克.建立创业型大学:组织上转型的途径[M].王承绪,译.北京:人民教育出版社,2003:前言.

越像今日之不可缺少的,但又是悭吝的且更具强制性的压迫者。"①

政府对大学投入资金的大幅度减少,使得大学的多个运作层面受到了明显的影响。面对政府日益缩减的资助、学校财政入不敷出的严峻形势,在这种情况下,大学就不得不产生"创业型大学"的动机。它们纷纷积极面对,以探寻多元化的融资渠道,"这是大学创新精神的关键一步"。② 在此背景下,美国、澳大利亚等国的高校纷纷采取各项措施,拓宽筹资渠道,进而形成高校自身的多元化资金来源,推动传统高校向创业型大学转变。

3.1.2 创业型大学形成的内在动力

"外因是变化的条件,内因是变化的根据,外因通过内因而起作用"③,推动创业型大学形成的内在因素主要有:

(一)学术资本主义的发展

"自柏拉图以来,人类的知识便在价值形态上分出了级别:底层的市井知识和最高点的真理知识,真理知识是高级知识,绝不会与商业、市场价值有任何联系"。但知识经济到来,打破这种规则,在知识驱动经济发展的时代背景下,高校所拥有的知识本质已逐渐改变,以往作为教书育人的内容,开始作为要素参与经济发展中,并能够作为分享发展成果的依据,由此"知识就是金钱"的观念逐渐渗透到知识拥有者内心。再加上"外部公司对新知识和新研发成果的极大关注,虽然他们并不是真的对科学研究与科学技术本身产生了学习与研究的兴趣,而是他们看到这些研究与技术能为其提供新的产品,以在市场竞争中取胜。"④但这种转变极大促进大学的变革,特别是高等教育市场化程度越来越高,学术与资本结合程度愈来愈紧密,由此产生了"学术资本主义"理念。从学术资本主义产生的背景看,其实质是大学的知识生产与传播不再受

---

① 乔治・凯勒.大学战略与规划[M].别敦荣,译.青岛:中国海洋大学出版社,2005:28.

② 伯顿・克拉克.建立创业型大学:组织上转型的途径[M].王承绪,译.北京:人民教育出版社,2003:172.

③ 毛泽东.矛盾论(一九三七年八月)[M].毛泽东选集:第一卷.北京:人民出版社,1991.

④ PETER JARVIS.Universities and Corporate Universities[M].New York:Kogan Page Limited Press,1988:12.

传统为研究而研究的纯学术导向价值指导,而是更多受外部社会经济资本以及市场信息的左右。[1] 这意味着高等教育的生存法则与发展逻辑必须兼顾市场经济规律与法则,在追求学术自主等原则时也必须与满足市场所需相结合。而从政府角度看,学术资本主义促使大学与市场集合,完全满足了其希望以科技创新获得在世界经济发展中更多的话语权。政府、大学与市场三方力量在学术资本主义发展的推动下朝着同一个方向平衡变化,并获得各自所需资源。可见,学术资本主义是推动大学向创业模式发展的内在动力。

(二)应对竞争压力的需要

从高等教育发展历史看,早期高等教育基本以精英教育理念为主,政府规划与主导成分居多,大学依赖财政支持,自主性少。但20世纪中期后,各国高等教育纷纷改革,教育政策逐渐走向宽松,市场机制在教育领域的影响悄然而生,教育市场化概念随之成为关注的对象。这一理念最早源于美国经济学者Milton Friedman对教育投资事业的分析,学者蓋浙生认为高等教育市场化的明显特性在于政府解除管制、打破垄断,由此引发大学功能的重新定位,以及学校之间为争夺发展资源而展开的激烈竞争。教育市场化的趋势对高等教育的影响无疑是重大的,它让高校获得更多自主权,但与此同时,也带来诸多的挑战,高校面临前所未有的竞争压力,倒逼着高校寻求经营管理模式的突破,改变以往过度依赖财政支持的惯性。这就使得高校需要通过不断自我更新内涵来适应时代发展的需要,[2]引入私有资源也成为高校不得不做的选择,[3]由此创业型大学理念开始为各高校所实践,如知识、技术等商业化,从而增加收入,提高学校影响力。

(三)内部运营效率提高的需要

政府拨款的资金获取模式下,大学获得资金量与运营成果的关联性不强,对内部运营效率的敏感性低下,甚至缺乏应有的效率意识。但随着拨款的减少,资金获取与运营成果相结合,大学内部运营效率与效益低下的问题逐渐暴露出来,再加上高等教育领域市场化,大学内部管理日益透明及公开化,象牙

---

[1] SLUUGHTER, LESLIE.Academic Capitalism:Politics,and the Entrepeneurial University[M].Baltimore:Hopkins University Press,1997:173.
[2] 赵婷婷.大学市场化趋势与大学精神的传承.北京:高等教育出版社,2002.
[3] 汤尧.学校经营管理策略:大学经费分配、募款与行销.台北:五南出版公司,2001.

塔神秘面纱在社会公众面前揭开,接受审视,低下的运营效率与效益备受指责。① 为了改变公众的观念,并寻找一条真正适合知识经济时代下高效运行的发展范式,大学特别期望能够通过教育管理方式方法转变来满足市场竞争对效率与效益的需要,因此创业型大学成为众多大学选择的模式。

(四)大学社会经济服务职能不可回避

传统大学包括研究型大学对自身的职能基本认定在教学和科研上,社会经济服务职能并未提到同等高度。但20世纪80年代,各国都不同程度遇到失业、通货膨胀的问题,市场化后的高等教育首先面临的是培养学生就业问题。面对这种形势,西方国家政府纷纷提出对大学的新期望,例如澳大利亚政府出台的高等教育改革政策:《高等教育:一份政府讨论书》建议大学在培养学生及科研方面要更好地适应和满足社会需要,以提高本国在国际的竞争力;《高等教育:一份政策声明》再次明确对大学的定位,大学应为本国经济服务,为本国在世界市场的竞争服务。而大学内部严峻的就业问题,也迫使大学延伸职能,在培养学生的方式方法上改革,适应社会对优秀人才的需求,并调整内部的经营模式,使得大学的运作能快速响应社会需求的变化,从而顺应政府的倡议,以获得更多外部资源。创业型大学正是大学延伸职能,提高社会经济服务能力的必然选择,一方面通过培养创业型学生来增加学生创造社会财富的概率,另一方面大学也不再是纯粹资源的消耗者,而是能够创造直接贡献社会发展的各种知识、技术甚至是产品。

3.2 创业型大学形成的主要因素提炼

从内外部推力分析可以看出,大学朝着创业型大学转型,本质上是要解决学校的财政问题。面对政府投入经费的日益减少,学校希望能够有其他方面的资金来源,如一般性收入(学杂费、场地租赁费、仪器设备租赁费、捐赠等),更重要的是能发挥智力资本得到收益,如技术转移收益、授权收益、社会培训收益、创建公司收益等,这意味着创业型大学是在创业精神支配下,具有很强

---

① YEATMAN A.Corporate managerialism:an overview[C].paper to the New South Wales Teacher's Federation conference,Sydney,March 1991,8—9.

的盘活资产能力。

同时也可以看出,大学整个转型过程受到来自政府、企业界的因素影响。但要考究创业型大学形成的主要因素,需要进一步细化这三方主体如何通过具体因素以及如何来影响整个形成过程。本书在上文分析基础上,结合克拉克以及埃茨科威兹的论述,总结出影响创业型大学形成的主要因素以及这些因素相互作用的理论模型。

3.2.1 克拉克:创业型大学转型的五个关键因素

著名学者克拉克在其著作《建立企业型大学——组织上转型的途径》(Creating entrepreneurial university: Organizational path ways of transformation)中,以英格兰、苏格兰、荷兰、瑞典及芬兰的五所大学为例,从大学为生存与发展,寻求资金多元化来源为切入点,论述向创业型大学组织转型的路径。他认为不同类型的大学,其转型路径各不相同,但总结起来具有五个共同的关键要素,具体如图3-1所示:

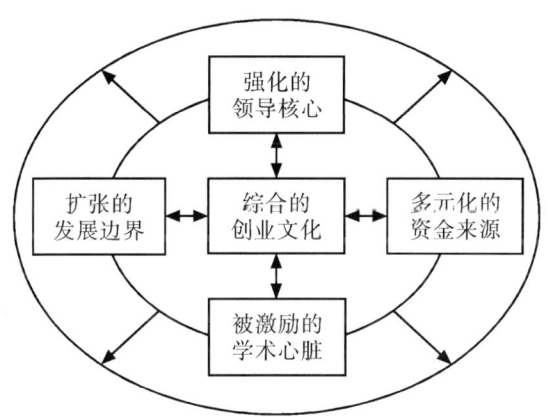

图 3-1　伯顿·克拉克创业型大学转型的五大关键要素

(一)强化的领导核心(strengthened steering core)

具有雄心壮志,想在发展模式上有所突破的大学,要实现快速、灵活地响应外界变动的需求,需要整合内部自上而下的各运作单位,以及自下而上的学术科系。要执行这一策略,在向创业型大学转型初期,需要一批坚决的领导者作为变革引领者,并将更大的学术管理权下放,赋予各院长、系主任或研究中心主管更大的权限,使得各运作单位融合创业精神,从而使得大学能够灵活地适应环境的变化。并且这种转型不可能一蹴而就,需要逐步的积累。克拉克认为领导能力如同同心圆的扩散现象,意志坚定的高级领导者发起改革,并将此战略目标推向中层管理者,自上而下传达,使得基层人员愿意维护和支持这些变革行动,这种将创业精神作为共同信仰的领导者能力,在大学快速响应环境变化过程中,能迅速提升组织的执行力,产生高绩效的组织体系。

(二)扩张的发展边界(expanded developmental periphery)

与传统大学不同,创业型大学非常注意学术疆界的拓展,这种拓展不同于传统大学只局限于在大学范围之内或在学术圈之内的学术拓展,而是要在大学中培育众多的学术拓展触角。通过扩展、跨越、模糊大学和外界之间的僵硬界限,推进跨学科的努力,使大学从"领导"集权型的组织机构嬗变为分权扩散型的组织机构,有效地增强大学处理问题的水平和能力,并且在未来的长远发展中塑造自身与众不同的特色形象。事实上,这种发展边界是大学对社会需求快速响应的需要,能帮助大学缓解环境变化与响应能力失衡的问题,因而寻求转型的大学需要打破传统大学发展范围的实体组织,设立与外界联系的组织,如知识产权管理部门、技术转移管理部门等,以负责收集市场信息,进行合同研究等,这些组织与现有运作单位或跨领域的院系、计划导向的科研中心构成整合性的学术单位,从而形成一个基层单位双重经营的结构。这种结构能够实现以学术为核心的科研成果生产组与提供支持的保障组并行的矩阵组织,确保组织运行的稳定性和灵活性。

(三)多元化的资金来源(diversified funding base)

资金是大学生存与发展的基本物质保障,多元化的资金来源渠道是大学适应环境变化、有效确保大学的可持续发展的重要支撑,甚至是先决条件。克拉克将大学经费来源分为三种:一是政府财政拨款;二是各种竞争获得的补助,或合约筹措的经费;三是自主收入,包括企业捐赠、校企合作研究经费、知识产权收入等。当财政拨款或资助的经费以外的第三种渠道资金越多,大学的转型就越能成功,而当创业型大学转型成功后,大学自主经费来源渠道就会越宽,占总资金比重就会越高,进而形成良性的循环。

(四)被激励的学术心脏(stimulated academic heartland)

学术心脏即各院系,也是把学术规范作为判断基础的守护者,他们必须对学生、企业、专业团体或政府等的需求有所选择,然后加以回应,聚焦发展。[①]克拉克认为即使大学具备了前面三种成功转型的要素还是不够,这时的中心仍属于传统教学与科研的基本单位——传统院系,一旦这些院系反对或忽略创新的重要性,那么大学的变革将会失败,其运行仍然按照以往的模式,只有这些基本单位接受转型的改变,并愿意执行相应的策略,才会使大学与外界的联系更加紧密,增加大学的自主经费来源。因而,需要激励这些学术核心的基层单位,使得每个院系都朝着同一目标前进,最终实现创业型大学转型。

(五)综合的创业文化(integrated entrepreneurial culture)

具有企业家精神特质的文化是创业型大学最重要且最难做到的特征。其过程不是一蹴而就的,需要假以时日才可完成。那么,欧洲的大学是怎样做的呢?欧洲这类高校的校园文化不仅仅是一种软文化,而是一种渗透于管理系统之中的,同时又被管理系统所强化了的校园文化,其特点就是企业家精神。企业家精神的实质是运用企业管理理念于学校的管理实践,其中创新占有很重要的成分,很多实践都孕育着创新意识。创业型大学需要一个共同的理念支撑,使得组织上下的行为具有一致的行为准则,只有组织文化能够完成这一任务。这种组织文化有别过去的传统大学,需要更冒险、更创新的创新创业文化作为内涵,促使前四种转型要素由理念向实践迈进。

克拉克认为上述五种转型要素总是在一个不断持续进行的状态,整个过程必须有持续变革的动力(dynamics of sustained change)、强化相互作用的动力(the dynamic of reinforcing interaction)、永恒要素的动力(the dynamic of perpetual momentum)和积极集体意志的动力(the dynamic of ambitious collegial volition)等支持,因而在探讨了静态的创业型大学转型要素之后,他开始关注保持这种变革的持续动力。这个持续的动态过程类似于学者库尔特·卢因(Kurt Lewin)提出的组织变革三步骤:"解冻—变革—再冻结"(unfreezing movement refreezing)。解冻就是要打破组织现有的状态,开始进入变革阶段,但是并不意味着能够确保一直处于变革中,需要再解冻,这样不断循环,才能使变革保持一个相当长的时间。其中再解冻的目的是为了平衡驱动力和制约力两种力量,使新的状态稳定下来。因此,创业型大学必须完善更多的机制以增强转型后的状态稳定。

---

① CLARK B R.Collegial entrepreneurialism in proactive universities:Lessons from Europe[J].Change,2000(1):10-19.

另外,克拉克也从大学转型的视角探讨政府的行为,认为政府作为大学外部环境主要主体,需要运用一些手段来促进大学的运作,如制度松绑或提供补助机制等。当然,大学的转型最为核心和重要的是在自身主动改革,通过制定计划及实施计划来实现,政府在大学转型中可扮演着辅助者的角色。克拉克认为:"不论是转型或持续变革的要素都是意志展现的结果及建立意志的手段,在创造克服组织惰性及勇于尝试不畏失败的转型奇迹以外,创业型大学积极的集体意志,所产生的'飞轮效应',从而累积了强大动力,使大学组织能超越求生存的原始目标,进而达到新世纪所要求的效能表现。"[1]

3.2.2 埃茨科威兹:创业型大学的特征因素

在知识经济时代,大学作为知识与技术的生产者,在区域经济与社会发展中的作用必定日益凸显,完全有条件和能力成为创新系统的领导者。要发挥这种领导者的作用,需要大学一方面积极通过咨询、技术转移或创建新企业等途径实现知识资本化,延伸教育与科研活动,这也是技术能力内化的必然选择。埃茨科威兹认为这就是创业型大学要完成的使命,需要重新定义大学的学术任务,即大学学术最终应是服务于经济与社会的发展。

埃茨科威兹指出创业型大学的衡量有以下五个特征因素,这同时也是引导向创业型大学转型的关键成功因素。

(一)知识资本化

大学知识的创造与传播不再是局限于为推动学科的发展,或者为传播而传播,大学的知识需要商业化,是为应用而创造与传播的,其根本任务是通过知识的资本化,将知识转化为能够促进经济与社会发展的生产力,从而提高大学对社会的影响力,形成大学在社会发展中的动力源角色。

(二)相互依存性

创业型大学改变大学孤立于世的状态,需要打破"象牙塔"的界限,通过积极与政府、企业的互动,从而实现参与市场运作,区域经济的发展要求大学必须重视与政府、企业之间的协同关系,主动探索最优的合作策略。

---

[1] CLARK B R.Delineating the character of the entrepreneurial university[J].Higher Education policy,2004 (17):355—370.

(三)相互独立性

创业型大学在重视打破传统"象牙塔"界限,实现与政府、企业互动的同时,不能忽视自身存在的原始意义,大学始终是一个相对独立的学术机构,其核心价值仍然是坚持一定非营利性;再者,大学不是附属于其他任何一个机构的产物,而是平等地与其他机构进行合作,为经济社会发展提供合作计划。保持大学这种独立性一方面是对自身核心价值观的坚守,创业型大学不是把大学演变成一个趋利的商业组织,另一方面强调这种平等性,能够保持大学立场的客观性。

(四)混合形成性

创业型大学既要勇于突破"象牙塔"的界限,加强与外界的联系,同时又要注重保持自身的独立性,要实现此目标,唯有通过设置一些混成组织,如研究中心、孵化器、科技园等。这种具有企业性质的边界过渡组织机构能够用市场的方式与外界进行经济关系,获得大学发展所需的资源。

(五)自我反应性

大学要改变以往孤立于世的状态,加强与外界的联系,提高对环境变化的敏感性。要实现这样的改变,首先要求大学内部各构成单位应具有持续不断更新的能力,通过调整教学与研究方向,适应市场的需求,从而更好完成其服务于社会发展的第三使命,同时形成知识、功能与组织结构的共同演化。

埃茨科威兹在《第二次学术革命:麻省理工学院与创业型科学的兴起》(MIT and the Rise of Entrepreneurial Science)则从创业型大学发展步骤角度探讨如何进行转型。他认为,首先大学领导者应具备与资源提供者商议的能力,并制定发展导向的策略性措施,以设定未来发展的先后顺序;其次,要积极调动全校教职员工及学生的积极性,鼓励其将创新活动所产生的知识商业化,强化学术资本主义;最后,要主动参与区域创新体系,逐步扮演引导者的角色,主动寻求与政府和企业的合作。而为实现创业型大学的混合形成性,需要在管理机制方面进行一定的创新,如成立联络办公室、技术转移管理办公室、育成中心或建立创业投资公司等。

3.2.3 创业型大学形成的主要因素

从上述分析可知,克拉克和埃茨科威兹的研究论证了两种不同模式发展起来的创业型大学,它们的核心都是大学在利用企业化运作过程中的转型,但并不是说仅仅把自己的研究商业化,就成为了所谓的创业型大学。更重要的是它首先是一所大学,必须遵循大学的基本理念,有很强的自身战略方向的自主性,并在平等的基础上与其他机构相互作用,为经济与社会发展提供发展战略与合作计划,特别是在地区的经济发展过程中扮演更为重要的角色,同时自身的发展也得到区域政府政策支持。换言之,创业型大学把自身教学、研究与服务朝着企业化方向发展,而这种发展是为了进一步带来大学的优质教学、研发和创新、技术转移与创收,在促进大学转型发展的同时也促进了社会多样性的发展。

与研究型或其他大学相比,创业型大学的独特是因为引入了"创业"精神,大学的理念便也融入了现代管理的概念与文化,这就要求大学组织内部产生变革,包括:透明的制度,比如决策、财务、信息、管理、绩效等方面的公平与规范;有效的管理,比如目标明确、机制健全、持续改善、追求卓越等;完善的机构,比如跨领域科研中心、技术育成中心、技术转让中心以及这些机构所承载的科研能力、学术价值、科研成果等;创新的文化,比如在教育大众化、全球化、市场化的条件下所出现的跨文化、跨区域、跨国界的创新思维。

由此本书认为影响创业型大学形成的主要因素有几个方面,具体如下:

(一)区域环境

区域环境所提供的资源与养分是大学生存、发展的根基。地区之间的自然环境、经济环境和社会环境都会对大学的发展造成一定的影响。三螺旋之父埃茨科威兹曾说过:"我们认为,创业型大学的出现是大学对知识在国家和地区创新体系中的重要性不断增加而作出反应的结果,是不断深入地认识到大学是成本核算的和具有创造性的知识和技术的发明者和转化代理商的结果。"[①]要成功转型为创业型大学离不开区域内企业界、政府的支持。根据上

---

① ETZKOWITZ,WEBSTER,GEBHARDT.The future of university and the university of the future:evolution of ivory tower to entrepreneurial paradigm[J].Research Policy 29(2000),313—330.

文创业型大学与政府及企业的外部经济关系分析也不难看出,创业型大学的知识、技术、人才等资产要在市场中实现价值,很大程度需要借助于企业界这个平台,同时需要政府给予更为宽松的政策环境。

再者,区域经济的发展对创业型大学的需求也是大学主动走出象牙塔,融合到某个区域环境中,成为区域创新体系主要一环的重要外部推力。埃茨科威兹更指出创业型大学与企业、政府彼此互动密切,而非与世隔绝的象牙塔大学,大学必须注重发展与政府、企业之间潜在关系的合作策略。这需要大学改变以往研究型大学或者教育型大学较为封闭式的模式,置身于整个区域环境,盘活资产,吸取更多资源,加快与外部环境的资源循环,实现大学与区域发展的双赢结果。

而从西方发达国家大学转型创业型大学的成功经验也可看出区域环境在整个过程中起着重要的作用。如美国 MIT 的转型之路,离不开马萨诸塞州的引导与支持,州政府甚至被认为是引导大学创业行为的引擎。波士顿的一名作家说:"原因很简单,就像为什么郁金香球根不能在俄罗斯生长一样,因为那里没有能培植的土壤…你当然可以期盼,但是如果没有土壤,就算有历史、有教育体系,人们想在这里创建一番基业的想法都将只是期盼。"[①]可见,创业型大学的形成必然受其所在区域环境的影响,且是重要的外部推力。

(二)科研实力

创业型大学最重要的基础和"本钱"就是"知识和技术成果",这些知识来源于大学自身的研究。克拉克的研究成果认为大学院系作为教学与科研的基本单位,仍然是创业型大学运营的基础。大学一旦缺乏对学术基础地位的认可,很难使改革顺利进行,更谈不上创业型大学。埃茨科威兹也认为大学院校改变经营方式为创业型大学的过程,实际上是增加了传统学术任务,因为新的学术任务与旧的学术任务会有更深的关联[②]。从大学发展的历史看,大学始终存在着两种不相上下的权利形式——学术权利和行政权力,两者各司其职,缺一不可。而创业型大学的兴起与成长都需要较强的科研实力作为基础,以提供源源不断的创新知识与创新技术,以维持其在学术研发方面的领先地位

---

① SAXENIAN A.Regional Advantage:Culture an Competition in silicon Valley and Route 128[M].Cambridge,MA:Harvard University Press,2004.

② ETZKOWITZ H.The Triple Helix University－Industry－Government Implications for Policy and Evaluation[J].Science Policy Institute,2002(45):117－125.

和智力资本的经济价值,可见学术水平高低更应是创业型大学的一个重要指标,只有较高的学术水准、丰富的科研成果才有可能带来更多的资金支持,以及聚集更多的师资资源及生源,从而又推动学术往更高层次发展,形成良性的循环。

大学科研实力最后落脚点还是在于组成大学的各个基层单位,如系科、研究所等,要转型为创业型大学一方面离不开这些基层单位科研实力的支撑,另一方面更需要这些基层单位积极参与整个转型中,成为一个个具体的创业型组织,从而形成大学的创业文化氛围,否则很难实现大学整体的转型。

(三)产学研合作平台

科研实力是创业型大学的基础能力,科学研究需要源源不断的资金投入,特别是基础性和原始性研究。获得更多的科研资金支持是大学主动转化科研成果,参与社会发展的重要内生动力之一,但随着政府科研经费的压缩,企业界丰富的资金资源成为大学关注的焦点。MIT 前任校长 Charles Vest 也说过:"MIT 之所以重视与工业界的合作以吸引资金的目的有三:一是为了提升教学质量,二是使学校资金来源多元化,三是通过多渠道服务于社会,为社会创造价值。"学者蓋浙生也指出美国和欧洲的高等教育已成功转型为创业型大学,如美国斯坦福、麻省理工学院、沃克维大学等,他们是通过克拉克的大学转型路径以及埃茨科威茨的三螺旋创新路径,积极主动撮合政府、大学以及企业界三方的力量与资源,共同创造新局面。政府对大学资金投入可以减少,大学得到企业界的经费,使学校能够正常运作以及改善学校的教学设施,企业也可以在大学科技研发指导下获得高品质的产品,进而提高市场竞争力。[①] 而产学研合作平台正是大学与企业界资源互换的载体,也是克拉克提出创业型大学转型关键要素之一——拓展大学疆界实现的重要方式,这对促进创业大学转型具有重要的作用。

(四)支持性创业项目

创业型大学为企业服务主要有三种形式:企业咨询、专利技术转让和直接参与创办高科技企业。创办衍生公司是创业型大学自主性最强、发挥空间最大的一种方式,但难度和风险也是最大的。从知识、科技研发成果到商品化再到企业化,需要经历一个较长的过程,没有足够的资金支持很难有成效。且鼓

---

① 蓋浙生.高等教育的提升:反思与前瞻[D].台北:台湾师范大学,2008.

励学生或教师创业是一个系统性的工作,除了创业培训外,更为重要的是支持性创业项目的设立,并以此引进风险投资机构,利用其管理、资金等方面的优势,扶持大学创业者使其能够从研究者或发明者的角色转变为市场开拓者或管理者,真正带领团队在市场上"打仗",使得知识、技术成果能够应用于实际,为社会创造价值。因此,拥有更多的支持性创业项目,对创业型大学的转型无疑是关键的,给予教师、学生等大学主体更多的机会,积极发挥智力资本,促进创业型大学的形成。

(五)多样化的资金渠道

解决资金困境是创业型大学兴起的重要内因。创业型大学形成的过程在某种程度上就是改变以往单纯依靠政府拨款,扩大自主资金来源渠道的过程。埃茨科威兹认为创业型大学的功能特征及衡量指标之一便是大学的自主性。这种自主性根基在于多样化的资金渠道,因此需要将所拥有的知识资本化,以获得更多来自于市场的资金,降低单一资金来源的风险。而学者程广文更为直接地指出,一所大学为了要重新定位自己的学术地位及发展方向,学校大多希望可以找到资金充沛的投资者,如无法找到雄厚的投资者,就无法转型成功;自主财务结构、多元化的经营是有助于大学转型的,毕竟转型为创业型大学离不开资金支持,一所大学若没有足够的资金,就无法进行教学、研究和社会服务的功能,更不用说进行转型了。[①] 克拉克在欧洲大学的研究中发现,大学大多赞成有机会脱离单一赞助者,即政府。[②] 可见,多样化的资金来源既是创业型大学转型的内因,同时也是促进转型实现的重要因素之一。

(六)创新创业型人才的培养

随着知识经济时代的到来,经济运行的环境纷繁复杂,而这种复杂的变化要求大学能够培养出高素质、适应力强的创业型人才。大学要实现向创业型大学转型,其教学能力也应随之提高,能够实现培养创新创业型人才的目标。1989年,教育界专家学者提出未来的教育应能培养学生使其掌握三本"教育护照",包括学术性的、职业性的、创造性的,最重要的是能证明一个人的事业

---

① 程广文.创业型大学:走出象牙塔后的范式[J].泉州师范学院学报,2010(3):80—84.

② CLARK B.R.Collegial entrepreneurialism in proactive universities:Lessons from Europe[J].Change,2000(1):10—19.

心和开拓能力的创造性能力。这说明创业型大学首先是能够完成这种教育任务的大学,也只有通过培养这样一批优秀的创新创业型人才,为其创新创业活动奠定坚实的人才资源基础,才能快速实现转型,形成良性循环。要实现培养创新创业型人才,需要大学改变以往重视知识轻能力、重视理论轻实践、重视功利轻素质的教育观念,克服大学人才培养与市场需求脱节、教育者与产业发展脱节的问题,打破大学与产业界的隔离,真正将教学、科研与产业发展有机结合起来,将创业教育与专业教育、通识教育进行有机融合。另外,只有创新创业型的教师才有可能培养出创新创业型人才,这种实质的融合既培养了人才,又带动了大学形成创新创业的文化氛围,从而促进创业型大学的建设。可见,培养创新创业型人才既是实现向创业型大学转型的促成因素,也是创业型大学的根本任务之一。

(七)创新的组织结构

创业型大学必须是一个运行良好的完善的系统结构,最重要的特征之一就是保持与外界企业的联系,为区域经济发展做出贡献。具体从创业型大学服务企业的形式看,无论哪种方式,大学需要建立某种内外相通的联系机制,使得大学的知识、技术研究成果能够向外输出,外部的资源能够往内输送,二者保持平衡以确保大学能够源源不断地进行更前沿的研究。这也意味着,创业型大学在组织机构设置上必然有别于研究型大学。学者 Martino 的研究也指出美国大学一半以上基础研究经费来自于联邦政府资助,且研究成果转移给企业界做有效的应用。但是在转移中必然存在一些困难,需要依靠大学的制度和组织创新来克服。克拉克所指出的创业型大学转型路径之一——扩展的发展边界,即大学要主动设立跨越传统大学发展范围的实体组织,打破传统大学的系统边界。从现有的实践经验看,创业型大学为促进知识、技术等转移,逐步打破象牙塔边境,与外部联系日益密切,并形成一些特定类型的组织机制,归结起来主要有三种类型:一是大学内部跨学科组织。为解决某些特定的、交叉学科的研究课题,打破传统独立院系研究体制,形成各类跨学科的新型科研组织。二是产学研跨界合作组织。以成果转化、培育孵化新企业、共性技术攻克等为目的,形成了大学与企业或政府联合设立的组织,如孵化器、大学科技园区、大学-企业技术中心等。三是大学技术管理组织。是统一负责大学技术转移、对外联系等工作的服务机构,如技术转移办公室、授权办公室、科技管理处、知识产权管理处等等。

(八)创新创业文化

文化对人的影响是深远而长久的。创新创业文化对创业型大学形成的重要性是毋庸置疑的。从克拉克、埃茨科威兹及其他学者的研究成果看,一致认为大学在领导、资金、机构等方面进行变革的同时,需要积极营造一种自主创新创业的文化氛围,从而影响、改造大学所有主体的思想,形成对创业型大学的一致认同感,激励其朝着共同的目标努力。但对创业型大学而言,创新创业文化是最重要也是最难的一部分,根源在于全员参与的创新创业文化很难采用简单的行政命令就能实现,且形成的时间很难预测,唯有通过领导层、管理层不断的引导,促使所有大学主体积极改变自己的行为,参与其中,并为实现创业型大学这一目标真正付诸行动。

3.3 创业型大学形成机理的理论模型

3.3.1 理论研究推论

(一)各主要因素对创业型大学及相互之间的影响

1.区域环境与创业型大学

区域环境是大学赖以生存的基础,区域经济社会发展、文化氛围等在某种程度上影响大学的发展。创业型大学是大学与外部经济关系运行的结果,因而区域环境对其形成过程有着深远的影响。而政府作为区域环境的营造者与维护者,完全可以扮演区域环境对创业型大学影响的施加者角色,Desai[①] 指

---

① DESAI,COMPERS,LERNER.An Analysis of Entrepreneurial Environment and Environment and Enterprise Development in Hungary[J].Journal of Small Business Management,2003(39):103-109.

出大学创业环境本质上是一种制度环境,Gartner[①]和Stott Shane[②]指出影响大学创业的外部环境主要是指社会、政治、经济、文化以及商业环境。从美国的经验看,美国大学在知识经济时代,其智慧资本化以及创业行为能够顺利进行,很大程度上依赖于美国政府的政策。以往的研究文献中,亨利·埃茨科威兹教授非常全面地阐述了美国联邦政策在推动大学工业过程中的积极作用,但是作为高度市场化的美国,其政府政策对创业型大学的形成并非直接参与或控制其进程,而是通过资金、项目等要素的间接作用来引导与推动创业型大学的形成;Carvis[③]和Zahra[④]从商业环境对创业导向的大学的影响角度,指出商业环境优劣、创新氛围浓淡、风险机制健全情况等会影响大学开展学术资本主义的行为;Susan M.Kuznik认为历史文化、环境变化会直接影响以创业为导向的大学的产出绩效。[⑤] 我国学者王雁指出美国创业型大学之所以能够快速开展,并取得较好的成绩,得益于美国贝尔法案的推行,明确政府经费资助的科研成果归属大学,以及政府设立的各种支持性项目,极大提高大学创业的热情。[⑥] 黄开胜等人从政府推动产学研合作对大学变革的作用角度,指出地方政府设立的形式多样的基金,能够鼓励大学开展产学研,并积极将科研成果进行商业化、产业化。[⑦] 陈静从政府对高校研发经费的投入,以及完善技术转移的法律体系两个角度入手,指出外部保障机制的建立对创业型大学的建

[①] GARTNER W.B.A conceptual framework for describing the phenomenon of new venture creation[J].The Academy of Management Review,1985(10):696—709.

[②] SHANE S.AND VENKATARAMAN S.The Promise of Entrepreneurship as a Field of Research[J].Academy of Management Review,20003,25(1):217—226.

[③] DAVIES,J.L.The emergence of entrepreneurial cultures in European universities. Higher Education Management,2001,13(2):25—43.

[④] ZAHRA,GEORGE AND DHARWADKAR.Entrepreneurship in the multinational corporation:The effects of corporate and local contexts.Academy of Managenment Proceedin,2001,G1—G6.

[⑤] SUSAN M.KUZNIK.Examining the interrelationships among perceived environmental change,strategic response,managerial characteristics and organizational performance.Journal of Business Research,2004(1):58—68.

[⑥] 王雁,孔寒冰,王沛民.创业型大学:研究型大学的挑战和机遇[J].高等教育研究,2003(5):52—56.

[⑦] 黄开胜,孙友松,王明和等.地方政府产学研合作基金及其对产学研合作的推动作用[J].科技进步与对策,2004(7):36—38.

立有极大的促进作用。① 陈笃斌在福州大学发展创业型大学的实践经验总结中,也指出要加强与政府的结合,政府政策创新有利于营造创业型大学发展的政策环境。② 赵文华则认为政府从政策环境营造、公共服务平台搭建、重大科研项目倾斜以及关注技术转移关键环节,对引导与鼓励大学向创业型大学变革有重要的作用,能够极大提高大学科技成果转化率。③ 储著斌指出地方经济社会发展水平制约着大学的跨越式发展,地区政治生活、文化生活等都影响了大学对服务社会的认知及行动,从而影响了大学变革的进程。④ 王琳玮,周丽华从创业型大学建设的政府保障机制角度,研究政府作为制度环境的营造者,积极回应对大学华丽转型具有重要的作用,且政府提供的法律与资金支持,能够促进大学真正开展创业实践。⑤

综合以上学者的研究,可知作为大学赖以生存的外部环境,影响大学开展创业活动的环境因素包括了文化、政治、经济、社会以及商业等,但这些因素最终集合到了制度或政策环境上,而政府是主要的施加者。然而,政府的资金、科研项目、创业政策以及文化宣导的方向仅是宏观调控的手段,对创业型大学的形成主要是间接影响。由此研究结果证明区域环境是创业型大学形成的重要影响因素之一,且环境对创业型大学的建设更多是通过对大学资金渠道、科研项目、各种支持性创业项目、文化氛围营造、与企业间的合作等方面来间接地促成,并为大学的发展提供完善的制度环境保障。但无研究结果证明区域环境通过对创新创业型人才培养、大学创新组织结构的作用来影响创业型大学的形成。

2.科研实力与创业型大学

科研实力是创业型大学开展创业活动的前提条件。大学实现服务社会职能主要是通过提供咨询、技术服务以及创建衍生公司三种方式,这也是创业型大学形成的重要途径。这三种途径都是建立在大学拥有强大的科研实力基础上,能够拥有源源不断的知识或技术成果的产出,克拉克的研究成果亦能说明

---

① 陈静,林晓言.基于三螺旋理论的我国技术转移新途径分析[J].技术经济,2008(7):1—3.

② 陈笃彬,吴敏生.传承创新 再铸辉煌[J].福州大学学报(哲学社会科学版),2008(11):1—2.

③ 赵文华,易高峰.创业型大学发展模式研究——基于研究型大学模式创新的视角[J].高教探索,2011(3):19—24.

④ 储著斌.现代大学制度建设中城市大学的路径选择[J].教育学术月刊,2012(7):45—48.

⑤ 王琳玮,周丽华.创业型大学建设的政府保障机制研究[J].科技创业,2013(7):27—29.

这一点。从研究文献看,王雁、①易高峰、②吴伟、③等人从创业型大学作为研究型大学的发展趋势角度,探讨两者之间科学研究的不同点,认为创业型大学不是无本创业,而是依靠智慧资本来经营和创业的,这种智慧资本正是基于大学的研究,但不是所有的大学愿意将这种研究面向社会经济的需要,以承担起促进国家或地区经济发展的责任。创业型大学是在研究基础之上的知识创新,并通过这种知识创新实现创业的,它必然是以科学实力为支撑的研究型大学的延续。因而科研实力是创业型大学得以存在的前提。学者林平、④王丽萍等人、⑤张秀萍等人⑥从产学研合作平台需要大学科研实力支撑的角度,分析了大学科研成果转化是实现大学创业的基础,是创业型大学形成的重要手段。龚艳萍等人、⑦Markman⑧Siegel、⑨张娟等人则从大学科研团队成员亲自参与技术转移对成果转化的重要作用角度,探讨了创建衍生公司是大学开展创业活动的重要选择;而团队科研实力越强,能够支撑衍生公司快速发展的能力就越强,大学创业实践成功率就越高。罗尧成、⑩廖湘阳、⑪袁本涛等人、⑫黄海军

---

① 王雁.创业大学:美国研究型大学模式变革的研究[D].杭州:浙江大学,2005.
② 易高峰.创业型大学的内涵与基准[J].现代教育管理,2013(11):6—9.
③ 吴伟,邹晓东,陈汉聪.德国创业型大学人才培养模式探析——以慕尼黑工业大学为例[J].高教探索,2011(1):69—74.
④ 林平.高等教育全球化与中国的高校管理战略[J].中国成人教育,2008(9):5—6.
⑤ 王丽萍,孙东川.政府—大学—企业(GUI)创新网络的合作机制研究评述[J].科技管理研究,2006(6):113—115.
⑥ 张秀萍,黄晓颖.三螺旋理论:传统"产学研"理论的创新范式[J].大连理工大学学报,2013(4):1—5.
⑦ 龚艳萍,曾德湘.大学技术成果转化组织管理的模式及其发展趋势[J].湖南大学学报,2003(1):12—16.
⑧ MARKMAN,GIDEON,PETER T.University—industry entrepreneurslip:the organization and management of American university technology transfer units[J].Journal of Business Research,2005(1):25—31.
⑨ SIEGEL,DONALD S.,VEUGELERS.University as engines of R&D—based economic growth[J].Journal of Business Research,2007(3):47—55.
⑩ 罗尧成.发达国家大学课程结构改革:背景、动向及启示[J].现代教育科学,2005(1):39—43.
⑪ 廖湘阳,王战军.中美日研究生教育学科结构比较及启示[J].中国高等教育,2005(13):58—60.
⑫ 袁本涛,孙健.治理视域下我国研究生教育结构调整问题研究[J].高等教育研究,2011(11):38—42.

等人①从人才培养角度,探讨让学生参与科研项目的重要作用,特别是产学研合作项目能够培养学生创新能力,且通过科学研究与市场实训实践,有利于培养师生市场意识,提高师生开展创业活动的积极性,并提高成功的可能性。

综合现有研究成果可以看出,科研实力是创业型大学进行科技成果转化的基础但非必要条件,是其持续改革的动力支撑,它通过产学研合作平台实现技术输出,并获得外部资金资源;是大学敢于创建衍生公司,实践创业性项目的前提;是创业型人才培养的重要方式。由此可见,科研实力是创业型大学的基础,但其需要通过知识、技术、人才等要素的输出,获得实现创业型大学建设的资金,对创业型大学建设是间接正向影响关系。目前,无文献成果显示大学科研实力与创新创业文化、创业型组织结构以及区域环境具有明显的直接影响关系。

3.产学研合作平台与创业型大学

Geanisler 和 Rubenstein 认为产学互动实质上是由原来大学与企业较为短期、非正式的交易,转变为制度化、长期且正式的合作,这种关系的搭建是大学输出知识或技术的重要手段,是创业型大学得以建设的重要支撑。② 三螺旋理论之父——埃茨科威兹所提倡的打通大学与产业界的界线,加强与企业的合作,使得大学能够服务于产业界的发展,正是说明产学研结合对于大学突破"象牙塔"的束缚,在创新体系中发挥重要作用的手段,也是创业型大学功能特征之一。从现有文献看,关于产学研合作的研究主要集中在与产学研对创业型大学人才培养的作用,对大学获得更多发展资金的作用,以及基于产学研合作的需要,促使大学变革其组织结构,从而更好管理合作过程中的技术转移、知识产权许可等问题。如学者陆培民、马靖③以福州大学物理与信息工程学院为例,认为走产学研三结合的路径是坚持创业型大学办学理念的必然选择,以此促进大学寻求充足的合作伙伴,充分利用社会闲置资产以及丰富的智力资源促进大学的变革转型,实现创业型人才的培养。安建强以产学研合作对创业型人才培养为基点,探讨产学研合作平台建设以及创新创业型人才培

---

① 黄海军.迈向高等教育强国之路——我国距离世界高等教育强国还有多远[J].新余学院学报,2012(7):119-120.

② GEISLER E.,RUBENSTEIN A.University-Industry Relations:A Review of Major Issues[M]//In Albert Link & Gregory Tassey (eds).Cooperative Research & Development.Kluwa Academic Publishers,1989.

③ 陆培民,马靖.坚定创业型大学办学理念 走"产学研"三结合办学之路[J].研究与发展管理,2009(2):8-11.

养模式,从而有利于创业型大学的变革。王洪才、朱如龙以国外创业型大学成功经验为参考,指出政产学研合作是大学实践应用型人才培养的重要途径,且对建设双师型教师队伍也有直接的作用。① 温正胞指出大学通过产学研合作平台,能够接触市场最前沿,收集市场上的课程信息,并以此提供多样化的培训课程服务,这也是很多创业型大学的重要收入渠道;同时这些信息对大学改革人才培养具有重要的作用。② 而 Jenck、Reisman.、③张学文与陈劲④则从产学研合作作为大学知识生产的新模式,是实践埃茨科威兹关于三螺旋理论所指出的大学是知识创新空间这一理论;它对大学通过知识创新成果获得经济资源有重要的作用,是大学开展产业咨询与知识转化、知识转移以及知识创业的过程。杨德广在研究国外创业型大学建设模式中发现大学通过产学研合作平台,直接与经济社会紧密结合,参与经济活动,以解决现实问题为目标,大学的资金来源则多元化,经费充足,其转型效果也明显,整个组织形态也将逐渐向创业型组织转型,且教学理念也会跟着改变,注重训练未来的企业家或创新人才。⑤ 李萍,郭晓立从日本大学开展产学研合作的具体做法及结果出发,指出产学研合作平台的搭建为大学提供了大量的经费资助,缓解政府财政投入的减少;且通过这些产学研合作项目的实施,学生能够拥有更多接触企业、了解企业运作的模式、提高解决市场问题的能力,对其学习创业知识有积极促进作用,并提高学生开展创业活动的积极性及能力。⑥

产学研合作平台作为创业型大学形成的影响因素之一,它通过大学知识或技术的输出,获得产业界资金支持,为创业型大学建设提供坚实的物质保障,并促使大学进行内部改革,建立适合产学研合作发展所适合的组织结构;同时通过为学生提供实践活动的机会,培养学生市场意识以及创新创业精神,锻炼其解决问题的能力。可见,产学研合作平台通过开阔资金渠道,提供创新

---

① 王洪才,朱如龙.政产学研合作:高职发展的新模式[J].教育学术月刊,2011(9):1—3.
② 温正胞.创业型大学:比较与启示[D].武汉:华东师范大学,2008.
③ JENCK,REISMAN.D.The Triple Helix of university–industry–government relations[J].Oriental Enterprise Culture,2008(3):78—85.
④ 陈劲,张学文.日本型产学官合作创新研究——历史、模式、战略与制度的多元化视角[J].科学学研究,2008(4):1—8.
⑤ 杨德广.应将部分研究型大学转变为创业型大学——从"失衡的金字塔"谈起[J].中国高等教育,2010(1):14—15.
⑥ 李萍,郭晓立.21世纪日本大学产学研合作经验及启示研究[J].青春岁月,2013(4):228—229.

创业人才培养的新模式以及推动大学内部变革以建立适应合作需要的创新组织,间接促成创业型大学的形成与发展。但无文献显示产学研合作平台对区域环境、支出性创业项目、创新创业文化有明显的直接影响的关系。

4.支持性创业项目对创业型大学的影响

创业项目是创业实践的载体,是大学开展创业活动的基础。从项目实践看,目前各国政府为鼓励大学转型,设立了不少支持性的创业项目,并设立母基金作为保障。如国际劳工组织为促进就业,实施以创业促就业的计划,设立了"创办你的企业(SYB,Start Your Business)",由我国人力资源和社会保障部门承办,主要是专门组织专家开发创业培训项目。随着大学开展创业活动,该项目也延伸至大学,帮助师生提高创业技能;我国团中央和学联组织承办的KAB项目,同样关注青年的创业技能培训;团中央、教育部、中国科协、全国学联联合主办的"挑战杯"创业计划,以风险投资支持为目的,开展创业项目策划模拟。同时,不少大学自主设计创业项目,培养学生创业技能,支持创新创业型人才培养,如浙江大学开办"创新与创业管理强化班",从学生中选择一批工科背景的人,强化其经营管理意识,重点培养高新技术风险创业和创新方面的知识、技能,并设立专项基金,支持其开展创业;华东师范大学也尝试开展创业项目培训以及资金支持师生创业。通过实践结果看,无论是政府的支持性项目或是高校自主设计的创业项目,对创新创业型人才的培养具有极大的促进作用。无锡商业技术学院率先组建职业教育集团——江苏商业职业教育集团,与企业合作,为师生提供支持性创业项目。而针对教师利用科技成果开展创业活动的资金支持,同样不少。这些项目的经费扩大了大学的资金来源,同时为其创建衍生公司提供条件。

可见支持性创业项目为大学开展创业活动提供了技能与经费的支持,培养创新创业型人才,营造浓厚的创新创业文化氛围,为大学的科研成果转化创造良好的条件,从而间接促进创业型大学的形成。暂无文献显示支持性创业项目对区域环境、科研实力、产学研合作平台、创新的组织结构存在明显的直接正向影响。

5.多样化的资金渠道对创业型大学的影响

资金是创业型大学生存及发展的基本物质保障。摆脱经费短缺,扩大资金来源渠道是大学探索知识资本化的根源。克拉克在研究欧洲大学建设创业型大学过程中,总结了大学在面临政府财政消减政策带来的巨大资金压力以及内部运行效率低下等问题困扰中,被迫选择"创业型大学"发展模式。为此大学走出象牙塔,通过与工商界的合作,建立衍生企业,创办科技成果转化的孵化器及科学园,甚至走进社区,开展服务,从而不断筹集生存发展所需的资金,与此同时也促使大学的教学科研取得更大的突破,最终探索出这种新型的发展道路。希拉·斯劳特与拉里·莱斯利从学术资本主义角度分析了创业型大学产生的动力,指出大学试图通过企业的运作模式,以市场效益作为发展准则,都是对知识资本化的追求,实质上就是对收益的追求。这是知识经济时代大学发展的必然选择。① 付八军在总结各种创业型大学研究的文献时指出,创业型大学通过与市场建立良好的关系,扩大经费的来源,改变了与政府之间的关系,获得更多自主权,这种自主权又促进大学对经济发展的敏感性,更好地开展知识创造以及知识资本化,进一步扩大了大学的资金来源,以此形成良性循环。② 顾永安教授等人指出大学对经费的追求,是市场导向对高校发展的影响,这意味着大学必须开放发展学科,提高适应力,并随时捕捉新的发展机遇,客观上促成了创业型大学产生及发展。③ 吴伟通过比较欧美创业型大学的异同点,发现向创业型大学转型的发展动因都是为在竞争中争取自主权。为了解决生存的危机而被迫参与创业活动,但这种被迫又与大学内部日益得到激发的创业竞争相结合,从而产生巨大的变革动力,促成创业型大学的实现。④ 美国 NCGE 在《走向创业型大学》的报告中综合了美国、亚洲、欧洲等国大学转型的经验,提出大学为降低对政府资助的依赖,获得更多科研及发展所需的资金,必须推动大学唯一所拥有的智慧资产,千方百计盘活它,实现资产整合与分享,扩大利益相关者全体,挖掘拥有的商业潜力,创造巨大的学术价值。多元化的资金来源渠道是创业型大学产生的动因,是大学成功转型的重要物质保障,可见其对创业型大学的形成具有直接的正向作用。但暂无其他文献研究支持多元化资金渠道对其他因素有明显的直接正向影响。

6.创新创业人才培养对创业型大学的影响

人才培养始终是大学的基本职能,是大学与外部交易的重要资源。创新创业人才的培养是源于创业经济对大学提出的更高的要求。大学必须改变以往简单的知识传授模式,要能够承担起帮助学生在"真实世界环境"中运用其知识的责任。因而知识经济时代的大学的教学不是孤立的、理论的教学,而需

---

① 希拉·斯劳特,拉里·莱斯利.学术资本主义[M].北京:北京大学出版社,2014.
② 付八军.创业型大学研究述评[J].黑龙江高教研究,2012(7):4-8.
③ 顾永安等.新建本科院校转型发展论[M].北京:中国社会科学出版社,2012.
④ 吴伟,石变梅,余晓.欧美创业型大学的异化发展、趋同演变及其意蕴[J].现代教育管理,2012(2):120-124.

要不断培养高层次、创造性人才,才能获得更多的外部资源输入,如政府的资助、企业的经费,扩大生源获得收入等。德国《明镜》于1997年1月6日发表《这里创造未来》一文,指出美国麻省理工学院是美国培养最富创造力发明家的大学。MIT的教员与学生跟工业界没有隔阂。事实上,美国众多大学致力于将"诱人的尖端技术与其相称的利润"作为发展的动力,且相信只有将学术研究置于商业之中,才能真正造就有用的、善于创新创造的人才。这样的人才又会反过来反哺大学,通过积极与产业界的合作,开拓大学参与经济社会发展的渠道,拓宽大学获得经费的渠道,甚至创建衍生公司支持大学科研成果转化等,最终促成创业型大学的实现。学者希拉·斯劳特和拉里·莱斯利也指出大学为应对市场的冲击,获得参与市场营利活动的机会,在教学改革上必然将课程设置等倾向于满足企业的需要,并以此作为招收更多学生的有效方式,这客观上促进了大学向创业型大学的转型。黄佑军[①]、徐孝昶等人[②],李晶晶[③]、王岚[④]、赵清艳[⑤]、童文胜等人[⑥]、李秀娟[⑦]等从创新创业型人才培养模式或机制的研究入手,指出创业型人才是具有创新精神和创业技能,并用于实践的人。创业型人才是创业人才的储备,当大学拥有越多的创业型人才,就拥有越多能够直接独立开拓事业,将知识和技术转化为社会生产力的创业者。而这恰恰是大学面对教育市场化的竞争压力,创新教育管理方式方法,谋求自主自治,以适应外部环境以及内部变革的重要途径。生永明,陆建飞,王余龙认为大学通过产学研合作教育培养高层次应用型人才是大学转型的必然选择,是大学将教学、科研、生产三者紧密结合的重要途径,是大学实现第三职能的重

---

① 黄佑军.高职院校财经类专业创业型人才培养研究[J].职业教育研究,2012(12):70-73.

② 徐孝昶,宋思运,姜慧等.新建本科院校创新创业型人才培养——以徐州工程学院土木工程学院为例[J].大学教育科学,2013(5):56-59.

③ 李晶晶.基于校企联盟的网络创业型人才培养模式研究[J].大众科技,2013(11):163-164.

④ 王岚.高校创业型人才培养模式研究[J].中国商贸,2013(7):177-178.

⑤ 赵清艳.对当前高职院校创业型人才培养的思考[J].教育探索,2011(8):14-16.

⑥ 童文胜,夏伦明,颜丹丽.论创新型大学的创业型人才培养环境营建[J].湖北教育,2011(2):45-47.

⑦ 李秀娟."两平台、三层次"创业型人才培养模式研究[J].黑龙江高教研究,2007(11):1-3.

要手段。① 魏丽红和陈忠卫②,于家杰③,周晓晶等人④,何海晏⑤从创业教育对大学转型的作用角度,探讨创新创业型人才培养是创业教育发展的必然结果,是大学实践联合国教科文组织提出的"必须将创业技能和创业精神作为高等教育的基本目标"的选择。

综合上述的研究成果,创新创业型人才的培养是大学应对教育市场化的重要途径之一,是大学被迫改革教育模式,探索创业教育的必然结果,是大学实现服务社会经济发展的基础。而这些人才为大学开展创业活动储备了人力资源,一旦大学准备着手于创业型大学的发展,必然产生巨大的爆发力,包括大学全体师生对创业的认同、拥有开展创业活动的技能、校友经费的支持等核心优势;同时,创新创业型人才的培养是创业型大学有别于其他类型大学的重要特征之一。可见,创新创业型人才培养对创业型大学的形成以及对大学获得更多经费捐赠具有直接正向的影响。但暂无文献研究结果显示其对区域环境、科研实力、产学研合作平台、支持性创业项目、创新创业文化存在明显的正向影响。

7.创新的组织结构对创业型大学的影响

组织结构反映了大学内部各部分之间的联系以及大学与外部交流的倾向。随着教育市场化以及政府对大学经费资助的减少,大学势必要走出象牙塔,积极参与经济发展,抓住机遇,不断寻求改革,建立与政府、企业的密切联系,最终发展成为创业型大学。这种内部变革的本质就是大学组织结构的变革。与克拉克、埃茨科维兹、希拉·斯劳特不同,西蒙·马金森教授从大学内部管理的角度出发,探讨大学如何通过管理方式、权力模式、机构设置等方面实现创业型大学转型,指出大学的使命和管理机构为适应市场对大学的要求,必然需要呈现一定的企业化特征,必须拥有一部分的机构致力于学术商业价值的挖掘与运作,一部分的机构承担创业精神的推动,甚至需要设置能够促使

---

① 生永明,陆建飞,王余龙.创新产学研合作教育模式 培育高层次农科应用型人才——扬州大学产学研合作培养农科类研究生的实践与启示[J].江苏农业科学,2007(4):1—5.
② 魏丽红,陈忠卫.创业教育模式比较及创业型人才培养[J].教学研究,2009(2):1—5.
③ 于家杰.高职创业教育人才培养的意义[J].职教论坛,2013(2):65—67.
④ 周晓晶,于晓秋,于晓娟等.信息与计算科学专业创新创业教育人才培养途径[J].沈阳农业大学学报,2013(2):221—223.
⑤ 何海晏.创业型经济视角下的大学生创业教育发展策略[J].教育探索,2012(7):151—153.

大学获得科技成果商业化或产业化的机构等。① 克拉克教授在创业型大学转型五大要素中也明确指出大学需要拥有能够扩大边界的组织。随后,部分学者专门针对大学如何通过组织变革打通大学科研成果与市场的结合这一课题进行研究,如王雁、温正胞认为大学内部的跨学科组织、官产学研边界合作组织以及技术管理组织等,能够实现大学与企业、政府的交易,获得资金以及市场信息,从而有利于大学进一步开展创业活动,最终促成创业型大学的产生。学者刘强等人②、齐晓红③、王亚玲④等从大学科技园建设的角度,探讨大学通过这种新型的模式,建立大学与产业界之间的良性互动关系,实现科研成果商业化、产业化,实现创建衍生企业的目标,从而获得大学赖以生存的资金;同时这种新型模式还能够推动大学学科建设,为创新创业型人才培养提供基地。学者陈晓亮⑤、张培建等人⑥、潘景昌等人⑦从大学与企业共建研究中心或实验室的角度,指出大学通过这种新型的组织结构,获得科研经费的支持,减少研究设备投入的资金,为创新创业型人才培养提供优良的硬件环境,实现人才培养、科学研究与服务社会的职能;同时能够获得企业优秀的管理经验,提高自身的管理水平,为其经营管理转型奠定基础。曹兴和陈思思认为创业型大学需要各学科和各事业单位之间建立相互交织的矩阵型组织结构,从而形成具有容纳性和多元性的组织,推动其创业活动的开展。⑧

由此可见,大学通过建立创新的组织结构来实现参与经济社会的发展,来

---

① 西蒙·马金森,马克·康西丹著,周心红译.澳大利亚企业型大学的权力结构、管理模式与再创造方式[M].杭州:浙江大学出版社,2007.

② 刘强,方锦清,李永.初步分析高新科技园——大学科技园联合网络[J].中国原子能科学研究院年报,2009(1):308—311.

③ 齐晓红.大学科技园创新型企业创业板融资的风险研究[J].红旗文稿,2011(10):28—30.

④ 王亚玲.大学科技园与大学学科建设互动关系解析——基于斯坦福大学建设科技园的经验[J].黑龙江高教研究,2012(3):1—3.

⑤ 陈晓亮.运用产学结合的方式进行企业形象设计(CI)教育的相关研究——韩国国民大学技术专门研究院品牌实验室(TED)硕士课程事例研究[J].时代教育,2013(10):245—247.

⑥ 张培建,吴建国.人才培养、科学研究、服务社会——谈南通大学"生产过程控制实验室"的创建与三大功能发挥[J].电气电子教学学报,2006(10):1—4.

⑦ 潘景昌,王小利.借鉴韩国高校经验 提高实验室管理水平[J].实验室研究与探索,2006(10):1—3.

⑧ 曹兴,陈思思.大学职能演化与创业型大学:一个文献综述[J].科学决策,2012(4):69—73.

回应内外部环境变化对大学变革的要求,既是促成创业型大学的重要因素之一,也是创业型大学的主要特征之一。但无文献研究显示大学创新的组织结构对区域环境、科研实力、产学研合作平台、支持性创业项目、多样化的资金渠道、创业型人才培养、创新创业文化具有明显的直接正向影响。

8.创新创业文化对创业型大学的影响

文化一般有两个方面,一是生活在共同环境中,由共同行为习惯及共同理想联系起来的共同群体;二是引导与支配社会行为的价值观、信仰等。创业文化是创业型大学所具有的独特文化,关系着社会经济,因此大学校园创业文化必须融入社会,在带动社会整体的创新创业行为中起着重要作用。学者克拉克在总结欧洲大学发展创业型大学的经验时,将浓厚的创业文化作为大学成功的五个要素之一,并指出创业文化是一种不断变革和创新的文化,通过制度化来巩固文化建设,最终将形成一种共同的信念,演变成为大学师生自觉的行动力,从而促进创业型大学的形成。崔冬梅通过SWOT方法对创业环境分析之后,发现制约创业成功的问题之一是要加强校园创业文化建设。① 张效东从创新创业文化对大学生影响的角度分析,指出创业文化,特别是创业行为文化,对凝聚大学全体成员以开展创业活动为行为指导,积极响应创业型大学的建设,具有重要的作用。② 娄东生指出创业文化是创业型大学赖以生存、发展的重要根基和血脉。面对知识经济的竞争压力,通过构建良好的创新创业文化促进大学向创业型大学转型,应当是新的历史条件下可行的途径之一。③ 苏益南、齐鹏等人认为高校创业文化的培育是高校面对创业型经济发展背景,推动大学创新创业的重要举措。特别是创业活动已然成为科学技术最终转化为现实生产力的桥梁,更需要大学把创业文化置于战略高度来思考,以加快创业型大学的建设。④ 于雪丽,王永明认为创业文化作为大学软实力重要组成部分,是大学转型中凝聚力量的根本路径,并从培养机制角度探讨如何通过创新导向机制的建立,营造一种人人想创业、人人能创业的文化环境,从而促进促成创业型大学的形成。⑤ 王洪才以新建本科院校如何发展为切入点,探讨

---

① 崔冬梅.基于SWOT方法的大学生创业环境分析[J].商业经济,2010(7):60—61.
② 张效东.大学创业文化的结构、内涵及其构建[J].安顺学院学报,2009(6):37—39.
③ 娄东生.试论大学创业文化建设[J].福州大学学报,2009(6):89—94.
④ 苏益南,齐鹏,朱永跃.创业型经济背景下高校创业文化培育[J].企业经济,2011(9):152—155.
⑤ 于雪丽,王永明.试论创业文化培育的机制创新[J].学术交流,2013(11):188—191.

其转型发展中认为"创业型大学"之路为突破口,但面对转型中的巨大挑战,要跨越自主发展的门槛,首先必须跨越创业文化建设的难题。[1] 顾永安教授等人在《新建本科院校转型发展论》中也以欧洲等国建设创业型大学为例,认为大学面临转型发展的根本问题在于经费不足以及文化自身的限制。面对这样的难题,大学必然要拥有带动整个学校员工走创业发展道路的力量,这种力量的聚集唯一道路就是文化建设,使得全员普遍接受这种价值,从而形成学校稳定发展的机制。[2] 施险峰提出高校创业文化建设是培养创新创业型人才的重要方式,并以此加快创业型大学的探索与实践。[3]

由上述分析可以发现,创新创业文化通过共同的创业促发展的信念,形成大学全员的统一行动力量,以自主创业为己任,并能够克服变革中的各种困难,从而实现创业型大学的建设;且通过文化的影响力,逐渐培养学生的创新创业意识,促进其学习创业知识的热情,提高创业的能力,实现创业型人才的培养。因而,创新创业文化对创业型大学的形成以及大学培养创新创业型人才具有直接的正向影响。但无文献研究显示其对区域环境、科研实力、产学研合作平台搭建、支持性创业项目、多样化的资金渠道有明显的直接影响。

3.3.2 创业型大学形成机理理论模型

从研究假说的分析说明可以看出以下影响关系结论:

1.区域环境对创业型大学的形成是间接的影响,对科研实力、产学研合作平台、多样化的资金渠道、支出性创业项目和创新创业文化具有直接正向的影响,对创业型人才培养和创新的组织结构不存在明显的直接影响。

2.科研实力对创业型大学的形成是间接影响,对产学研合作平台、支持性创业项目、创业型人才培养、多样化的资金渠道是直接正向的影响,对创新创业文化、创新的组织结构、区域环境不存在明显的直接影响。

3.产学研合作平台对创业型大学形成是间接影响,对科研实力、创新的组织结构、创业型人才培养、多样化的资金渠道是直接正向的影响,对区域环境、

---

[1] 王洪才.新建本科院校:转型发展还是跨越发展——兼评顾永安等著《新建本科院校转型发展论》[J].黑龙江高教研究,2013(3):1-3.
[2] 顾永安等.新建本科院校转型发展化[M].北京:中国社会科学出版社,2012.
[3] 施险峰.新时期培养大学生创新创业能力的实践与探索[J].管理观察,2009(4):8-9.

支出性创业项目、创新创业文化不存在明显的直接影响。

4.支持性创业项目对创业型大学的形成是间接影响,对多样化的资金渠道、创业型人才培养、创新创业文化具有直接正向的影响,对区域环境、科研实力、产学研合作平台、创新的组织结构不存在明显的直接影响。

5.多样化的资金渠道对创业型大学的形成具有直接正向的影响,对科研实力、支持性创业项目具有直接正向的影响,对区域环境、产学研合作平台、创业型人才培养、创新的组织结构、创新创业文化不存在明显的直接影响。

6.创业型人才培养对创业型大学形成有间接正向影响,对多样化资金渠道具有直接正向的影响,对区域环境、科研实力、产学研合作平台、支持性创业项目、创新创业文化不存在明显的直接影响。

7.创新的组织结构对创业型大学形成有直接正向的影响,对区域环境、科研实力、产学研合作平台、支持性创业项目、多样化的资金渠道、创业型人才培养、创新创业文化不存在明显的直接影响。

8.创新创业文化对创业型大学形成是直接正向的影响,对创业型人才培养存在直接正向的影响,对区域环境、科研实力、产学研合作平台、支持性创业项目、多样化的资金渠道不存在明显的直接影响。

通过这些关系的梳理,由此形成一张较为清晰的创业型大学形成机理的路径图,构建形成机理的理论模型,具体如图3-2所示。

创业型大学形成机理理论模型即解释了主要因素对创业型大学形成之间的关系,同时也说明了因素与因素之间的作用关系,试图尽可能清晰地反映出创业型大学形成的具体过程。而从创业型大学主要判断标准如是否有衍生公司、知识技术转让或培训服务等收入占比是否超过财政性收入、是否设置知识技术转移管理部门、是否以创业促进国家和地区经济发展为目标等来看,与理论模型反映出创新的组织结构、创新创业文化、多样化的资金渠道对创业型大学形成具有直接正向影响关系较为一致,说明该理论模型是能较好地解释创业型大学形成过程的。

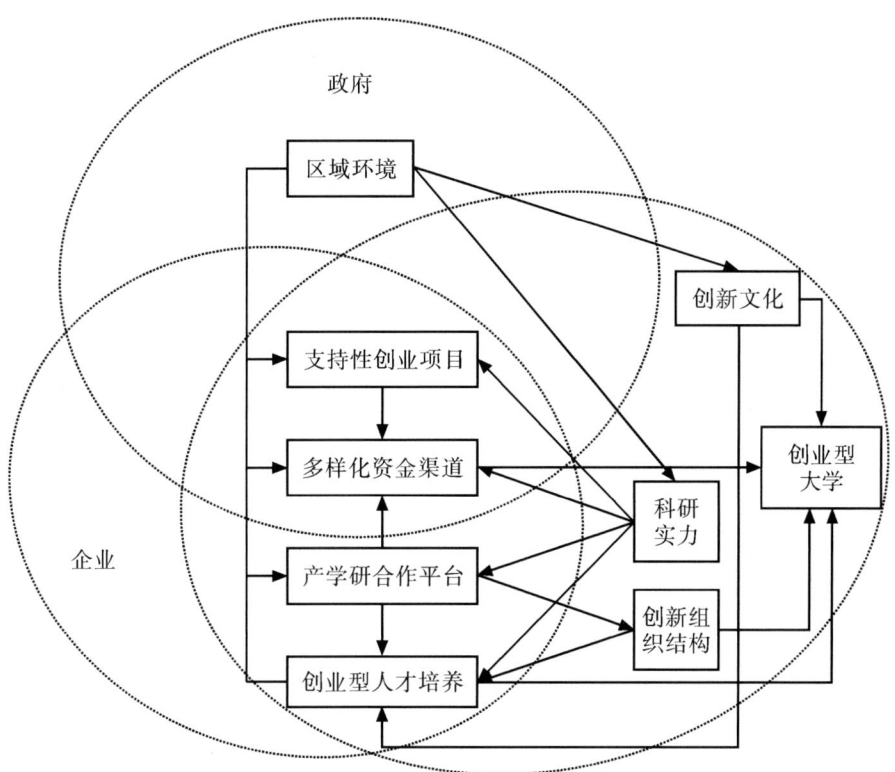

图 3-2　创业型大学形成机理的理论模型

3.4 案例分析：麻省理工学院创业型大学转型经验

3.4.1 麻省理工学院(MIT)简介

麻省理工学院(Massachusetts Institute of Technology，以下简称 MIT)于 1861 年成立，1865 年才开始正式招生，在第二次世界大战及之后逐步发展直至奠定其学术领先的地位,并最终成为美国首要的工程学学校。① 学院创始人威廉·巴顿·罗杰斯办校理念是以科学为基础,并将研究所得的知识、技术等应用在制造业发展和引进新机器及生产工序中,这也是其能够在较短时间内成为学术研究领头的主要因素之一。

二战前,美国大学与政府之间的关系主要是土地捐赠,直到二战,军事研究方案开启了大学与政府密切合作关系的时代,大学的研究也转向以解决问题为导向。MIT 在这样背景下快速成长。② 在美国联邦政府和州政府支持快速产生实际应用效果实验室政策的引导下,在 MIT 内部,以创业型科学家威廉·H.沃克为代表的应用化学实验室战胜了以研究型教授阿尔弗雷德·诺伊斯为代表的物理化学实验室,应用型实验室占据学院的主导地位,并逐步确立 MIT 致力于技术领域以及为企业建立联系的宗旨。随着这种宗旨的确立,MIT 也开启了内部管理改革,最先启动的是奖励结构调整。③

联邦政府和军方对合作研究模式的认可与支持,使得 MIT 有良好的契机保持与政府、军方的密切合作。为确保这种合作的持续性,MIT 从增强科研实力切入,成立著名的组织科研单位(Organized Research Unit),确立科研高于教学的准则,也由此促进科研收入更上一个台阶。据统计,仅 1947 年—1948 年两年,MIT 科研合作金额就达 1300 万美元,最终盈利的 200 万美元由学校管理层支配。这些盈利也最终投入到学科的建设中,极大促进学科的发展,教授引进数量也逐年增加。更值得一提的是,继组织科研单位之后成立的跨学科单位,如二战时期建立的雷达实验室,战后升级为电力研究实验室,衍生了 60 多家电子公司;跨学科单位同时也培养了大量的科研新生力量。

随着科研实力增强,衍生公司的增加,128 号公路科技园应运而生,MIT 与 128 公路科技园相辅相成。20 世纪 60 年代,学院至少衍生了 175 家新生公司,到 1975 年就已经提供超过 10 万名相关员工到 128 公路。科技园也为 MIT 的知识技术转化提供了载体和渠道,并丰富了 MIT 资金渠道。

目前,MIT 的资金来源就有诸多渠道,包括政府、各种基金会、企业等非

---

① CLARK B R.Sustaining change I universities:continuities in case studies and concepts[M].Maidenhead,England.,New York:Society for Research into Higher Education & Open University Press,2004:14.
② ETZKOWITz H.The Triple Helix:Industry－University－Government Innovation in Action[M].New York:Rutledge,2008:89.
③ ETZKOWITz H.The Triple Helix:Industry－University－Government Innovation in Action[M].New York:Rutledge,2008:97.

联邦政府部门、学院科研收入以及学费等,此外还拥有巨额的捐赠资金。其中科研收入最为重要的渠道是 MIT 技术转移收入。MIT 是所有美国大学中较早开展技术转移的学校之一,学院师生独立创办或通过该校转让专利许可建立的企业总数高达 4000 多家,其中 1065 家把总部放在学院附近的波士顿区,80% 以上是自主创新的高新技术企业。MIT 每年产生 400—500 件发明,申请专利 150 项左右,大约 60—80 件能够与企业达成技术许可协议,具体情况可参见图 3-3。稳步增长的技术许可数,让 MIT 收入丰硕,收支也从平衡专项盈利,如图所示 3-4:

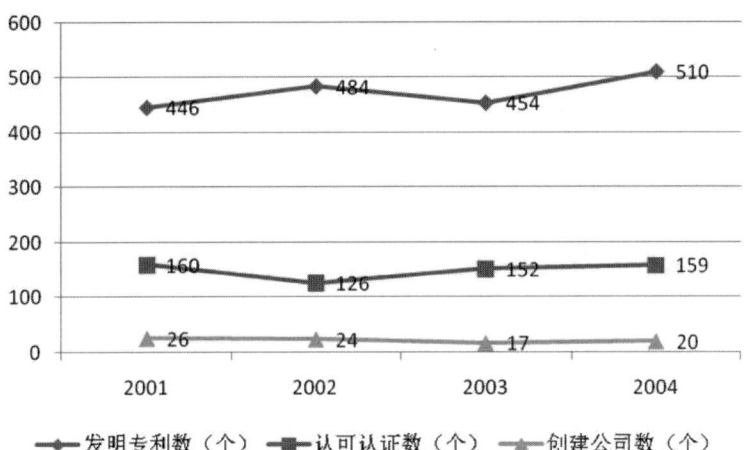

图 3-3　2001—2004 年 MIT 技术许可办公室 2001—2004 年工作绩效

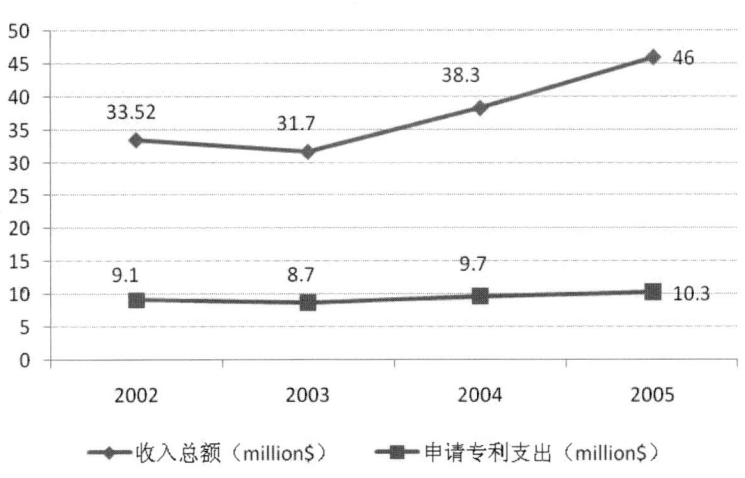

图 3-4　MIT 技术许可办公室 2002—2005 年收支情况表

3.4.2 麻省理工学院成功转型的因素分析

事实上，MIT 从成立之初就一直有与企业界联系的记录，甚至学院的教员可以借调到企业担任顾问，学生也是有机会进行实习或实训。正如埃茨科威茨所指出的：“大学与政府、大学与企业以及政府与企业之间的双边互动透过角色需要而增加。”①即使这三方在交流中，未改变自身核心的特性，但这种新途径使得机构与其他领域的关系逐渐加强了。MIT 在参与当地经济社会发展中逐步建立创业型角色，将创业作为学术任务，并整合教学和研究，最终大学自然而然也就成为创业型大学。具体总结其成功转型的因素，主要包括以下几个方面：

(一) 区域环境：地处具有区域技术极之称的波士顿和坎布里奇

MIT 位于马萨诸塞州坎布里奇，靠近波士顿地区。这一地区具有鼎力支持大学创业的传统，是名副其实的高科技企业孵化器。根据圣莫尼卡米尔肯研究所(Santa Monica—based Milken Institute)的调查，马萨诸塞州在目前这个技术引导型的信息时代是十分成功的，因为该州的科研进取心、投资行为、劳动力质量等因素在全国排名第一。② 马萨诸塞州这种环境，造就了波士顿地区的技术革新领头羊，Shane 也曾评论：“如果 MIT 的毕业生想要创办新公司，那么波士顿的风险投资家就会为他们提供资金和指导，并介绍有经验的管理人员帮助他们'精心培育'公司。"MIT 的 TLO 主任也总结认为："如果说地理位置无法解释 MIT 与哈佛之间的差异，但能解释 MIT 与其他大学的不同。每当有人问我为什么 MIT 能作为高科技企业的孵化器，我总是说'是的，这里是马萨诸塞州的坎布里奇、波士顿'。拥有很多经验丰富的管理人员和本土风险投资企业，而且还有大量会计师、地产经济师等，他们为新公司的发展做出了贡献。"无论是学者通过对 MIT 发展历程的分析与总结，还是亲身参与 MIT 转型过程的人，都肯定外界环境对 MIT 转型成功的促进作用。

---

① EtzKowitz,H.The Triple Helix：Industry—University—Government Innovation in Action[M].New York：Rutledge,2008：102.

② Milken Institute.Milken Institute State Technology and Science Index：Comparing and Contrasting California[M].De Vol,R,2002.

(二)科研实力:建设科研基地

MIT 每年能够拥有众多具有商业价值的发明产生得益于其基础科学研究和创新研究实力。据美国国家科学基金会的调查显示,MIT 当之无愧是科研密集型高校。[①] 这与其创始人威廉·罗杰斯所坚持的以科学研究为基础的服务社会理念息息相关。在二战及冷战时代,MIT 迅速积累了科研实力,建立一批极具影响力的科研实验室,如雷达实验室、林肯实验室、仪表实验室、汽轮实验室、海军超音速实验室等等。虽然战后,这些实验室的军工历史使命结束,但是作为 MIT 科研基地的重要载体仍然在继续。例如 1945 年底,军方为MIT 雷达实验室改造为电子研究实验室提供连续 6 个月的经费,并赠送研究设备,其价值高达数百万美元。改造成功后,军方又为电气项目服务中心提供60 万美元的资助,[②]帮助电子研究室顺利过渡。这些坚实科研基础,成为MIT 在和平时期能够快速吸引企业研发部门兴趣的关键。

如克拉克所说的,学术实力是创业型大学的基础,没有源源不断的新技术成果产生,创业型大学只是空中楼阁。而 MIT 在战时所积累的科研基础,使得其在后续面临联邦政府急剧较少的科研经费支持困境时,仍然强调 MIT 以科学研究为基础的使命不可动摇,可以说科研基地的建设巩固 MIT 基础科学研究和创新研究"领头羊"的地位,也是其面对资金压力时,能够快速转化资金来源渠道,吸引大量企业资金或捐赠资金的必备条件及重要因素之一。

(三)产学研合作平台:创造性的"政府-企业-大学"合作模式

MIT 发展历程中,战时军工研究实现了 MIT 从一个面临财务困境、随时有可能被哈佛兼并的技术学院发展成为美国数一数二的大学。正是 MIT 在原来"企业-政府"双方合作模式下,通过自身的努力,在这一模式中扮演着不可替代的角色,最终创造"政府-军工业-大学"新的合作模式,这就是现在"官-产-学"模式的雏形。这种三方合作模式使得 MIT 发挥积极能动性,且带来丰厚的收入。二战结束时,MIT 已经是全美最大的非工业界国防工程承包商,承担了超过 75 项军工合同,总值高达 11,700 万美元,远远超过排名第

---

① MORAY N,CLARYSSE B.Institutional change and resource based endowment to science-based entrepreneurial firm[J].Research Policy,2005(7):1010-1027.

② STUART W.The Cold War and American Science:The Military-Industrial-Academic Complex at MIT and Stanford[M].New York:Columbia University Press,1994:25.

二和第三的加州理工学院和哈佛大学（分别是 8,300 万美元和 3,100 万美元）。① 可见，这一模式让 MIT 远远超越了其他大学，资金的充裕让 MIT 的科研水平上了一个新台阶，又反过来巩固其政府与军方合作伙伴的地位，最后 MIT 凭借技术能力、首创精神和管理经验，成为优先获得军方项目的候选人，成为能够按军方所希望的速度完成工作的"唯一机构"。② MIT 从这种合作中充分认识到了知识、技术创新带来的好处，并一直致力于将这种模式延续到和平时期。事实上，二战时期，MIT 不仅仅只是与军方及军方指定的公司合作，也开始接触民用企业，为后续和平时期建立 MIT 与地方企业界联系、搭建产学研合作平台奠定基础。

战后，MIT 产学研合作平台日趋成熟，成为其资金来源多样化的重要保障之一。MIT 为强化与现代企业界的合作，不断在教学中创新团队合作技能，设计更为缜密的项目管理方法，探索多学科合作方式。特别是在 20 世纪末，查尔斯·维斯特出任 MIT 第 15 任校长。在他担任校长的 14 年间，MIT 面临联邦政府科研资助经费急剧下降的严峻形势，他再次重申 MIT 创业科学理念，呼吁与商业部门和政府创建新型合作伙伴关系，建立联盟、集团和中心，与企业合作研究或投资，共同完成某些项目。③ MIT 也力图通过这些合作项目探索新时期的科技应用实践的规律，并将这些引入教育领域。可见，MIT 的教师与学生不仅可以从科研和教学中得到提升，更可以通过产学研合作平台获得更多综合素质的培养。而对于知识产权，MIT 也有规范的产权协议保驾护航，MIT 拥有大多数发明权，合作企业则在规定范围内按照专利使用费的情况获得相应的开发权。

产学研合作的开展，还带来了一个重要的成果——拓展研究生教育。研究生教育是科研得以延续的重要手段，也是整个社会高层次人才的支撑。一方面产学研合作平台开阔了学生的视野，培养解决实际问题的思维与能力，毕业后能够快速成为创造符合社会需求新知识或新技术的新生力量；另一方面因他们大都长期从事应用研究，通过产学研合作平台，使得他们的研究成果不

---

① STUART W. The Cold War and American Science: The Military-Industrial-Academic Complex at MIT and Stanford[M]. New York: Columbia University Press, 1994:14—15.

② HENRY."History of the Radiation Laboratory", B-Ⅱ81 MDRC Minutes, 25 October 1940. MIT Archives, 1946.

③ 查尔斯·维斯特著，蓝劲松主译. 一流大学——卓越校长[M]. 北京：北京大学出版社, 2008:71.

仅仅停留在实验室内,而是能够在得到企业认可之后快速进入实用阶段。

从战争时期的"官－军工业－大学"模式,到如今的产学研合作关系,MIT抓住了历史机遇,逐步延伸大学科研的传统职能,拓展研究成果服务社会的职能,并获得丰硕的资金,保障了学院转型的物质基础。

(四)支持性创业项目:创业家发展计划

在科研成果基础上创建自有高科技公司促进大学转型是20世纪早期大学战略思想之一。作为创新创业领头羊的MIT同样采用这一策略。20世纪30年代,MIT校长康普顿认识到学院所在区域的经济因传统产业面临淘汰而严重下滑,地区经济已经落后于美国其他地区,为了振兴地区经济,他及其同伴提出必须利用本地区人力资源和智力资源创建高科技公司,用科技带动企业提升,振兴地区经济。

为实现这一计划,MIT从风险投资入手,与哈佛大学商学院和金融界共同推动风险投资的合法化,并出资建立最早的风险投资公司——美国研究与发展公司(ARD)。风险投资机制的完善是MIT及该地区能够成功培育众多高科技企业的重要因素之一,也是MIT后续创业者计划能成功实施的重要保障。在科研基础上创建公司是MIT提出的第一途径,起源于院长凡尼佛·布什参与企业的实践经验,他力图将知识与商业经营结合起来,并希望从专利中获利,但是结果并未成功。于是他思考另外的途径——利用科研成果创建新公司来获利。具体做法是MIT根据地区经济的实际情况,分析适合发展的企业,先帮助小企业摆脱经营困境,激活经济,再吸引大公司来此设立分公司,最后利用MIT自身的技术优势创建新企业,形成区域企业。

随着学院创业氛围的营造,MIT开始探索另一条途径——鼓励教师和学生创办新公司。斯隆(Sloan)管理学院内的创业者中心是创业家培养计划的基地,也是MIT创新创业文化传播的具体载体。它成立于1996年,虽然设在Sloan学院内部,但是对象是面向全校,主要的使命是为学生提供全方位的创业课程培训。该中心的教师队伍里有实践经验丰富的领导者,有专心于科研的研究者,也有经验丰富的企业家等,能够为学生提供理论性课程和实践性强的课程。这些企业家也能够用自身宝贵的创业经验现身说法,让学生深刻体会创业活动,并思考面对实际问题时如何解决,同时通过与企业界的紧密联系,为学生提供实习基地,积累创业经验。从MIT在职教师创业的具体做法看,一般是先组建一个团队,由教授、研究生、技术人员及研究管理人员等构成,领导者为"首席研究者",要负责团队资金来源。团队通过研究成果吸引校外资金赞助,当公司正式成立后,首席研究者以顾问或委员的身份参与研究,以董事身份参与公司决策,但不担任领导职务。而学生的创业一般是毕业生创业居多,通过申请支持性创业项目,获得资金和管理经验方面的支持,特别是风险投资的支持,最终其创办的企业成为校友企业,大多校友企业在成功之后,会成为MIT的合作者,为MIT提供资金赞助,并获得公司发展所需的技术专利许可。

可见,MIT的创业家培养计划为全校师生提供培训和平台,通过这种实实在在的载体推动MIT创新创业文化的传播。创建这些实体经济组织,助力MIT成为真正创业型大学的同时,提高学院参与地区经济发展的程度,实现创业型大学最高的使命——以创业促进区域经济的发展。

(五)多样化的资金渠道:企业界的资金支持

MIT始终坚持科学研究为社会服务的使命,但是科学研究离不开大量经费的支持。而面对联邦政府支持力度的减少,MIT除了自身基金会外,也积极开拓其他渠道的资金来源。凭借自身技术成果优势,通过与企业界项目合作等方式,MIT成功吸引了大量的企业界资金支持,特别是科研资金支持。从资金吸引总量来看,MIT吸引企业界的资金规模全美高校排名第三。[①] 这些资金一部分投入科研中,另一部分用于提高学校的教学质量,培养更多人才。MIT前任校长Charles Vest指出:"这种与工业界合作的关系包括与公司的直接合作,如与安进(Amgen)和默克(Merck)公司的合作,这些合作伙伴并不包括联邦政府。资金除用于基础研究外,也用于教学。"[②]企业界资金支持使得MIT拥有更多自主权,作为其探索创业型大学重要的物质保障。

(六)创新创业型人才培养:以完善的创业课程体系为基础,实行创业导师制

人才培养始终是创业型大学的基本职能。而创新创业型人才培养关系到大学能否实现以创业促成地区或国家经济发展的战略目标,它既是创业型大

[①] ROTHAERMEL F T., THURSBY, M. Incubator firm failure or graduation? The role of university linkages[J]. Research University, 2005(34):1076−1090.

[②] POWERS J., MCDOUGALL, P. University startup formation and technology licensing with firms that go public: a resource based view of academic entrepreneurship[J]. Journal of Business Venturing, 2005(20):3.

学的标准,也是形成创业型大学的重要手段。所谓的创新创业型人才并非特指自行创建公司的创业者,更多的是在各行各业中具有适应时代变化,始终具有创新变革及保持创业敏感性的人才,他们成为了行业发展的领导者。作为创业型大学的佼佼者,MIT每年培养了众多具有创业精神的优秀人才,而这些人才又进一步促进MIT实践创业型大学建设目标的实现。MIT能有如此大的成绩,得益于其在人才培养方面始终坚持落实创业型大学建设的理念,以理论应用能力的培养为重点,建立健全的创业课程体系。创业课程体系的执行单位是各个项目中心,多达十几种组织,这些组织包括创业论坛、创业中心、Dashpande技术创新中心、创业辅导服务中心、Lemelson-MIT项目、技术认证办公室、产业计划联络、资本网络、产品研发中心、Sloan工业中心、剑桥-MIT研究院、地方创新系统工程等。其中MIT创业中心是最为重要的核心,它开设了超过35门有关创业教育的课程,这些课程大部分聚焦于技术创业;同时,中心还搭建创业活动的平台,如E-Club。现今,MIT所拥有的这些与创业相关的组织已经颇具规模,且相互合作。而学生社团也起了重要的推动作用,如MIT10万美金创业大赛、MIT风险资本和私人直接投资俱乐部、全球创业工坊、创业者俱乐部等。

(七)创新的组织结构:技术转让办公室

走创业型道路,如何盘活大学所拥有的智力资本成为关键。但大学要把科研发明推广应用到实际生产中并非易事,仅仅拥有发明并不够,申请发明专利以及推广应用的环节更为关键。20世纪20年代以前,MIT虽然有强烈的科研成果商业化的意识,但是对专利管理始终采用自由主义政策,例如内部职员有时将专利交易权交给学院,有时也自己保留下来。直到康普顿校长上任,MIT开始探索保护知识产权、确定学院拥有教师专利权的决定,并着手探索内部管理改革,通过调整内部组织结构,一方面保护知识产权,一方面建立起与企业界、政府长期、有效的联系机制。MIT最为有效的改革措施是建立一个特定的部门,对内负责知识资本管理,对外负责联络,解决知识产权问题,1945年,TLO(Technology Licensing Office,TLO)应运而生。1980年美国颁布贝杜法案(Bayh-Dole),确定在联邦资助大学科研项目中大学拥有知识产权,众多大学也纷纷效仿MIT成立类似TLO机构。TLO的使命是通过技术许可专利政策把学院的研究成果推广至社会,造福公众。它不是传统那种消极等待市场对MIT技术的需求,再接洽主动过来联系学院的公司,而是非常积极地鼓励各院系快速公开发明,并协助院系评估发明的市场价值,按照法律程序申请专利。TLO另一个职责是帮助风险投资家了解那些具有潜在价值的新技术和正在研究的项目。

为实现TLO的使命履行其职责,TLO直接由分管科研的副校长领导,下设办公室主任和副主任各一名,一般由高级技术学科官员担任。设立四个职能部门管理具体事务,包括技术许可、财务管理、办公室行政和专利管理。技术许可管理部门是直接与市场打交道的,其职员需要在技术工程领域服务至少数十年,具有丰富的产品研发与技术市场运作经验。这样确保他们有足够的市场经验判断发明的潜在商业价值,又能够最大限度运作智力资本。专利管理职员主要是监督专利经营及处理经营过程中涉及专利权方面的法律问题。专门服务部门的成立解决了学院内教授专家既没精力、经验也没有时间来商业化自身科研成果的问题,特别是专利申请过程中手续烦琐、法律专业性强的问题。同时TLO也制定了非常严格的技术转让流程,保障MIT的收益和发明者的收益。

为了克服学院在专利转让过程中过度功利化,保持大学本身服务社会的历史使命。MIT各项专利管理政策始终保持与MIT办学所确定的促进经济发展的使命和发扬创业文化的理念高度一致,例如MIT政策规定:"技术转让和创业活动仅仅是教育、基础研究和传播知识使命的副产品,而不是目的;技术转让活动不允许干扰这个核心使命,而当两者发生冲突时,学术活动永远优先;院系教职员只能够担任公司的顾问和委员或成员,不能担任公司的领导层职务;院系教职员不能让渡MIT授予的特许,如果院系里的公司创建者持有公司股票,那么该公司不允许赞助任何一项科研;MIT的科研结果不允许保密,任何事情都必须公开,只保留专利和版权。"[①]TLO主任认为:"这些一直能够沿用下去的明确的政策是为了促进各种创业活动的启动。这种明确、简单、清晰和严格的原则在促进MIT各院系启动创业活动时起到了强大的作用,因为不用为了考虑创业活动的可能的风险性和实用性而使其停滞不前。"[②]

组织结构的创新,使得MIT能够建立一个与外界长效的联系机制,统筹

---

① SHANE S.Encouraging university entrepreneurship:the effect of the Bayh-Dole act on university patenting in the United States[J].Journal of Business Venturing,2004(1):127-151.

② SHANE S.Encouraging university entrepreneurship:the effect of the Bayh-Dole act on university patenting in the United States[J].Journal of Business Venturing,2004(1):127-151.

内部智力资本市场化的问题,整合资源,积极开发渠道,盘活智力资本。从其部门功能角度看,TLO可以说是MIT创业大学模式运行的直接载体,是确保创业型大学运行成功的重要组织、制度保障。

(八)创业文化:具有"应用科学、技术等,服务于社会"的创业思想传统

MIT的创始人威廉·罗杰斯一直有创业科学的理念,而创办MIT的核心目的就是实践其创业科学理想。1837年罗杰斯为按照自己的理念设想创办学院,与自己的弟弟向宾夕法尼亚州议会提交了一份关于建设一所理工学院的申请。他确定这所学院是以职业教育为重点,教授学生科学知识和技能,致力于培养各类工程师或技术专家,如采矿工程师、矿物学家、地质学家等,以此引起社会大众重视实用知识,巩固马萨诸塞州制造业重镇的地位并保持强劲的竞争力。这所"将会系统地把以科学为基础的技术融入企业的学校"称之为"实用科学学校(school of practical science)"。①

MIT创始人先进的办学思想指导了MIT各阶段的发展,也使得创业与创新成为MIT精神瑰宝,是MIT在二战军工时代能够抓住机遇,迅速发展的文化支撑。斯隆(Solan)商学院高级教授Debackere直接指出:"MIT的最初使命是其繁荣发展的奠基石。"②MIT前任校长Vest是这样解释MIT的创新创业文化:"MIT的环境氛围很适合风险投资。MIT始终认为只有在各院系积极参与教育课程设计和教育活动,并与工业界、商业界和政府保持交流的前提下,学校的发展才会繁荣。这种交流方式包括向政府和工业界输出专业咨询服务,从政府和工业界的需求开展科研,这样才能最大限度地发挥大学的价值,才能为社会创造福利。当然这种交流对专家提出了挑战,鞭策他们不断与时俱进。在这里,与工业界交流的经历很受推崇(即使是生物科学领域也是如此),创业是大多院系和教授的目标。以往的成功经验促使MIT鼓励院系和学生投入到创业中来,并且为他们提供一个个真实的典范,这真是一个让人兴

---

① STRATTON,.MANNIX.Mind and Hand—The Birth of MIT[]M.Cambridge:MIT Press,2005:82.

② DEBACKERE K.VEUGELERS R.The role of academic technology transfer organizations in improving industry—science links[J].Research Policy,2005.

奋的团队。"[①]在这种浓厚创业创新文化的带动下,所有 MIT 人犹如存在着一个共识——科研结果最终商业化是理所当然的,并由此形成 MIT 特有的学术文化:除新晋升成员外,MIT 院系成员做科研过程中,尽可能少地从学院或系获得资源支持,鼓励教师进行学术创业,盘活学术资本。[②] MIT 浓厚创新创业文化传统以及宽松的科研环境,使得教师们积极参与产学研合作,甚至创办公司,不仅能让师生创业能力得到锻炼,也让学院创新创业文化传统得以传承与发扬,从而促进 MIT 创业型大学模式的完善。

3.4.3 案例总结

从 MIT 成功转型创业型大学主要因素的解析,以及这些因素对最终目标的影响程度看,能够很好地支撑本章分析的创业型大学形成主要因素的提取及机理分析中各个因素对创业型大学建设的作用。

从 MIT 成功因素可以看出影响创业型大学形成有众多因素,包括内部和外部因素。

MIT 地处技术极的区域,并鼎力支持大学开展创业活动,在政策上给予足够的支持,这种环境氛围使得 MIT 技术教育的理念能够生存下来,并能够获得更多应用型技术研究的资金支持。特别是二战特殊时期,军方给予的各类合作项目,极大积累了 MIT 的科研实力,MIT 由此获得宝贵的产学研经验,为扩宽资金渠道来源奠定坚实的基础。在历史机遇面前,MIT 能够快速把握住并转化为自身的生产力,得益于它一直秉持的以科学研究为基础,服务社会的使命,始终坚持不断积累科研实力,吸引大量资金投入学校科研及教学,为创业型大学转型夯实基础。同时通过鼓励全员创新创业,倡导学校创业科学理念,在风险投资机制、科研考核机制、创新组织结构等方面支持师生开展技术咨询服务、技术成果转化、创建新公司等创业行为。这些政策措施日积月累,使得 MIT 能以系为基础单位,积极开拓创新创业渠道,建立 MIT 特有的创业型大学模式。

---

① O' SHEA,R.P.,ALLEN,T.J.,O' Gorman,C.and Roche,F.Universities and technology transfer:a review of academic entrepreneurship literature[J].Irish Journal of Management,2004(2):11-29.

② O' SHEA,R.P.,ALLEN,T.J.,Chevalier,A.and Roche,F.Entrepreneurial orientation,technology transfer and spinoff performance of U.S.Universities[J].Research Policy,2005(7):994-1009.

3.5 本章小结

本章在前文创业型大学相关理论分析的基础上,探讨促进创业型大学形成的内外部因素。从外部看,涉及区域经济发展、高等教育发展的需要、政府资助的减弱等核心因素,通过大学内部因素,包括资金压力、竞争压力、运行效率压力以及第三职能发展的压力等,推动创业型大学产生与发展。这与前文论证的创业型大学是教育市场化的产物相吻合。在此基础上,以克拉克及埃茨科威兹的研究结果为基础,总结并提炼出创业型大学形成的主要影响因素,包括区域环境、科研实力、产学研合作平台、支持性创业项目、多样化资金渠道、创新创业型人才培养、创新的组织结构、创新创业文化等,通过阐述这些因素之间的相互作用路径,得出创业型大学形成机理的理论模型。为更好地解释影响因素的相互作用,本章以美国麻省理工学院成功向创业型大学转型为案例,阐释创业型大学的形成机理。

从创业型大学形成机理的理论模型中可以发现这些因素的运行状况取决于三个层面作用发挥的健康度。

首先,政府宏观层面的政策仍在创业型大学形成转型中起着主要作用。它在区域环境的构建上、在创业型大学建设的引导上、在协助企业与大学的产学研合作平台的搭建上、在人才质量培养导向上都起着不可替代的作用,但前提是政府对自己的角色与职能要有准确的定位。

其次,大学经营管理能力的强弱决定着大学能否向创业型大学转型成功。大学自身的管理水平及经营能力决定了大学的组织结构形式、资金渠道以及文化环境的建设。而这些因素正是创业型大学形成的直接影响因素。同时这些因素又间接决定了人才培养质量等其他的要素。大学的经营管理能力构成了创业型大学形成的中观层面的支配力量。

第三,广大的教师与科研人员的积极性与主动性,大学经营能力的强弱很大程度上是由这一群体决定的。广大教师参与创业型大学建设的意愿能否得到提升,直接决定着大学的科研实力和人才培养,决定着产学研合作平台的运行,决定着大学服务企业与社会的水平及质量。教师参与意愿是创业型大学形成的微观层面不可忽视的力量。

第4章

我国创业型大学建设现状与问题分析

创业型大学的崛起不仅在高等教育领域是一个发明创造，而且是社会经济发展史上的一个发明创造。我国高等教育界也意识到了建设创业型大学的重要性，不少高校明确提出建设创业型大学的目标。本章将依据创业型大学的形成机理，分析我国大学在向创业型大学转型过程中的障碍与问题，为提出成功转型的策略奠定基础。

4.1 我国创业型大学建设的必要性

现今我们已经步入了以知识经济为特征的时代。一个国家或者民族要在世界各国激烈竞争中获得有利地位的决定性因素是什么呢？就是一个国家和民族的知识创新水平和技术创新能力。而创业型大学正是被视为未来知识、技术创新的动力源。于我国而言，建设创业型大学的必要性体现在以下几个方面：

首先是建设创新型国家提升区域经济实力和国家核心竞争力的需要。增强我国经济活力，促进企业成长的关键路径之一是建设创新型国家，发展创业型经济。何为创业型经济？它主要是把知识技术当作比较竞争优势，特别强调高端创业项目，主要关注于创意企业、高端企业、高科技制造业和知识密集型服务业。毋庸置疑，创业型大学这一高等教育领域的重大发明创造与创业型经济的发展趋势是相适应的。第一，创业型大学在全国层面与区域层面的社会经济发展中承担着愈来愈重要的作用。作为区域创新的引领者，创业型大学可以有效提高国家核心竞争力。第二，创业型大学能够把学术成果迅速、有效地进行转化。通过兴办高新技术企业的形式，创业型大学可以将含金量高的科研成果向社会生产力转化,或通过专利申请、转让技术发明等方式将科研成果向社会生产力转化。鉴于此,我们可以说,创业型大学承担着把科技成果从研发阶段传递到创建"高、精、新"技术企业阶段乃至企业化阶段,从而实现转化的最终目标。

其次是提高自主创新能力的需要。自主创新作为国家的战略和发展道路,是国家科技竞争力的核心和国家核心竞争力的基石,提高自主创新能力对我国而言,是关系到整个经济社会发展全局的战略问题。创业型大学以科技研发促进产业的转型升级为中心任务,是提高国家自主创新能力的重要力量。

再次是快速将科技研究成果转化为现实生产力的需要。创业型大学通过科研成果商业化、产业化,为产业界提供新的技术成果,促进社会的整体进步,实现服务社会这一职能。它承载了科研成果从研制、开发到成果产业化全过程的任务。因此,创业型大学能充分发挥与生俱来的科研优势,通过发展技术咨询、专利授权转让、技术入股、共同研发等形式,打破传统大学与市场的隔阂,能快速将科技成果转化为现实的生产力,从而提高国家竞争力、生产率。

最后是创新大学发展模式,以满足培养创新创业型人才的客观需要。随着大学在现代社会中地位的日益凸现,大学的发展方向和办学模式越来越受到国内外各界人士瞩目。"尽管每个国家都存在一些把注意力主要集中在教学或科研两方面的大学,但仍然有一个把各种各样的大学转变为创业型大学的全球化运动"(埃茨科威兹)。在建设创新创业型国家的背景下,中国高校面临千载难逢的发展时机,它们在国家创新体系的支持和帮助下,不仅能够极大地提升大学在社会发展中的作用和地位,也必然会推动教育教学和学术实力的进步。创业型大学适应了时代需求,为现代大学提供了一种新范式并表现出旺盛的生命力。再者,创业型国家离不开高素质且具有创新意识和创新能力的创新创业型人才的支持。大学的基本职能在于教学育才,培养高层次专门人才,创业型大学作为大学新的发展范式,能为培养这类人才提供良好的环境和创业的沃土。

4.2 我国创业型大学建设的总体状况

20世纪末期以来,创业型大学这一概念进入到我国学术界的视野,创业型大学的发展也逐步受到高等教育界的关注。在2005年复旦大学百年校庆活动中,原复旦大学副校长杨玉良院士发表了一个重要讲话。他提出,"如果复旦大学要成为世界一流大学,按照现在提出来的概念,就是创业型大学,麻省理工学院就是复旦最好的榜样"、"创业型大学也就是融入企业家精神的研究型大学,是大学未来发展的一个重要阶段",从而勾画了复旦大学走向创业型大学的远景。① 2007年4月,浙江大学的杨卫校长在"知识创新与创业型大学"的国际研讨会上致开幕词中就展望了浙江大学未来转型为创业型大学后的宏伟蓝图。2007年5月,在同济大学百年校庆举行的"可持续发展与高等教育创新校长论坛"会议上,时任科技部部长万钢也提出"目前,中国大学一般划分为教学型大学、研究型大学、创业型大学三类"的观点。② 清华大学校长顾秉林院士在2007年11月召开的第二届清华大学高等教育论坛主题发言,也提到了创业型大学这个概念。③ 同时,清华大学党委书记陈希教授认为:"正在兴起的创业型大学的观念和模式等,都促进并引领了世界高等教育的发展"。④ 在2007年,以"创业型大学和大学的未来"为主题的第六次三螺旋会议的召开,把国内外专家学者对这类高校类型的探索再次向上提高了一个层次。

21世纪初,我国有一批高校开始了向创业型大学方向的迈进。福州大学于2008年明确制定了创建"创业型大学"的战略,并对创业型大学的相应硬件、软件标准在全校师生中间进行了深入的分析与研究。而内蒙古大学把一个下属的二级学院直接冠名为创业学院。浙江农林大学于2010年把其办学目标、办学思路定位成生态性创业型院校,并把这一目标作为未来学校的发展规划。2011年,在浙江省人民政府办公厅下发的第54号文件(浙政办发〔2011〕54号)中指出了关于创业型大学建设试点的省级教育体制改革项目,并将在省内的7所高校进行试点。在当今全球对创业型大学寄予厚望引领高等教育发展的背景下,参考国外的经验做法对指导我国创业型大学的建设无疑具有重要的指导价值。

可见,在国内创业型大学受到了越来越多的关注,并且有一些学校已经着手改革。但不容否认的是,我国创业型大学建设尚处于起步阶段,对于国内大多数大学来说还仅仅是一种理念上的存在。

---

① 陈统奎.复旦:又一次华丽转身[EB/OL]http://news.sohu.com/20050921/n227021310.shtml,2005-09-21/2013-07-06.
② 万钢."建设可持续性大学"将成为中国大学变革趋势[EB/OL]http://news.xinhuanet.com/edu/2007-05/20/content_6127233.htm,2007-05-20/2013-07-06.
③ 顾秉林.创新是研究型大学的成功之道[N].中国教育报,2007-11-26(6).
④ 陈希.研究型大学要走在建设高教强国的前列[N].中国教育报,2008-01-07(6).

4.3 我国大学与国外典型创业型大学的横向比较——以我国部分研究型大学为例

4.3.1 比较对象与比较指标的选取

为确保可比性,本书从地域、学科分布、办学情况三方面出发,并参考 2012 年世界一流大学科研竞争力基本指标之一——科研生产力排行榜前 100 名,选取出我国研究型大学的代表清华大学(44 名)、浙江大学(47 名)和上海交通大学(79 名)与国外最具代表性的创业型大学——斯坦福大学和麻省理工学院进行横向比较。而在比较内容的选择上,本书以数据的完整性以及指标代表性为原则,选取了科研实力、创业教育体系、科研成果转化三个反映创业型大学建设情况的重点指标,以期通过这三个指标的对比,寻找我国大学与国外典型创业型大学之间的差距,发现我国建设创业型大学存在的问题。

表 4-1 为三所大学 2012 年科研系统的总体情况。表中的数据,可以在一定程度上反映出我国重点大学近几年科研实力提升迅猛,科研产出较为丰富。据清华大学校长顾秉林院士在 2007 年高等教育论坛的介绍:2005 年清华 EI 论文数与专利授权数已超过麻省理工学院,但 SCI 发表数及引用数、博士和硕士研究生培养数方面仍略逊一些。

表 4-1 2012 年清华大学、浙江大学和上海交通大学的科研系统总体情况

	指标	清华大学		浙江大学		上海交通大学	
		2000 年	2012 年	2000 年	2012 年	2000 年	2012 年
研究成果	SCI 收录论文数(篇)	1 275	2 874	616	1 436	132	760
	EI 收录论文数(篇)	1 418	3 242	187	759	160	1 023
	国家级科技奖数(个)	13	15	1	4	2	3
师资队伍情况	院士人数	48	77	18	33	7	11
	长江学者人数	27	151	11	86	3	21
	新世纪优秀人才数	28	151	25	96	11	104

续表

指标		清华大学		浙江大学		上海交通大学	
		2000 年	2012 年	2000 年	2012 年	2000 年	2012 年
实验室建设情况	国家实验室数(个)	0	1	0	0	0	0
	国家重点实验室数(个)	10	13	7	7	4	4
	国家工程技术中心数(个)	2	2	0	0	0	0
科研经费情况	科研总经费(千元)	755 654	3 892 514	128 770	898 971	158 116	821 001
	政府拨款的科研经费(千元)	512 930	2 560 788	88 030	676 451	45 513	446 058

数据来源:《2012 年高等学校科技统计资料汇编》

4.3.2 科研实力的横向比较

作为美国典型的创业型大学,斯坦福大学和麻省理工学院均以"学术顶尖"为基础,通过源源不断的知识溢出和科研成果来为企业提供智力支持,而这是我国研究型大学普遍缺乏的。我国研究型大学数量不在少数,且科研成果数量也不少,但是未能形成连锁效应,科研成果及技术转化能力普遍较低,整体科研实力与世界一流大学相距甚远。从《世界大学科研竞争力排行榜》(2012 年)可以看出,我国大学在科研生产力、科研影响力、科研创新力、科研发展力等方面指标均落后于国外知名创业型大学,具体如表 4-2 所示。

表 4-2　2012 年五所大学在世界大学科研竞争力排行榜的名次

学校名称	指标					
	科研生产力	科研影响力			科研创新力	科研发展力
	发表论文数	高引用率论文数	被引用总次数	进入 ESI 学科数	热门论文数	高引用率论文占有比例
麻省理工	38	5	16	24	3	20
斯坦福	9	2	4	1	7	29
清华大学	44	198	182	343	130	971
浙江大学	130	277	270	343	229	897
上海交通大学	293	435	484	529	339	1 032

数据来源:中国科学评价研究中心发布的《世界大学科研竞争力排行榜》(2012 年)

4.3.3 创业教育的横向比较

创业教育是创业型大学重要的组成部分,其教学体系由创业教育为基础构成的,是创业型大学区别于研究型大学的重要标识。从斯坦福和麻省理工学院成功的经验看,创业教育扮演着不可替代的作用,且经过时间的积累,均已形成系统性的创业教育学科。从创业课程设置看,已经形成较为完善的体系,教育总体目标在于培养学生创新意识和实践能力,由此规划了创业意识类、创业知识类、创业能力素质类及创业实务操作类四大方面,理论与实操并重,内容丰富;且课程安排按照创新程度逐步深入,以配合课程目标从低到高的要求,依次为从业人员革新意识、在岗人员的大型变革、职位晋升人员的创造力、非正式就业的创新、经营任何企业创新能力以及创办一个全新企业的创业能力,从而满足不同水平、能力及创业需求的学生。[①] 从创业课程任课教师看,这两所大学通过校友关系,聘请校友企业家担任教师或导师,为学生教授各种创业案例以及分享自身创业过程的经验。从学生及教师对创业教育的响应看,这两所大学将培养师生的创业精神视为重要使命之一,并创造浓厚的创新创业文化,师生对学校所提倡的创新创业积极响应,甚至亲身实践,例如斯坦福的校长 John Hennessy 就曾两次保留教授职位,亲自参与企业的创建全过程,之后再返校担任创业教育授课者,并将这种经验分享给学生。

目前我国部分大学已经开始关注创业教育。从 2002 年起,清华大学、中国人民大学、北京航空航天大学、上海交通大学等 9 所高校作为创业教育试点院校以探索创业教育开展的模式,这些院校在实践实训方面积累了一定的经验。特别是有些大学已经主动与企业界建立知识联盟,聘用具有实战经验的企业家担任学生创业教育的客座教师、导师,让学生有机会从理论层面走向实践层面。但不可否认,创业教育课程的普及率仍然较低,且开设的课程较零散,更多停留在职业规划或就业指导的初级阶段,尚未形成创业教育课程体系,更不用说创业教育学科层面的设计。我国创业教育远远不能满足高等教育大众化发展的需求。再加上我国大学特殊的大学体制机制,大学与企业界的互动少,外聘企业家无法形成常规化,且企业家时间和精力也有限,教学经验不足,这种模式仍有很大的提升空间。而从师生对创业教育的态度看,我国师生整体创业意识和意愿并不强。据统计我国大学生创业比例约为毕业生总

---

① 刘德恩.创业教育:教育改革与发展的新课题[J].外国教育资料,2000(4):41.

数的1%左右,而其中创业成功率又仅为1%,与发达国家大学生创业率20%—30%相比,[①]就能看出学生对创业的意愿。尽管我国部分地区政府也出台允许高校教师保留职位职称进行创业,但是我国教师普遍缺乏企业家精神,很少会愿意投入到创业中去,这与我国高校管理体制有密切的联系。当前的科研考核及教学绩效考核体制机制均无法促使教师参与创业型大学建设,甚至是束缚的效果。

4.3.4 科研成果转化的横向比较

斯坦福大学和麻省理工学院创造了世界著名的科技园——"硅谷"和"128"公路,成为这两所大学实践科技成果转化的基地。究其根源,在于这两所大学拥有着强大的技术转移和孵化能力,他们在"学术顶尖"理念的指导下,把这些科研成果转化为服务社会的产品。从这个角度看,"硅谷"和"128"公路的出现有其必然性,是大学服务社会使命执行的必然结果。目前,大学与科技园之间形成了良性循环,大学提供了源源不断的授权专利、人才等要素,而科技园提供资金、场地等要素,实践创业型大学的目标。据统计,上世纪90年代,麻省理工学院的毕业生已在全美范围内创建了4000多家公司,创造了110万个就业机会,其所在的坎布里奇地区的25%企业均为麻省理工大学学生创办的;而斯坦福大学师生也创办了1200多家公司,培育出了世界知名的五百强企业惠普、谷歌、雅虎等。

而从我国三所重点研究型院校2012年的科技成果转移情况看,我国研究型大学处于创业型大学转型路径的探索阶段(详见表4-3)。大多数高校的创业活动仍处于自发状态,知识和技术成果转移的意识和能力均薄弱,虽然也成立了一些大学科技园以作为成果转化的孵化基地,但因经营能力不足、市场的意识不强等原因,效果并不理想。与国外创业型大学的技术转移和孵化能力相比,我国大学存在巨大的差距。

---

① 大学毕业生创业成功率仅为1%[EB/OL]http://finance.eastmoney.com/news/1682,20130604295856441,html.

表 4-3　2012 年清华大学、浙江大学和上海交通大学的科研成果应用情况

	指标	清华大学		浙江大学		上海交通大学	
		2000 年	2012 年	2000 年	2012 年	2000 年	2012 年
技术转移情况	专利出售净收入（千元）	55 727	28 000	650	1 550	0	1 250
	技术转让当年实际收入（千元）	235 318	484 106	8 000	2 137	1 303	6 299
	国家技术转移中心数（个）	0	2	0	0	0	1
	专利出售数（个）	136	65	3	23	0	23
	企事业委托科技经费（千元）	213 226	1 010 281	34 861	221 520	55 290	304 514
技术孵化情况	国家大学科技园在孵企业数（个）	150	170	0	457	0	112
	国家大学科技园累计毕业企业数（个）	0	70	0	0	0	12
	国家大学科技园在孵企业总收入（元）	0	403 140	0	1 691 030	0	774 059
	校办企业人均利润额（元）	135.6	16.2	30.7	8.11	28	3.2
	校办企业科技型企业净利润额（元）	519 730	343 308	14 260	5 113.4	3 820	7 559.9

数据来源：《2012 年高等学校科技统计资料汇编》

4.4　三螺旋理论在我国的应用

4.4.1　国情决定三螺旋理论实践模式

三螺旋理论之父埃茨科威兹指出美国创业型大学转型是在"大学—企业—政府"三方作用下形成的，这三个主体中大学扮演推进器的角色，协同另外两个主体共同旋进，因此大学在区域创新体系中发挥着比企业和政府更为重要的作用。这种现象与美国大学具有独立主体地位和企业拥有较高的技术创新能力及较为健全的法律体系等背景有直接的关系。国情不同，同是三螺旋理论发挥作用的路径也不同，主体作用强弱更是不同。我国大学与美国大

学存在共性,但更有着不同国情背景。这些不同点决定了在应用三螺旋创新理论指导我国大学向创业型大学转型时所要选择的模式也必然不同。具体不同点体现在以下方面:

(一)现阶段我国政府在三螺旋创新体系中扮演主导者角色

我国因市场经济起步晚,目前处于向社会主义市场经济转变的阶段,政府依然扮演着整个社会运行体制的主导者。这就意味着我国政府是三螺旋创新体系中的引导者、推动者和协调者,掌握着经济发展所需的各种资源,通过它的引导、促进及协调,能够促使大学与企业开展有效的产学研合作。[①] 学者王飞绒指出了我国政府在三螺旋创新主体中有着五种影响:政府的支持和推动是产学研联合的重要动力来源;政府政策的配套措施能为产学研联合提供良好的环境土壤;政府宏观指引能有效地提高产学研合作的层次;政府出面并发展中介机构能为产学研搭建更顺畅的桥梁;政府对产学研合作创新的直接投资能缓解产学研合作中资金的缺乏。[②]

尽管 2006 年全国科技大会明确号召企业成为技术创新主体,而大学作为产学研合作的主体之一,应积极发挥自身科研优势,帮助和支持企业实现"自主创新"。但在企业完全转变为主导者之前,政府的作用依然具有决定性,即政府是创新发动者和推动者,对社会重大创新计划进行调控,并组建重大创新机构,政府政策和决议对国家整个发展方向有指引作用;而作为创新主体之一大学、科研机构仍属于中央或地方政府。[③]

(二)我国大学主体地位的特殊性

我国《宪法》的第 89 条规定:"国务院领导和管理教育、科学……工作。"具体执行部门为教育部。这从法理上明确了我国大学与政府之间的关系,即我国大学作为政府的附属机构,处于被支配、被控制的地位,政府是大学的所有权主体,而大学本身仅是控制权主体。政府对公立大学具有领导班子任命权,并在专业与学科设置、人员编制、质量评估等方面有审批权;而对私立学校,同

---

① 杨翔.我国产学研合作发展及问题[J].经济师,2003(3):17—18.
② 王飞绒,吕海萍,龚建立.政府在产学研联合中的影响分析[J].中国科技论坛,2003(3):65—69.
③ 周春彦,亨利•埃茨科维兹.论充分发挥大学创业作用实现区域自主创新——麻省理工学院与新英格兰区域创新案例分析及启示[J].中国科技论文在线,2006(1):12—16.

样具有很强的管理权限。我国政教合一的治理体制与西方国家存在本质上的区别,这在某种程度上决定了我国大学与政府的关系模式。

虽自1978年改革开放以来,我国大学管理体制改革也遵循放权以塑造大学办学主体的思路,但是大学所有权主体仍然是政府。在所有权与控制权分离的模式下,我国大学科研、教学职能基本是在政府绩效激励体制下开展的,而社会服务职能则是受政府政策影响,大学才逐步具有第三种职能的意识。这些决定了我国大学研发倾向于以政府调控为主,而非企业与市场的需求为驱动。我国大学主体地位的特殊性,在创业型大学建设过程中,必然要考虑这一背景,创新地应用"三螺旋"理论,力求使得三螺旋理论能更好地指导我国大学转型。

(三)我国企业界的构成仍以国有企业为主体

我国以公有制为主体的经济体制,决定了企业界领域的主要构成:国有企业或国有控股企业仍占主导地位。国有企业作为生产经营组织形式,追求的是国有资产的保值和增值,兼具营利法人和公益法人的性质,它的行为代表了国家的意志和利益,服务于国家建设经济的发展目标。十四届三中全会后,我国确定了"建设具有社会主义特色的市场经济"目标,国有企业逐渐走向市场,其他性质的企业也发展迅猛,但国有企业在关系国家经济命脉的领域仍占主导地位。

国有企业在我国经济发展中起着重要的作用,然而不可否认的是,其所依赖的发展资源具有独占性和排他性,这决定了它具有偏爱于稳定而非变革的喜好以及较弱的竞争意识及创新精神,特别是对技术创新驱动企业发展的意识薄弱,技术创新需求疲软。而民营企业发展起步晚,虽具有自主创新的意识,但目前的能力及资源很难成为技术创新的引领者。这种特殊的产业环境,需要政府发挥引导者和协调者的作用,为我国大学转向创业型大学营造良好的外部环境。

事实上,为解决不同国家的不同需求,"三螺旋"理论的内涵也愈来愈丰厚,力图为不同国家大学转型提供更多可选择的空间。如2006年三螺旋之父埃茨科威兹与周春彦提出双三重螺旋模型,一方是原来的大学、产业和政府创新三螺旋,另一方是大学、公众和政府可持续发展三螺旋,认为在保持三螺旋动力的同时,公众因素应纳入社会创新系统中,由此形成所谓的"双三螺旋"的思想。①②

4.4.2 三螺旋创新理论在我国的表现模式

正是上述不同国情背景和"三螺旋"日益丰富可供选择空间扩大的情况下,现阶段"三螺旋创新理论"在我国实践中以"政府拉动模式"为主,如图4-1所示。我国政府通过政策引导,促进大学与企业协同。政府成为创新引导者,调控社会重大创新计划,推动国家发展;同时政府主导建立孵化器、科技园、高新技术开发区及技术交易市场等机构。

作为三螺旋构成中的一个重要组成部分,创业型大学则是在政府教育主管部门引导下,开展知识技术咨询、科研成果转化等,帮助企业发展,并为政府决策提供咨询服务。③ 从我国历年来出台强化高校与企业联接的政策不难看出这一点。1986年,中央政府制定863计划,明确了政府主导、科研院所和大学总体承担,同时鼓励有能力的企业参与,由此拉开我国政府推动大学与企业联接的序幕。1999年8月20日出台了《加强技术创新,发展高科技,实现企业化的决定》,作为配套措施,教育部提出了若干实施意见,包括:一是高校要采取措施,通过建立大学—企业联合技术开发中心、科研生产联合体,通过培训、委托培养等各种方式强化与企业的合作,促进企业成为技术创新的主体,使高校成为国家知识创新的基地,技术创新和高技术企业化的生力军;二是鼓励并支持高校及其科技人员创办技术创新服务机构,开展技术评估、技术信息咨询等业务。④《国家中长期科学和技术发展规划纲要(2006—2020年)》提出"国家创新体系是以政府为主导","建设以企业为主体、产学研相结合的技术创新体系"。

再者,从我国大学实际探索建设创业型大学过程看,虽然各自策略选择存在差异,但总体上体现出的是在政府鼓励政策引导下,各个大学开始开展产学

---

① 周春彦,亨利·埃茨科维兹.论充分发挥大学创业作用实现区域自主创新——麻省理工学院与新英格兰区域创新案例分析及启示[J].中国科技论文在线,2006(1):12－16.

② 周春彦,亨利·埃茨科维兹.双三螺旋:创新与持续发展[J].东北大学学报(社会科学版),2006(3):170－174.

③ 彭绪梅.创业型大学的兴起与发展研究[D].大连:大连理工大学,2007.

④ 教育部关于印发《教育部关于贯彻落实〈中共中央、国务院关于加强技术创新,发展高科技,实现企业化的决定〉的若干意见》的通知(教技〔2000〕2号)

研合作,通过校外实习实训基地建设,培养具有一定实践能力的人才输送到企业;建立大学－企业技术中心或委托大学进行某些技术研究,有针对性解决企业产品创新的技术难题;建立大学科技园来孵化衍生企业等。

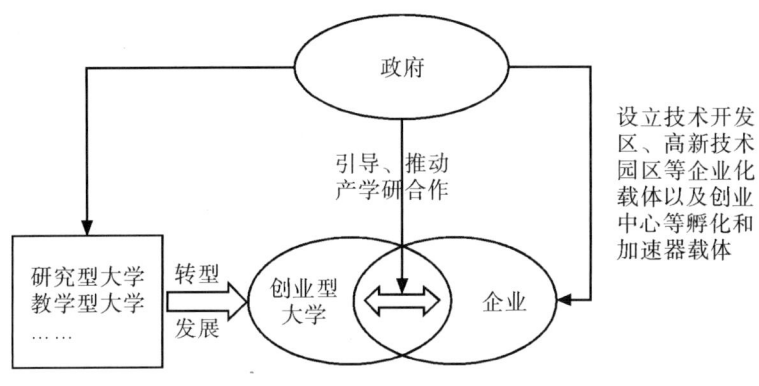

图 4-1 三螺旋创新理论在我国具体应用模式

4.5 我国探索建设创业型大学的案例

4.5.1 复旦大学

复旦大学是一所国家教育部直属的、由教育部和上海市政府共建的全国重点综合性大学,学科设置包括人文科学、社会科学、自然科学、技术科学、医学科学和管理科学等。2005年复旦大学提出走向创业型大学的蓝图。对复旦大学这所中国著名的研究型大学建设创业型大学尝试的探讨可以从其自身的变革和与外部环境相结合的发展两个维度展开。

1.复旦自身的变革

(1)注重教学改革

复旦大学在教学改革中牢固树立"人才是第一资源"的指导思想,致力营造创新创业文化氛围,设立创新创业种子基金,成立创新创业学生组织,培养并提升学生的创业水平,促进自主创业,从而培养更多的被国家、社会需要的创新创业型人才。此外,复旦大学还重视大学生的社会责任感培养和思想道德品质教育。复旦大学号召学生关心人类的命运,关心社会的进步,关心群众困苦。除了加强日常思想政治教育和开设有关课程,学校重视理论与实践相结合,积极创造各种条件支持学生进行多种形式的社会实践活动。

(2)重视教师选聘

复旦大学不拘一格吸引国外的优秀学者。在引进的过程中,学校奉行三点原则:第一按照需求,主动引进;第二加大力度,成组引进;第三委以重任,发挥作用。让引进的人才担任重要职务,发挥他们最大的才能。复旦大学在教学、管理和科研上积极培养青年教师,给青年教师提供更多的成长机会。在教师聘用上,复旦大学坚持与时代的发展需要相适应的理念,岗位的设置必须根据需要决定,实行全球公开招聘,本校教师和校外人员都可以申请,最后由专家进行评估。过去是在特定时间段内集中招聘,现在已发展为常年招聘。更多的发展机会、更为开放和公平的竞争机制极大地调动了全校青年教师的进取意识。

(3)服务国计民生

立足于现代科学技术发展的趋势,复旦大学强调多学科的交叉、集成和有组织的协同作战。复旦大学将"十五"期间的科研战略目标确定为"面向国际学术前沿,面向国民经济主战场,面向国防建设,"在重大学术科研项目上涌现出了一些著名专家学者,成功地将基础研究转化到应用方面,极大地推动了国家社会经济的发展。依托"以人为本,以项目为纽带,以学科为依托"的观念,学术发明服务于学科发展的需要。"学科发展在基地与人才方面给予科技创新提供有力的支撑,实现创新知识的有机集成;多学科交叉与渗透有利于促进学科领域的不断延伸并带动新学科的产生和发展"。基于这样的认识,从2004年开始,复旦大学先后搭建5个科技创新平台,创造了"形成大团队、争取大项目、取得大成果"的态势。

(4)争取多样化资金来源

近几年,复旦大学经费来源的主要渠道还是国家的拨款。随着经济的发展,政府对高等教育的投入持续增长,特别是"985工程"、"211工程"的专项投入对学校的发展建设起了很大的作用。与此同时,复旦大学积极地多渠道筹集资金。

首先,复旦大学紧密围绕当前社会需求,积极争取国家级课题,以彰显服务社会的价值追求。比如积极参与诸如蛋白质组学、基因工程、量子调控等国家重点课题、国家优先发展的若干重点领域如16个重大专项以及4个重大科学研究计划。

其次,复旦大学积极争取社会捐资,抓住百年校庆的历史机遇获得校友捐资3个亿;复旦大学校办企业的创收在补充教学经费、改善办学条件等方面也发挥了积极作用。2005年,复旦大学校办企业集团收入大约34亿,名列北京大学、清华大学和浙江大学之后,在我国高校中排名第四。

2.复旦大学与外部环境相结合的发展

复旦与外部环境相结合的理念诞生于复旦大学探寻国家大学科技园的实践之中,其关键在于把大学的校园、社区和开发园区三者形成有机的联系和融合,以此实现彼此作用的凝聚效应。为此,复旦大学在创业型大学建设过程中主要采取了以下措施:

(1)大力推进科技成果转化

复旦大学非常注重以学术科研成果转化为中心的高科技企业的创建,创造各种条件积极促进校办企业集团蓬勃发展,总结出了富有"复旦特色"的企业化经验。复旦大学积极进行实践摸索,采用多元化的模式引导高科技企业发展,广泛吸收各种经验教训引领学术科研成果向现实生产力的转化:首先,加速成果转化,孵化科技企业;其次,健全各种规章制度,推进科技园区建设;再次,发挥政校企联合作用,推进科技集团建设;最后,发挥企业特长,重建创新体制。复旦大学作为一所研究型大学,发挥自身优势,广泛吸纳社会捐助,推进学术成果向现实生产力的转化,提升学校的综合实力和竞争力水平,推进学校向创业型大学的转型。

(2)积极建设师生创业"绿色通道"

复旦大学与上海市杨浦区政府展开合作,为本校师生和科研人员打造创新创业的良好环境。一方面充分利用区域内建成的上海市知识产权园的平台,保护和转让技术专利、商标版权等成果。另一方面积极向杨浦区政府申请创业贷款,支持本校师生创业,设立课题研究经费,促进科技成果转化。大学生"创业绿色通道"顺利运作,起始投入1500余万元的大学生科技创业基金会业已正式启动。复旦大学和杨浦区政府联合定期举办创业实践项目,如"创业投资论坛"、"创业计划大赛"等,面向所有高校师生征集创业项目并从中研发出19个具有投资价值的获奖项目,有利于培养同学们的创业能力与热情。在复旦大学与杨浦区科委的一同努力下,部分项目已经找到了投资者并且走向市场。

(3)努力营造创新创业文化

复旦大学以文化传播和技术转化为宗旨,面向社会推进资源共享机制,建设并带动地方文化建设,通过多种形式推进政校企合作办学,有效地丰富了"校园企业家文化"内涵,力推具有"复旦品牌"和"复旦特征"特色的大学文化建设,扩大创业文化的覆盖面,推动加快实现学习型城区的创建目标。

复旦大学以其创新的理念、变革的精神积极迎接知识经济的挑战,从对内和对外两个方面进行改革,对我国大学转型为创业型大学具有重要的指导意义。

4.5.2 福州大学

福州大学是一所国家教育部直属的、由教育部和福建省政府共建的以工科为主、理工结合,理、工、经、管、文、法、艺等多学科协调发展的重点大学。类似于国内众多教学研究型大学,福州大学面临着诸多制约发展的困难与问题,如学科不具有显著的优势、科研创新能力不强、服务社会的力度与广度不够、债务问题突出等。为了从根本上解决这些制约发展的矛盾与问题,福州大学制定了"创建创业型大学"的发展战略,走在了全国的前列。在向创业型大学转型的过程中,福州大学采取了多种措施,确保转型的顺利实现。

1.提出目标

2008年2月23日,福州大学首次提出向创业型大学发展的办学理念。校长吴敏生在寒假工作会议上强调,福州大学新阶段的主要任务是"加速推进理念型和体制性的转变,通过研究、吸收创业型大学办学理念,结合国家、区域和本校实际,争取使建设东南强校的新阶段同海西区域经济社会发展产生更加紧密的关联度,对外提升三大功能对区域经济社会发展的贡献度;对内使办学理念、管理和运行体制跨上新台阶"。并把"面向海西建设,提升三大贡献,走区域特色创业型大学的强校之路"作为推进东南强校建设的重大战略。

2008年4月,福州大学党委书记陈笃彬、校长吴敏生联合发表《创建创业型大学,服务海峡经济区》的文章,明确提出了把福州大学创办成为创业型大学的口号,并从国家、地区、高等教育发展和自身实际等情况出发,制定了福州大学发展战略:(1)更新教育观念,树立大学创业发展新观念;(2)推进政策创新,构建创业型大学发展的政策环境;(3)拓宽发展外围,形成与创业型大学相适应的校内管理体制;(4)努力推进教育教学改革,扎实培养学生的创业精神;(5)培育创业精神和创业文化。福州大学向创业型大学发展的办学理念逐步形成。

2.改革措施

福州大学确立创业型大学的办学理念以来,围绕这一目标展开了一系列的改革:

(1) 开展"创业型大学"思想学习大讨论

自确立发展目标以来,福州大学首先进行的是为期3个月的"创业型大学"思想学习大讨论,重点学习伯顿·克拉克教授和亨利·埃茨科威兹教授关于创业型大学的相关理论,对创业型大学的产生、发展情况、特征、标准等有了一定的认识,这是向创业型大学进行转型的基础。福州大学各部门、各单位结合自己的发展实际,对创业型大学的发展理念如何指导单位发展实际进行了思想大讨论,形成了一批研究成果。经过这次思想大讨论,福州大学广泛宣传创业型大学的相关理论,教师、学生和管理人员对创业型大学有了初步认识,这有利于营造浓厚的创业文化。

(2) 学校教育与社会实践紧密联系

福州大学重视创业的基本理论教育和学生创业实践,把创业的基本理论教育和创业社会实践作为创建创业型大学的重要步骤。福州大学在面向学校师生开设较为系统的创业基本理论课程的同时,不断创新校企合作教育形式,如学校与联想集团等10多家单位合作构建了"预就业人才培养模式"、"新楚创业助力工程"和"预创业人才培养模式",受到学生和用人单位的广泛称赞。为促进创业教育和创业实践,福州大学于2008年3月27日创办了大学生创业论坛。打破了传统的论坛样式,丰富了新的内容,如创业案例、创业体验、创业咨询等,此外还围绕不同专题、针对不同群体开展论坛,以使更多的人参与进来。

(3) 主动与政府和企业建立合作关系

福州大学重视大学对社会发展的贡献,除重视人才培养之外,福州大学还加强区域性产学研合作,积极营造创业型大学发展的关系平台。由福州大学和福建省特种设备检验院合作共建的"特种设备安全联合研发中心"于2008年3月15日正式成立,该中心是一个多学科、跨学科交叉集成的联合体,其建设目的是"充分、高效地利用福州大学与省特种设备检验院在项目、技术、人才、设备、信息等方面的资源,以步梯、起重机、娱乐项目等关系民生的特种设备安全需求为导向,科学、系统、持续地开展人才培养、技术服务等工作"。福州大学在新型的"大学—企业—政府"关系上不断发展,积极为创业型大学的发展创建良好的关系平台。

(4) 探寻高校转型的路径

在创业型大学发展理念指导下,福州大学结合本校实际,从各个方面提出了创建创业型大学的措施:巩固并加大一批基础学科的建设力度;宣传学校发展历程中的自强不息和求同存异的精神,建设创新性、创业型的校园文化;主动承担企业创新和技术升级的核心任务;建立以"大学—企业—政府"关系为媒介的转化系统,提升科技成果转化的质量与数量,促进主要应对高新企业的学术成果转化力度。

福州大学是第一所将创业型大学理论应用于办学实践中的国内高校。通过分析福州大学创业型大学理念的提出和建设现状可以认识到,福州大学与创业型大学还有很大差距,目前仅仅处在基本理论的探索时期,还有很远的路要走。

4.5.3 浙江农林大学

浙江农林大学是我国一所典型的教学型大学,是一所以农林学科为特色,涵盖农学、工学、管理学、文学、理学、法学、经济学、医学、艺术学等九大学科门类的省属全日制本科院校。学校于2010年7月召开的第一次党代会明确了学校中长期发展的指导思想和"到2020年把学校初步建设成为国内知名的生态性创业型大学"战略目标。2011年,浙江省人民政府办公厅第54号文件(浙政办发〔2011〕54号)提出了关于创业型大学建设试点的省级教育体制改革项目并确定了包括浙江农林大学在内的省内7所高校作为试点高校。在此背景下,浙江农林大学做出了主动的创业型选择,为学校的转型升级开辟了新的领域。

浙江农林大学的转型,是在机遇与挑战并存的情况下的主动选择。生态文明的全面建设、现代农业的发展诉求、生态浙江省的政策号召无疑是浙江农林大学转型升级的机遇,但同时它也面对着办学经费的压力以及高校普遍面临办学趋同的尴尬局面。

在向创业型大学转型的过程中,浙江农林大学做出了诸多有益的尝试:

1.提炼方向,优选主题

在创业型大学建设过程中,浙江农林大学的首要战略举措是提炼研究方向,挑选具有学科研究前景与应用效益突出的主题作为全校学术研究的主攻口。经过多方的论证,学校确定了"1030"战略,基于集中力量办大事的逻辑,选定这些战略的主要原则是:(1)与经济社会发展的重大需求紧密结合,从而影响与引领行业或企业的发展;(2)与校情相切合,与省内其他高校错位发展,充分体现我校的办学特色与优势;(3)利于促进学科汇聚融合,能提高学科的协同效应和综合竞争力。这些领域与校情、学科发展、社会实际紧密结合,解现实之急需,走符合应然逻辑的研究路径。而在具体实施"1030"战略的过程中,学校主要采取"一个管理平台加十个研究中心"的管理模式,即以新农村发展研究院为校级管理平台,组建有多方参与的学术委员会,对学术生产机制进行统筹兼顾;而针对十个重点领域组建跨学科、跨学院的十个研究中心则是保证学术生产力的基本组织架构。

2.集中资源,搭建平台

"1030"战略是浙江农林大学学科建设的基本考量。沿袭着"1030"战略,浙江农林大学在学术生产平台的搭建上倾注了大量的智慧与资源。一方面是十大研究中心的建设。中心是学术生产的基本学术组织,学校在建设上注重资源倾斜以及超常规的资金投入。当然,十大研究中心的建设不是毕其功于一役,而是确保做到成熟一个建设一个,达到"高起点规划、高水平建设、高强度投入"的水准。目前生态文化研究中心、中国农民发展研究中心(国内首个)正在建设中。另一方面是学科硬平台与学科软平台的建设。前者包括学科的实验室、实践基地以及特殊资料室等内容;后者则主要指博士、硕士学位授权点以及各类重点学科的申请与建设。

3.围绕战略,引进人才

围绕战略,搭建平台,仍然需要先进的团队去激活研究。浙江农林大学在这方面尽了很大努力。针对不同的战略目标,学校实施了各异的人才引进计划,围绕"1030"战略,实施领域带头人计划;围绕重点学科、专业建设,实施百名优秀博士引才计划;围绕生态性创业型大学建设目标,实施"企业家引智计划"。其中,研究中心的领军人物的到位被置于高地。农林大学在人才队伍建设方面讲究细致化,围绕不同的战略所实施的不同计划旨在打造梯队鲜明的学术生产队伍,切实的做好人才需求分析,细致到引进"哪个人",而不再是空泛而谈"哪类人"。

4.因体制宜,调整机构

在建设创业型大学的过程中,创业人员与研究人员的不同能力需求是一个困扰,懂研究的专家学者常常不懂技术推广或是无暇顾及经济效益最大化工作。学校在管理改革年新增发展战略管理处、创业管理处和社会合作处3个职能部门,促进学术与创业的良好互动。创业管理处的成立为创业型大学的"创业行为"提供了组织上的保障,值得一提的是,创业管理处尚属国内首例,主要工作职能是给教职工的创业提供政策扶持,提供创业技能的培训,增强学术经营意识,积极引导教职工利用科技成果投身创业实践,同时搭建平台提供创业服务。

5.落地创业,呈现细则

切实保证"创业行为"的落地需要体制机制的匹配。经过长时间的论证，创业管理处制定出台了《浙江农林大学关于鼓励和扶持创业的若干意见》，进一步鼓动了创业的热情，明晰了若干可能存有认知模糊的区域。

《意见》的第一条明确了创业为学术创业，指的是利用科技成果、技术发明、设计创意和知识技能等学术资本创造价值的活动。对产权及收入划分的界定是《意见》的核心内容：学校在各类创业活动中所获经济收益（知识产权转让收益或知识产权作价入股股权收益或经营净利润）的50%反哺学院（部）和学科；利用学校知识产权开展创业的，由创业团队提供知识产权投资和使用价值评估依据及实施方案，以许可使用或知识产权作价入股方式，经济收益的60%—80%归创业团队，学校所得采取"三免两减半"予以让利，即前三年全部经济收益归创业团队，后两年学校收取应获经济收益的50%；将知识产权一次性技术转让，所得经济收益70%归创业团队；利用非职务发明技术成果及知识、技能、创意开展创业的，经学校认定后予以认可和扶持，三年内经济收益归投资人所有，三年期满经考核合格，持续创业的，所得经济收益90%归创业团队。

虽然这些分配比例的冲击力不及斯坦福大学"职务发明成果所得收益98%归科研人员"的规定，但是《意见》对各种类型产权与收益分配的规定使得学术创业有据可循，集中体现了创业型大学的建设必须从制度上促成创业行为的风格。

4.6 我国创业型大学建设存在的问题与障碍

我国大学面对日益激烈的竞争以及资金、内部运营效率等多方面的压力，在政府政策引导下，纷纷主动融入区域经济发展中，与企业界建立长效的互动联系机制；同时也在内部管理改革上提出不少切实可行的措施。但总体来看，我国大学的转型变革离目标仍有距离，在探索创业型大学转型中存在不少的问题与障碍，需要用更多精力和智慧去突破，以真正实现建设创业型大学的目标。

4.6.1 我国高校经营管理能力薄弱、市场意识不足

我国高等院校、科研院所的性质相对特殊,大部分属于事业单位,由财政直接拨款,这种体制有优势也有劣势。建国初期,政府的集中资源支持,使得我国高等教育事业在经历战争之后能够快速恢复并发展起来,为我国社会主义事业培养各行业所需的精英。然而,高等教育发展至今,大环境变化巨大,这种政府过度控制和干预的模式已不利于高校自主经营管理能力培养。高等院校经营管理能力薄弱,自我发展和自我管理的意识不强。特别是长期以来形成的对财政拨款的依赖,使得高等院校可以生存在一个相对封闭的系统内,缺少对市场的接触和了解,使得大学经营管理者的市场意识较为薄弱,对接触市场的意愿不强。这些问题综合体现在四个方面:一是高等院校实体地位因行政过度干预而弱化;二是高等院校行为的自我目标缺失;三是高等院校之间的公平竞争机制缺失;四是高等教育系统开放性缺失;五是高等院校内部行政权力与学术权利失衡,行政权力过大。[①]

然而,创业型大学的转型恰恰需要具有较强的自我经营管理能力及市场适应能力,以内部强大的科研实力为后盾,积极主动打破与市场之间的阻碍,将成果融入市场,满足社会的需求。克拉克与埃茨科威兹从欧洲和美国的创业型大学转型模式总结出来的结论,都一致认同大学作为一个具有自主权的主体或拥有一个强有力的驾驭核心是创业型大学转型的路径也是特征之一。这些创业型大学成功转型应具备的核心要素在我国高等院校中都较为薄弱,这个必将成为我国高等院校探索创业型大学建设的重大阻碍。

另一方面,我国高等院校过度强调行政权力,甚至影响了学术权力的运行,这从高等院校的组织结构设置及功能即可窥见一斑。严格意义上讲,我国高校的官僚制组织结构决定了大学是一种教学行政管理组织而非一种学术组织,由此必然导致行政权力与学术权力的失衡,行政活动替代学术活动,把高等院校最为重要的"资产"——广大的教师主体游离于组织之外,导致教师主体地位丧失。教师主体是建设创业型大学的核心力量,再伟大的创业型大学转型路径设计及策略设想,如果没有教师主体的积极参与和执行,终究是纸上谈兵、水中捞月。综观西方或亚洲其他国家,但凡能够在创业型大学建设过程

---

① 张俊宗.现代大学制度——高等教育改革与发展的时代回应[M].北京:中国社会科学出版社,2004:252

取得较好成绩的,无一不是千方百计调动教师队伍的积极性,或从组织制度层面给予教师直接创业及发挥自身智慧资本的空间,或从意识领域方面提高教师参与的意愿,最终依靠教师创业带动学生创业,逐渐掀起创业型大学建设的热情,并形成浓厚的创新创业文化氛围。在我国由于教师主体地位缺失,参与创业型大学建设的积极性不高,必然会阻碍传统大学向创业型大学的转型。

4.6.2 我国科研管理体制缺乏对成果应用的关注

科研实力是创业型大学得以运行的基础,科研成果是创业型大学最重要的智力资产,是与市场进行资源交换的核心元素。而科研管理体制是围绕着科研工作进行的,对人、对事、对物的管理及制度的安排,直接关系到科研成果产出的数量和质量。良好的科研管理体制能够创造出高等院校内部创业动力,并自发地形成一种自觉认同并实践科研成果转化的创业价值和理念。然而,我国现行的科研管理体制重点关注的是对项目申报的管理,对科研成果的管理关注度并不高。

首先,大多教师和科研人员申报科研项目不完全是为了获得能够给自己带来成就感的科研成果,而是为获得项目资金,或为满足工作量硬指标,或为评职称需要等。这种过于功利性的科研目的,很大程度上是科研管理体制导致的。而即使一部分教师或科研人员潜心研究,科研成果也更多的是成为"死的资产",缺少意识,也缺少渠道与市场对接。

其次,我国高校科研成果评价体系存在较大的缺陷,例如以项目经费、发表论文数、获奖等为衡量标准。指标反映的是组织的价值取向,对执行者具有很强的指引作用。从现有科研成果的价值指标看,我国科研管理体制关注的是外围的内容,对科研成果是否具有潜在市场价值,对能否转化为生产力并不关注。这也正是为什么我国科研经费投入与产出比不高的原因。

再次,从对科研工作激励措施看,绝大多数高校只对科研项目的获得给予大力的配套与奖励,对科研成果的转换激励措施少之又少。制定科研结果转化相关激励政策是鼓励教师或科研人员进行科研成果转化的重要策略,也是培养其自觉创业理念的重要措施。这一制度的缺失导致我国高校或科研人员利用科研成果创业的意愿不高。

创业型大学的建设不仅需要科研项目数量支撑,更重要的是具有市场价值和商业价值的科研成果。我国这种科研管理体制明显不能为创业型大学建设提供强有力的学术支撑,甚至可能成为负面的阻碍。我国高校或科研院所在探索转型过程中,绕不开的是科研管理体制机制改革问题,需要千方百计打通科研与市场的路径,提高科研成果的市场价值和商业价值。

4.6.3 我国高校创新创业教育体系不完善

1989年,联合国教科文组织在北京召开的"面向21世纪教育国际研讨会"上,柯林·博尔博士首次提出创业教育概念,他这样描述具有创业素质的人:"对于变化持积极的、灵活的态度,视变化为正常、为机会,而不视其为问题。一个如此对待变化的、具有事业心和开拓能力的人,具有一种来自自信的安全感,处理冒险、危险、难题和未知,从容自知。这样的人具有提出新的创造性思想、发展这些思想,并坚持不懈地使之付诸实施的能力;这样的人有能力并勇于负责,善于交流、谈判、施加影响、规划和组织。他是积极的而不是消极的,有信心而不是朝三暮四的,有主意而不总是依赖他人的。"可见,创业教育是以开发学生创业基本素质为出发点,以提高学生创业能力为目标,通过科学合理的创业课程体系,帮助学生获得从事创业实践活动所应具备的知识、能力和心理品质。1967年美国百森商学院(Babson College)首次设置创业教育课程后,MIT、斯坦福、哈佛也在20世纪60年代为配合创业型大学转型纷纷设置创业教育课程,发展至今已经形成完善的创业教育学科体系,到2005年美国已经有1600多所高等院校设置创业教育及教学研究体系。[①] 从其成功经验看,建设创业型大学必然要实施创业教育,培养富有创新创业能力的人才。但我国创业教育仍处于萌芽阶段,无法真正起到促进创业型大学转型的关键作用。

首先,我国高等院校对创业教育重视不足。我国大部分高等院校未重视创业教育学科体系建设,且对创业教育学科的认识不足,仅简单将其等同于创业行为,把它排除在专业学科之外,成为游离于"正规教育"之外的"业余教育"。而仅有的零散创业课程又因缺少与企业界的联系,在内容设计上未能真正符合创业人才所需的知识、能力及素质;再加上课程开设的方式单一,知识结构简单,使得课程实践指导性不强。

其次,我国高等院校严重缺乏具有丰富教学经验及市场经验的创业教育师资队伍。教师是创业教育的实施者,是创业教育成功的关键主体。而创业教育与传统学科教学有较大的区别在于它是一门实践性非常强的学科,停留

---

① 常建坤,李时春.美国的创业教育及启示[J].职教论坛,2006(1):35-37.

在理论上的教学难以培养创业型人才。这需要授课教师具有创业或投资经历,能熟悉企业从创建到日常经营各环节的具体运作,并把这些经验和贴近市场的创业信息以最灵活的方式传授给学生。但我国高等院校大部分教师毕业后就直接从事教育工作,甚少有企业工作经验,更难具有创业实践经历。严重缺乏具有丰富教学经验及市场经验的创业教育师资队伍,成为我国高等院校开展创业教育致命的问题。当前,有部分高等院校意识到这个问题,通过较为灵活方式,外聘企业经营管理者担任教师或导师,同时允许教师保留职称,到企业挂职,这种做法也取得较好的效果。但仅仅是小范围开展,因体制限制以及企业管理者精力有限等种种原因,该做法未能被很好地、大面积地推广,这需要更大的创新力度及更包容的心态来探索解决问题的方法。

另外,我国高等院校教务部门与学生管理部门分别实施学生创业教育与实践活动,两者之间缺乏联系,缺少一个强有力的组织运行机制,使得实践活动目的性不明确,而创业教育无实践机会;且创业教育缺少研究机构及支持平台,再加上创业教育项目关联度低,这些问题造成创业教育效果不明显。

4.6.4 我国支持高校创新创业的风险投资机制不健全

创业是一种高技术、高风险、高回报的活动,需要外部力量支持,才能鼓励更多人参与,因此创业风险投资应运而生。美国创业投资协会将创业风险投资(Venture Capital,VC)概括为是由专业投资者运作的,将资金、管理等要素投入到新兴的、具有高速成长特性的、有巨大市场潜力的企业中,是一种股权性资本。可见,其本质是向初创期且有较高投资价值的创业企业提供股权资本并为其提供管理和经营服务,当企业被培育成熟之后,投资者通过股权转让,获取高额投资回报的投资行为。创业风险提供资金与管理,帮助创业型企业成功生存并发展起来的本质,迎合了大学在科研成果转化过程中缺乏资金与管理经验的需要。这一点在典型创业型大学转型过程中体现得淋漓尽致,如 MIT 甚至先出资建立创业风险投资机构,为其科研成果转化保驾护航;斯坦福大学周边聚集了众多的风险投资机构,一旦有好的科研成果,便会想方设法吸引风险投资机构参与,判断其市场价值和潜力,并将项目推介出去。美国大学在转型中很大程度上得益于其完善的风险投资体制。

在我国,创业风险投资行业尚未发展起来,运作模式不成熟,进入及退出机制不健全。究其根源在于我国对创业风险投资的功能认识过于简单,将其视为一般性投资方式。因此政府所出台的税收政策并无针对性,使得在引入创业风险投资后相当长时间里,我国创业风险投资仍未形成单独的创业风险投资制度,创业风险投资优势没有发挥出来,效果不明显。正是在这一片面观念的引导下,政府未能认识到创业风险投资对高等院校转型的作用,因此很少有相关政策出台引导资源投入到支持高等院校向创业型大学转型建设中。而日本政府于1994年便开始着手研究如何利用创业风险投资支持大学和研究机构的技术成果向民间企业转移,比如建立专门的大学联络员制度,向创业风险投资基金推荐创业项目,引导其进入早期创业投资。2005年后,风投则大规模地涌入大学创新创业活动中。

克拉克、埃茨科威兹等学者一致认为资金来源多样、顺畅,既是创业型大学转型成功的关键,也是其标志性的特征之一。我国高等院校目前面临的是政府日益减少的财政支持,据统计数据显示,我国财政性教育经费占GDP的比例直到2012年才达到4%,仍然低于发展中国家平均4.1%的水平。[①] 若不尽快健全支持高校创新创业的风险投资机制,则无法为高等院校或科研院所转型提供有力的资金保障,无法加快促进高等院校或科研院所转型,不利于构建高效的区域创新网络体系。

同时,我国高等院校或科研院所与创业风险投资机构之间的信息沟通不顺畅,缺乏长效的联系机制。这导致创业风险投资者或机构很难有渠道了解最前沿的信息。不畅通的沟通渠道,使得各方都无法获得各自想要的资源,对高校而言更是不利于解决资金缺乏和市场运作的大问题,也不利于降低创业型大学转型的风险,并且资金不足所产生的压力也严重阻碍了创业型大学的建设。

4.6.5 我国高校忽视教师意愿的重要性,创业文化尚未形成

教师是建设创业型大学的核心力量,是创新创业人才培养的实践者,其是否有意愿参与直接关系创业型大学建设成败。然而,从现有高校探索建设创业型大学的情况看,大部分的改革集中在体制机制层面,对于教师意愿的加强尚未给予足够的重视。且这些改革主要的出发点也忽略了对教师意愿提升的刺激性。这些改革措施虽取得一定的成效,但对真正建设创业型大学仍然是不够的,特别是改革措施的执行效果往往无法达到预期。究其根源在于执行

---

① 谢飞.基于三螺旋理论的创业型大学建设理论与实践研究[J].中国科学技术信息研究所,2007(2):34-36.

层面的教师主体参与的意愿不强,不愿主动发挥自身的智慧资本,积极参与创业,更无从谈起带动学生的创业热情。因而最终体现出来的是高校创业文化不浓厚,毕竟行政命令式的做法能起到的作用越来越小。再加上配套措施不到位,如绩效、科研管理改革等无法适应创业型大学建设的需要,最终难以实现建设创业型大学的战略目标。

4.6.6 我国高校创新创业相关的法律法规不完善

创业型大学需要打破传统"象牙塔"的围墙,要主动融入市场,与外界建立良好的关系,从而获得更多的资金与支持。这些需要一个完善的法制环境来保障,支撑起一个良性的发展空间,使得高校作为"市场主体"能够健康、持续地参与到社会经济活动中,这也是科技成果转化、企业科技进步及区域经济乃至整个国家发展的基本要求。日本是为数不多专门为大学转型颁布法律的国家之一,1998年颁布了《促进大学等研究机构的技术成果向民间企业转移的法律》,为大学等研究机构技术成果转化提供法律层面的依据及保护;1999年又进一步颁布《企业活力再生特别措施法》,全方位为大学与企业的合作提供了法律保障。

当前我国已出台了不少专门针对智力创造成果的法律,如《专利法》、《技术合同法》、《著作权法》等,在一定程度上能为高校科研成果提供保护,但随着产学研及科研成果转化的深入开展,市场环境日益复杂,需要一个完整的法律体系,全方位、全过程地构建一个良性的空间,以助于创业型大学建设。

4.7 本章小结

本章在前文创业型大学形成主要影响因素及机理基础上,分析我国建设创业型大学的必要性。选取清华大学、浙江大学、上海交通大学等研究型大学,与国外典型创业型大学斯坦福大学和麻省理工学院在科研成果、创业教育、科研成果转化等方面进行比较,以此揭示我国大学向创业型大学转型存在的差距。进而结合复旦大学、福州大学和浙江农林大学等探索建设创业型大学的经验,阐述三螺旋理论在指导我国建设创业型大学中的具体应用,并在此基础上分析我国创业型大学建设的问题与障碍。

向创业型大学转型成为我国大学寻求自我突破的良方。而当前我国大学与国外发达国家大学之间存在的差距不容忽视。在三螺旋理论的指导下,依据国情选择政府拉动模式是我国大学向创业型大学转型的理想选择。我国当前存在不少障碍因素,阻碍创业型大学形成的内生机理作用的发挥。本书认为可以从宏观、中观和微观三个层面探寻破解障碍的策略,这也是后续章节探讨的重点。

第 5 章

政府的行为与职能变迁
——创业型大学转型宏观层面策略研究

当前我国大学在向创业型大学转型过程中存在的障碍与问题可以从宏观层面——政府的行为与职能变迁、中观层面——大学经营管理转型、微观层面——教师参与创业型大学建设意愿的提升寻求破解之道,从而提升影响创业型大学形成的各要素健康度,促成内生机理无障碍运作,最终实现成功转型。

我国建设创业型大学的模式,短期内仍以"政府拉动"模式为主,政府在三螺旋理论中仍扮演着主导的角色。在当前,政府应采取哪些行为、未来政府的角色与职能应朝哪个方向变迁才能使大学真正成为区域创新的主导者与动力源,这是本章节研究的重点。

5.1 三螺旋理论中的政府行为模式

目前政府行为模式较为典型的代表有两种,即有限责任政府和干预型政府模式。其中有限责任政府,即自由市场化模式是上世纪 80 年代西方国家政府转变的主要趋势,其实质是政府与市场功能选择的问题。这趋向改变了政府"超载"的行为模式,将市场的力量作为资源配置的基础。干预型政府模式兴起于 20 世纪 20 年代末,该模式突出运用政府行政权力来调节社会经济的发展,政府成为"有形的手"调节市场的失灵。

5.1.1 干预型政府模式

干预型政府模式通常是政府通过控制与分配决定各阶层、各行业进入市场的机会,从而建立有利于管理的社会经济秩序,这种秩序是一种"限定进入型的"。学者诺斯、瓦利斯和温加斯特将这种"限定进入型"的社会秩序界定为:一是政治与经济紧密结合;二是政府利用行政权力干预进入市场的主体。这就使得社会资源的配置处于政府的行政控制状态,是否达到最优不是衡量的标准,因而也无法建立一个有活力的经济运行体。对于大学而言,这种模式下开展的各种创新创业活动都是受限制的,政府的行为很有可能严重限制大学发挥知识创新主体的作用。这种严格的管控弱化了大学的自身管理,大学因完全依赖于财政资金支持而失去谋求创业发展的意志,这就意味着,在这种政府行为模式下,大学很难发展为创业型大学。

再者,在这种模式下,资本、技术、人才都是出于被限定的对象,很难自由流动。企业无法根据市场需求进行创新而获得超额利润,失去了对核心竞争力的追求;大学同样无法自由转化科研创新成果,无法从中获得收益。这种状态下,政府行为超出了界限,直接干预了具体的经济运作,使得企业、大学无法发挥应有的作用。可见,政府在建设创业型大学过程中只能是引导者与推动者,应最大限度释放大学自主经营管理的权限,创造有利的制度环境,激励大学主动参与市场中,成为企业创新发展的合作者。

5.1.2 自由市场化型政府模式

自由经济学家哈耶克认为市场经济是一种自由生长与扩展的秩序。这意味着市场具有自我调节的功能,其运行的动机是追求利润。在这种秩序下无需政府的干预,它是通过供求、价格、竞争等市场机制来实现对资源的优化配置。但这种自由市场化模式对创新失去了应有的调节功能。究其根源在于创新存在不确定性,创新知识技术产品的外溢性使得创新具有某种准公共物品的性质,这就需要政府的大量投入,如基础研究领域,企业作为经济利润的追求者,没有意愿也无力承担该项职责,而大学具有基础研究的能力,却受限于创新资源。然而,建设创业型大学恰恰需要大学发挥其优势,在企业不愿或无力开展的研究领域进行创新,从而将科研成果转化为企业发展所需的新技术、新工艺或新产品。可见,大学的科研很大程度上离不开政府的投入,而这正是建设创业型大学的核心基础。自由市场化型的政府如果无法解决这一问题,那么大学就没有条件建设创业型大学。

另外,自由市场化的政府无法为创新提供知识产权的保护。这种产权制度的失灵,将会严重打击作为知识创新载体的大学。亚当·斯密认为市场经济运行的实质是理性经济人对利益的追求。但理性经济人获利的前提是拥有产权,其次是产权收益得到保护。当这种收益得不到保护时,必然让市场主体感觉不公平,认为收入与付出比率太低而不愿意一如既往地努力。知识技术创新的公共性、外溢性以及合作中的信息不对称性,再加上产权无法得到应有的保障,大学便无意愿与积极性建设创业型大学。

可见自由市场化以及政府干预这两种模式都存在一定的缺陷。美国著名经济学家布坎南提出了第三种政府行为模式——公共选择模式,这根源于自由市场模式下的政府过于软弱,缺乏解决和调控市场失灵引起的一系列问题,而政府干预模式又过于注重政府的干预,严重影响了市场配置资源的效率,这需要以市场化模式改革政府行为,同时采取限制政府干预行为。因此这种公共选择模式是以市场为基础,将有限责任政府与政府干预模式两者相结合的产物。

5.2 政府在三螺旋理论中的职能变迁

在三螺旋创新体系中,各国政府根据自身的实际情况,积极调整政府的职能,准确定位政府的角色,从而推动技术创新。

5.2.1 案例分析

(一)日本

二次世界大战后,日本确立以市场调节为基础的内部运行机制,但是政府的调控力度和程度远远大于美国,甚至在技术创新上,日本政府居于主导地位,对国内创新创业活动采取积极引导和重点扶植的强干预政策,日本相对较为接近直接干预型的政府行为模式。这根源于其战后重建,需要政府集中力量、快速介入,以提高创新创业的效率。

首先干预重点产业。日本政府把激活经济作为创新的重要任务,确定具体的发展领域。随后,通产省则不断与产业中的研究人员、大学科学家和技术专家进行技术对话,从而预测技术创新发展方向。这种预测不仅在政府层面,还扩散到大学、企业,形成官—产—学—研的强强联合。如上世纪50年代,日本材料短缺,在外汇资金缺乏的情况下,日本政府直接进行物质分配并集中力量支持能源、钢铁等行业进行技术改进再创新。日本政府这种强势的介入,通过关键产业的重点扶植,以产业带动官产学研的发展,使得大学能够集中资源,明确创新创业的方向,短时间内能够快速获得成功,从而促进日本大学向创业型大学转型。

其次,制定正确的战略导向和法律保障。1995年日本政府颁布了《科学技术基本法》,为政府指导大学、企业等进行技术创新提供了法律依据。2002年日本政府颁布《知识产权基本法》,从法律层面保障创新创业活动的收益,并确立"知识产权立国"的国策,产权保护确保了成果转化的顺利进行,目前日本是全球迄今知识产权保护体系搭建最为完善的国家。这种完善的产权保护体系从根本上保障了大学进行创新创业活动,且无后顾之忧进行技术成果转化。

再次,政府集中力量以强大的资金投入带动创新。日本政府在确定技术创新关键领域之后,集中力量,投入大量的资金,通过设立项目,有效带动官－产－学－研的合作;且这些资金又有效地撬动企业等民间资本的投入,为大学向创业型大学转型提供坚实的物质保障。如1995年起,民间企业科研投入连续9年增长,现今企业投入的科研经费占研究经费总额的80%,远高于其他发达国家。日本政府通过发挥财政资金杠杆作用,撬动大量民间社会资本特别是企业的积极参与,为日本大学转型发展提供重要的物质保障。

(二)美国

美国2002年"商业科技管理部门的总统预算"指出政府的作用是创造一个积极的环境,创新和财富创造是由私人或企业而非政府推动发展的。因此,政府职能集中于为市场机制的发挥提供政策和制度条件,可以说其政府行为模式较为接近自由市场化型的政府。

首先,提供创新创业的法律与政策环境。美国政府极其重视创新创业方面的立法工作,制定了一系列与其相关的专门法律,包括《史蒂文森——怀特勒创新法》《贝赫——多尔法》《小企业创新法》《国家竞争技术转移法》《技术扩散法》和《联邦技术转移法》等。政府从法律高度明确了创新创业活动中的各种问题,若出现纠纷或分歧,将有法可依,这为创新创业提供了强有力的支持与保护,为政府创新政策的制定提供了基本法律依据。完善的创新创业法律与政策环境是美国大学得以在建设创业型大学道路上走在世界前列的基础条件。

其次,支持基础科学,加大R&D投入。基础科学长期以来深受美国政府的重视,且研究成果丰硕,相反,生产工艺方面的研究则投入很少,除了国防和农业两个必须支持的领域外。具体投入来看,1997—2007年期间,美国研发总支出增加比例低于24%,但同期的基础研究支出实值增长了近50%,且基础研究支出占研发总支出高于20%,如2007年美国用于基础研究的经费为700多亿美元,占当年全部科研经费约四分之一,其中一半以上来自联邦政府的投入。而从基础研究经费支出结构看,医疗卫生、环境资源等公益性基础研究领域是重中之重。仅美国国家卫生基金和环保局两个部门的基础研究支出在非国防研究开发支出中占比超过50%。美国政府通过实质性的资金支持,保障基础科学研究的开展,为大学向创业型大学转型提供了资金和科研成果的保障。

再次重视激励机制。创新创业具有较大的不确定性,需要政府营造一个较为完备且有效的激励机制,特别是建立健全的激励制度。美国现行比较行之有效的激励制度主要有:一是竞争制度。从上世纪80年代开始,美国众多公共事业部门放宽限制,加大对创新创业主体的激励,允许各类主体参与竞投标。二是产学研合作体制。美国政府重视利用联盟来提高市场主体的所得利益,鼓励产业界、大学、研究开发部门等开展有效的合作,目前已超过200所大学建立各种形式的联合研究中心,极大鼓励大学利用自身优势,除输出人才外,还输出科研成果。三是建立政府采购创新产品制度,通过市场需求引导创新创业。政府采购是鼓励创新创业的重要手段,特别在创新创业初期,具有重要的扶持作用。为此,美国设立专门的《购买美国产品法》,其中规定须优先考虑国内企业生产的产品,只有当国内企业不能满足需求时才允许进口。完备且有效的激励制度为建设创业型大学提供了动力,因而使得美国大学能够积极发挥自身的智慧资本优势,主动参与社会经济的发展,从而加快向创业型大学转型的步伐。

(三)韩国

韩国作为新兴国家的典范,从一个农业国跨越发展成为技术创新高产出的创新型国家。上世纪60年代,韩国GDP收入主要来自于农业,人均GDP不到100美元,为改变现状,韩国政府开始重视科学技术创新发展,并在法律政策、资金投入、人才培养等方面采取了一系列改革,最终成果显著。

首先法律保障体系先行。自20世纪60年代起,韩国政府先后制定了《科学技术促进法》、《科学家教育法》、《技术开发促进法》、《技术评估法》、《科学框架法》等法律法规,其中《科学框架法》就有29种法律,覆盖科技创新发展的各方面。完善的科技法律体系明确了韩国政府扶植科技发展的决心,为韩国大学积极参与科技发展,建设创业型大学提供了方向,也提供了法律法规的保障。

其次政策扶植,加快 R&D 投入。韩国政府参考了美国及日本政府在科技发展方面的扶植政策,一方面明确扶植的关键产业领域,制定《尖端产业发展计划》,并设立各类科技发展专项工程,如 1991 年的"G7 工程",2001 年的"6T"领域重点开发工程,2004 年的"十大新一代成长动力工程"等,扶持了微电子、新材料、生物工程、新一代半导体等高技术关键产业。这些科技发展计划或专项工程都配套大量的资金投入。1962 年韩国 R&D 投入近战 GDP 的 0.28%,2002 年提高至 2.53%,2008 年为 3.24%,目前韩国的研发投入占 GDP 比重仅低于日本,均高于美国、英国、法国等发达国家。且韩国政府参考了美国,重视基础科学研究,将大量的研发资金投向基础研究领域,使得韩国基础研究经费占总研发经费的比重高于 15%,这意味着韩国科技发展后劲十足。一系列的科技发展计划及专项工程的推出,为韩国大学发展奠定了坚实的基础,特别是韩国政府重视基础理论研究的策略,为大学参与科技创新发展提供良好的环境及资金的支持。

5.2.2 三螺旋理论中政府职能的变迁

如上述对美日韩等国政府在创新体系中具体措施的分析,可以看出政府职能随着其科技发展战略的改变而有所变动,总结起来具有某些共同的特征:美日等国政府重视对市场需求的反馈,通过法律、政策等手段,提高管理和服务的效率,核心目的在于促进科技成果转化,从而提高本国的核心竞争力。

(一)间接调控替代直接供给

在官产学研合作初期,主要西方国家政府政策供给方面主要是用直接的、具体的、甚至是政府计划式的方式进行的。随着市场机制的不断完善,政府的管理变成了间接调控式的管理。以美国为例,19 世纪,美国颁布实施《莫雷尔法案》,依靠联邦政府赠拨土地的赠地学院由此产生。1857,贾斯廷-莫雷尔在系统考察联邦政府通过赠地资助各州教育发展成功经验的基础上,考虑到当时联邦政府除掌握大片肥沃土地外其他形式的资金严重缺乏的实际,向国会提交了一项议案,建议联邦政府以赠予各州联邦土地的方式来鼓励每个州建立至少一所新型大学。该法案被称为《莫雷尔士地赠予法》,或简称为《莫雷尔法案》。1890美国国会又通过了第二个《莫雷尔法案》该法案定：联邦政府对依靠联邦政府给予赠地学院提供年度拨款，以保证这些新型的技术学院具有充足的财力得以正常运行。这在当时确实是一项意义极其重大的创举，成为美国这个典型的地方分权国家干预高等教育的范例，对后来美国乃至整个世界的教育行政管理都产生了极其深远的影响。

自20世纪80年代后，美国政府开始注重采用法律的形式进行间接调控管理，如美国制定并实施了关于技术转移的公共政策，促进了大学与工业界的互动以及联邦实验室与工业界的互动。以1980年《拜杜法案》《史蒂文森—威德勒技术创新法》，1982年《小企业技术创新进步法》，1984年《国家合作研究法》以及1996年《经济间谍法》等5部法案为支柱，美国构建了一个完整的技术转移法律体系，以间接调控官产学研的技术转移事项。

（二）激励式与合同式管理并行替代单一的合同式管理

在官产学研合作中，一些政府经历了合同式管理阶段。合同式管理曾发挥了重大作用，并一直沿用至今。如美国在第二次世界大战中，联邦政府通过签订研究合同的方式，将科学研究任务下放给大学或者企业。目前，在关乎国家重大创新战略、国家安全战略等方面，又产生了新的引导式、激励式的政策模式。

（三）知识产权管理替代无序溢出

专利制度是平衡私人利益与公众利益的一种折中方式，是合作竞争的知识形式。现今，美国已经建立一套完善的知识产权法律体系，如《专利法》、《商标法》、《版权法》等，其中较为特别的是《贝赫—多尔大学与小企业专利法案》，重点鼓励高等院校、研究机构与企业合作进行研发活动，促使研究成果商品化及产业化，规定在美国联邦政府资助下完成的研究成果和发明属于研究单位所有，联邦政府保留对科技成果的优先使用权。除此之外，美国还重视国际市场上对知识产权的保护，为三螺旋创新体系的运行营造了良好的知识产权保护环境，维护本国利益。日本也制定了一系列的知识产权保护法律，从不同角度对科技人员流动与技术转移，以及官产学研合作发展科学技术制定良好的大政方针。

（四）协调者角色替代主导者

在三螺旋创新体系运行初期，政府担当主导角色，随着合作的深入，政府把一些协调职能交给联盟,实现政府职能的转变。日本在21世纪初,为转变职能,推出"协调者"制度,规定由政府出资为大学组织产学研合作机构选聘"协调者",并委托专业化中介组织管理实施,这一措施将本来由政府管理的部分推向市场,政府退出直接干预,按市场规律办事。

(五)风险资本介入替代单一的政府资助

三螺旋创新体系初期,大学与企业或政府的合作采用按劳付酬的方式,界限分明。但是该模式下,融资渠道单一,大学资金紧缺,新兴企业也无法发展。1992年,以色列政府首次设立风险基金,并成立管理公司。采用直接提供资本的方式推动风险投资发展,撬动更多的资本支持科技创新,这是三螺旋创新体系运行的重要物质保障,也是政府科技创新管理重要的手段。

5.2.3 强化市场型政府是建设创业型大学的保障

如前文所述,三螺旋理论在我国的具体实践是以政府为主导的模式,但要真正发挥大学、政府和企业协同创新的作用,就必须科学地界定政府在创新体系中的行为和职能,充分让三个主体各司其职,激发最大的潜能。从西方发达国家经验分析来看,政府在大学发展过程中,直接干预的行为非常少,重点在于从供给、需求和环境保障等几个方面实施一些有利于大学参与社会经济发展的措施,促进大学科研成果转化。如美国早在20世纪初,政府就积极通过政策法规的引导,即时总结和推广辛辛那提大学的合作教育模式,到20世纪50年代,除联邦政府外,美国各州政府都出台一系列政策支持大学开展产学研合作,实现向创业型大学的转型。因此,我国政府在促进创业型大学建设方面的首要任务是理清政府与大学的关系,构建强化市场型的政府,最大限度下放大学自主经营管理权限;且应尽快完善产权保护体系,加大知识技术产权的保护力度,确保大学创新创业拥有良好的制度环境。

(一)赋予大学更大的自主权,以积极实践创业型大学建设

长期以来,政府全面把控国家教育权。尽管1998年通过的《高等教育法》,明确了大学与政府关系改革的走向,对教育改革与发展的各个方面进行了具体的规定。比如,高等教育实行国务院统一领导,国务院和省、自治区、直辖市人民政府两级管理体制;扩大省级政府对本行政区内高等教育事业的统筹协调权和对省属高等教育事业的管理权;加强国家教育行政部门对高等教

育宏观管理的权限,弱化其他管理部门管理高等教育的职权;明确调整现行高等学校行政隶属关系的走向。对于高等教育管理体制改革,《高等教育法》明确了改革的原则和方向,也就是将大学与政府的关系从法律上予以了导向。但是很多控制权依然掌握在政府机构,大学的自主性仍然很弱。在政府为大学放权的问题上,有两种倾向,一是政府不愿放权,认为把权力下放给大学后,政府可能陷入无事可做的状况。二是怕放权,担心把权力下放给大学后,大学不能很好地运用自主权,出现一放就乱的局面。

然而,创业型大学的建设需要大学自行制定发展战略,快速打通大学科研与市场之间的隔阂,使得信息传递有效、高速,才能使大学适应市场的变化,以此实现创业活动的成功。这些都需要大学拥有足够的办学自主权。因此,政府要实行分权化改革,将权力充分授予大学,以发挥其治理的积极性,强烈的绩效意识和自我经营的能力。

(二)打破官僚制,以促进大学管理的民主化

我国政府对学校的管理带有明显的官僚制科层组织模式。从政府角度看,层级组织导致的刻板僵化对市场经济、信息社会的变化很难作出迅速的反应,对公众日益增长的教育需求很难及时予以满足。从政府与社会的关系看,习惯控制模式的政府由于垄断了公共产品和公共服务的提供,不仅降低了政府公共服务的能力,而且使政府外的组织特别是教育中介组织面临萎缩。政府对高校的管理,不应再是自上而下的行政命令式,即"政府控制模式",而应该是"政府监督模式"。

首先在大学内部的管理上,应实行校务公开,这是实现高等教育治理的一个重要方面。吸纳教师、学生及社会各界人士参与学校事务,听取他们对学校的意见及要求,并接受他们的监督。如美国的全国大学教授联合会、日本的教师联合会、意大利的教授联合会等等;德国大学生联合会、英国的全国大学生联合会等学生团体的存在,表明学生也是一支推进大学改革的重要力量;美国著名的卡内基教育基金会、韩国的教师家长联合会等,正是社会力量参与高校的宏观决策、影响高等教育发展的比较典型的教育中介组织。

创业型大学是一个相对民主、高度治理的大学,这种模式才有可能激发全体教职人员勇于尝试创业,并且管理层能够重视来自教师与学生的意见,加快管理改革,以灵活的形态适应市场的快速变化,从而促进创业型大学的建设。

(三)建立政府与大学之间的合作伙伴关系

计划经济时代,政府是社会利益与需求的唯一合理的表达者和合法判断者,用国家需求替代了多样化的社会需求。因此,政府采用"批量生产"的方式来提供公共产品。在高等教育领域,从宏观决策到高校的课程设置都由政府决定,大学实际上成了政府的一个执行机构,对于社会和个人的需求反应迟钝。我国还存在较大的地域差别、城乡差别,即使在同一城市,也存在着社会差别,社会需求日益多元化,如果政府再依靠自己的单方意志,以统一模式来规划高校发展,显然有悖于时代的要求,更无法促使大学进行改革,向创业型大学转型。

5.2.4 对我国政府促进创业型大学建设的启示

(一)促进创业型大学的建设需要正确定位政府职能

我国台湾地区著名行政学教授张金鉴教授将政府的职能分为六种:"一是维护职能,即通过制定得到社会公众较为普遍认同的国家典章法令,建立、确定和巩固国家的政治意识形态、国家的基本社会制度、国家基本社会制度、国家主要价值规范和国家的法统。二是保卫职能,保卫国家和民族独立,保卫公民生命、财产和公民权利,维持社会秩序的职能。三是扶助职能,扶助各界公民、公民团体、工商组织均衡发展和扶助弱者生存的职能。四是管制职能,管制社会行为主体与国家公共权力主体的社会行为的职能。五是直接服务职能,即通过兴办各类公共事业,直接造福于国民的职能,六是运用各种可能的方式启发、诱导创新的意愿和积极性,促动、推进发展和进步的行为的职能。"[①]从美日等国政府在三螺旋创新体系中的职能定位看,其重点是通过各种激励政策,以推动者、引导者的身份,启发、诱导大学或产业界的创新行为,推动高新技术产业发展,推动科技成果转化,既创造经济利益,也为社会造福。同时,为创新提供直接服务、保护知识产权,监管违法行为等。

创业型大学的建设是三螺旋创新体系运行的重要一环,需要政府的支持与管理,包括履行保卫职能,提供完善的知识产权管理体系;履行发展职能,推动企业与大学的合作或联盟,促进科技成果转化;履行直接服务职能,为创业

---

① 张金鉴.行政学典范[M].台北:台湾地区行政学会,1992.

型大学发展提供信息或服务平台，建立开放实验室或合作研发中心等；履行扶助职能，通过产业政策、税收政策、信贷政策、财政政策等广泛的政策法规倾斜，扶持创业型大学的发展，等等。同时，完善市场机制，建立技术交易市场、高层次创新人才市场、风险投资及创业板市场、中小企业信贷市场等；以及完善法律法规，引导区域内知识、资本的横向流动和合理配置。

（二）创业型大学建设过程中政府干预需要有合理的界限

政府干预是各行政主体干预市场中最重要的一类，是基于市场在创新领域失灵而存在的。但政府干预并非无界限的，而是需要通过制定体现这种干预权限的经济法规来加以保障，并明确政府对市场干预的合理边界。沃尔夫[①]认为："政府官员也是'经济人'，政府干预通常带有主观性，再加上政府决策能力的有限性以及寻租行为的不可避免性等，都会导致政府失灵。"因而政府干预应当是适度的、受约束的，有一定范围的。

在创业型大学建设过程中，必须本着市场是核心、政府是补充的原则，让大学接受市场规律的检验，给予充分的自主权，应将干预的重点放在通过科技创新宏观规划，加强政策引导，以避免大学为单纯追求市场效益而陷入低层次或盲目性科学研究或科技创新。

5.3 创业型大学转型中的宏观策略研究
——以美国为例

5.3.1 重视引导与整合作用

美国政府主要通过适时制定一系列配套的政策法规、改革有关宏观管理体制和组织机制，来引导和整合各方面的创新要素，促进大学与产业界更加紧密地结合，不断提高国家的创新能力和国际竞争力。美国政府的这种引导和整合作用可谓贯穿于鼓励大学创新创业的不同发展阶段。从19世纪美国大学创新的萌芽时期开始，政府的有关政策法规就有力促进了大学的发展。在

---

① 查尔斯·沃尔夫.市场或政府[M].北京：中国发展出版社，1994.

20 世纪初期,美国产学研合作创新兴起的阶段,政府通过制定相关政策法规,及时总结和推广辛辛那提大学的合作教育模式。20 世纪 50 年代开始,以斯坦福大学前副校长特尔曼教授创建斯坦福大学科学园为标志,美国大学创新创业开始进入相对成熟和繁荣的时期。此外,除联邦政府外,美国各级地方政府的一系列政策支持在促进大学创新创业方面也发挥着越来越重要的引导和整合作用。

5.3.2 制定激励大学创新创业的财政税收政策

国家对大学创新创业所给予的财政支持一般包括直接支持与间接支持两个方面:一是直接支持,主要指政府对大学创新创业给予直接的财政补贴;二是间接支持,主要指政府给予税收等方面的优惠。美国对研究开发的财政政策主要表现为对研究开发支出的税收减免。联邦政府对于研究开发的税收刺激主要包括以下几个方面:一是对企业与大学合作研究开发活动给予相应的税收优惠和减免,包括跨国企业给予相应的税收配置,这种配置主要是针对由于各国的税率不同影响到研究开发的税后成本而言的;二是对大学与企业在研发过程中的设备投资给予一定的税收优惠,或对累进性的税收给予相应的优惠等等。

与此同时,政府对部分的研究开发也给予直接的财政补贴。这种财政补贴具有很强的选择性,一般涉及二三种类型的研发,包括大学基础性的研究以及政府自身所需能提高特定产业竞争力的项目的研究。其中,美国对基础研究十分重视,对基础研究投入的经费较多,约占政府支出的研究总经费的 50% 左右。这使得美国在基础研究方面具有很大的优势,占据世界的绝对领先地位。而基础研究的成果又为美国的大学和企业技术创新提供了必要的科学基础,成为美国技术进步的重要基石。此外,对政府需要项目的财政补贴,主要是涉及与军事和国防有关的项目。美国在半导体、计算机、航天工业等领域的迅速发展就是得益于军事技术的扩散。

另外,公共采购政策也是美国间接财政政策的重要内容,在美国大学的科研活动中起着非常重要的作用。美国政府的公共采购主要包括两个方面:涉及与公共事业有关的研究开发的公共采购以及与国防和军事工业有关的公共采购。公共采购政策在大学开展创业的初期尤其必要。从某种意义上讲,政府的采购活动以及相关的研究开发合同直接决定着技术进步的方向、速度与规模。政府在采购时强调的技术标准,对大学的技术创新有强烈的刺激作用。

5.3.3 制定发展科技园区与中介机构的政策

为了建设国家创新体系,促进内部各要素(如技术工艺、信息、人员培训等)的紧密联系,促进大学创新创业,各国政府都非常注重大学科技成果孵化、转化平台的建设。美国政府设立了专门的中介机构,这些中介机构是美国大学开展技术成果转化的枢纽,成为技术创新必不可少的一部分。一方面,这些机构聚集了有关技术创新成果的大量信息,并通过网络、传媒等渠道为大学的技术创新提供有效的信息资源;另一方面,这些中介机构接受政府的委托,对相关的技术创新计划的项目进行分析评估、管理监督,从而有效推动大学技术的创新。

同时,为推动大学技术成果转化,集聚创新资源要素,美国政府鼓励建设科技园区。科技园区已成为美国大学创业的重要推动力量。园区设有技术孵化机构,在技术研发的同时,将研发的成果及时转化为生产力。美国1980年通过的《技术创新法》对促进工业技术的开发与扩散,以及技术转让作出了一系列规定;1986年通过的《联邦技术转移法》允许联邦实验室的研究成果转让给私人工业,以便迅速实现商品化。这些政策法规,为美国大学向创业型大学转型创造了极其有利的外部环境。

5.3.4 制定重视基础研究的政策

美国是经济发达的国家,无论经济还是技术的发展一直都处于领先地位,因而技术的发展和创新往往凭借自身的力量,没有现成的经验可以借鉴,也不存在已有的技术可以引进。这些都从基础性的研究开始,也得益于美国有注重基础领域研究的传统。此外,在注重基础领域研究的同时,美国的教育政策同样注重应用型和高新技术领域的研究及人才的培养。这是市场起作用的必然结果,市场具有导向性的功能,它会使教育政策转移到具有丰厚的利益回报的应用型和高技术领域的研究上来。这种基础研究的导向,以及对创新创业人才培养的支持,为其建设创业型大学奠定了坚实的基础。

5.3.5 制定促进中小企业发展的政策

在政府的大力推动下,中小企业政策成为美国极力倡导的创业政策,有力地促进大学创建衍生公司。在美国,无论联邦政府还是地方政府,或其他非联邦政府机构都制订了相关的促进中小企业发展的政策。联邦政府为中小企业的发展提供税收和贷款方面的优惠,简化中小企业申请贷款的手续、缩短审批时间,使得中小企业的研发和技术创新有一个良好的环境;并专门设立管理局落实各种中小企业发展的政策。就美国地方政府以及其他非联邦机构而言,主要是支持和发展以培育小企业为主要职能的技术孵化器。这些孵化器极大促进大学通过创建衍生企业进行技术成果转化。

5.3.6 完整的技术转让法制体系

为鼓励大学科技成果转化,必须制定宽松的技术转让政策,调动大学、产业及小企业的积极性。美国在其《贝耶—多尔法案》中明确规定了联邦政府、大学和企业的权利和义务。联邦政府原则上将其出资的科技成果的知识产权交给大学,但有权保留涉及国家安全和敏感领域的科技成果的所有权。为维护国家利益,在无偿使用和开发政府出资的科技成果的过程中,有义务确保政府出资的科技成果得到有效的开发和利用。大学应向出资的联邦政府机构报告相关科技发明情况,将联邦政府出资开发的专利技术优先转让给小企业和参与资助的大企业,并定期向出资的联邦政府报告科技发明开发与利用情况。大学则有权通过专利制度获得联邦政府出资成果的转让收入,并与发明人分享。美国联邦政府对大学技术转让非常支持,不断地向大学提供巨额科研经费,大学的科研经费60%来自联邦政府;联邦政府还始终保持与大学的科技合作联系,并向大学推荐和提供最先进的研究设备,不断改善大学的研究条件。这为大学夯实其科研基础,不断积累有利于向创业型大学转型的科研实力创造有利条件。

5.4 我国政府促进创业型大学建设的策略保障

根据三螺旋理论,大学、政府与企业形成一个紧密联系、相互依赖、相互作用的共同体,以推动社会经济的发展。这就意味着创业型大学的建设与发展不可能独立于其他两个主体,必然离不开政府、企业、金融机构、中介机构等外部力量的支持。而政府作为我国创新体系的主导者,以及大学向创业型大学转型的推动者，有责任联合其他外部力量，为创业型大学建设创造一个高效运行的外围协作机制，以确保创业型大学建设目标顺利实现，充分发挥大学在创新体系中的重要作用。

如第四章所述，我国政府现阶段必然成为"三螺旋"创新体系中的主导者。政府在我国创业型大学建设中扮演着重要的推动者角色，特别是其政策引导作用，是大学知识溢出的促进力量。创业型大学要借助于政府的制度创新、政策规范、科技规划、资金投入等方面的有利资源，以加快"产学研"合作之路。政府作为主导者，应从以下几方面积极完善政策措施，以为创业型大学成功转型营造良好的宏观环境：

5.4.1 准确定位政府角色，积极扶持大学向创业型大学的转型

服务区域经济社会发展已成为当前我国大学的重要职能。大学作为知识经济的生产力要素，在新知识、新技术来源的重要地位日益凸显。大学为增强服务能力应通过加强与政府和企业关系，形成一个三螺旋机制，建立创业型大学体系，实现以知识为基础的区域经济的发展目标[①]。十八大报告指出："鼓励多渠道多形式就业，促进创业带动就业。加强职业技能培训，提升劳动者就业创业能力，增强就业稳定性。"把鼓励创业、支持创业摆到就业工作更加突出的位置。创业教育与大学生就业的关系变得越来越密切。政府相关部门应引导大学毕业生充分认识创业本身就是就业，发挥大学生思维敏捷、市场适应能力强、具有创造热情和创造潜力等优势，通过创业实现就业、带动就业。

当前，政府需要引导和鼓励大学向创业型大学转型，同时政府角色需要从"供给者"转变为"协助者"，最终成为真正的"服务者"。政府可优先资助符合国家发展战略需求的项目，要求大学进一步提升服务国家战略需求的能力。同时政府可从无偿资助演变到贷款、税收、土地等多种方式的资助，强化大学与政府、社会的广泛联系。资助大学方式的多样性能有效刺激大学的市场化或类市场化行为，特别是大学在努力获取所必需的研究资金过程中可以逐步向创业型大学转型。政府需要制定支持大学创新创业的战略方针，为创新创业指明方向，为创业型大学转型提供外部机制保障。只有确立了创新创业的

---

① BRAUNERHJELM, Academic entrepreneurship: social norms, university culture and policies[J]. science and public policy, 2007, 11: 619-631.

战略方针与目标,大学才能有具体的创业规划与行动,并有效利用政府、学界与企业的相关创业资源,不断提高创新创业能力。

5.4.2 保持政府引导与大学自主权的平衡

大学的建设有赖于政府的支持,同时又需要高度的自治和自由,保持政治权力、行政权力与学术权力的适当平衡,才能充分调动大学和大学教师的积极性、主动性和创造性。我国高等教育法虽然赋予了大学一定的办学自主权,但至今政府的控制和干预仍然相当广泛深入,大学内部官本位、政治和行政权力过大的现象相当普遍。创业型大学的建设为高等教育发展指出了一条新的道路,有助于大学打破传统思维局限,呈现更富创造性的突破,促进高等教育多样化的发展。强调高等教育多样化的意义不仅是支持多种类型高等教育机构的建设发展,而且在于鼓励各类院校也要从本身的历史传统、文化氛围、地域特色,以及师生构成等现实状况出发,谋求适合于自身的转型路径。创业型大学结合时代背景,选择新的路径,即走出"象牙塔",回应国家战略利益和社会发展需求,在接近市场的同时,保持市场化的底线;在体现"官"、"产"部分特征与功能的同时,又保持相对独立的身份,坚持学术的创新与创业的发展应为当地的经济、社会发展服务,并通过为经济和社会发展服务获得报酬。

大学向创业型大学顺利有效转型需要在科研等方面保持一定的自主性。"创业型大学是积极寻找摆脱政府严格管制和部门的严格标准的过程。它们为寻找特殊的组织实体而积极地表现出与众不同;且在市场中寻找机会,它们有一种坚定的信念,与其冒险单一地保持大学的传统形式与实践,还不如冒险进行一些大学特征的尝试性的变革"[1]。高校要完全吸纳创业管理模式,则必须在更大程度上争取办学自主权。高校创业管理要求高校拥有自主识别机会、自行决定获取资源的渠道和方式以及自我把握行动的方针和准则[2]。大学虽需要带着自身的灵魂走出"象牙塔",但在与社会接触的过程中,并不需要对强加的所有要求做出回应,而是应该在充分考虑自身目标的前提下,有选择地进行知识转化活动[3]。

---

[1] 伯顿·克拉克著,王承绪译.建立创业型大学:组织上转型的途径[M].北京:人民教育出版社,2003:2.
[2] 刘叶.建立创业型大学:管理上转型的路径[D].武汉:华中科技大学,2010:73.
[3] 徐小洲,胡瑞.英国高校创业教育新政策[N].科学时报,2010-11-30.

另外，要保障大学向创业型大学顺利有效转型，必须给予充分的自主权，使其能够制定出更符合自身实际需要的战略目标、发展规划以及政策制度等，以确保其有效实施。近年来，我国对高等教育管理体制进行了改革，逐步实现了中央和地方两级管理，以地方统筹为主，政府统筹规划宏观管理，学校面向社会自主办学的新体制。更多自主不是自由放任，也并非完全放弃对高校的问责监督，而是要求大学从对政府的完全依附中解脱出来，形成面向社会、自我发展和独立运作的高效有序的组织。在尊重高等教育发展规律的基础上，激发出大学内在的活力和生命力，主动适应社会需求、回应公众要求，最大化最优化地利用各类资源激发出变革求新的精神，而不只是被动顺应外部世界，真正走上创业发展之路。

5.4.3 制定财政支持政策

政府应该为大学转型创建适合创业的政策环境。斯坦福大学、麻省理工学院等大学成功转型为创业型大学，在很大程度上获益于《贝耶—多尔法案》等相关政策的实施。我国政府对大学的创业行为给予政策支持，是我国大学向创业型大学转型的重要外部保障。

当前，为顺利有效保障高校向创业型大学转型，需要完善政府分类拨款和资源配置制度。对高校进行分类管理，将高校分为非营利性与营利性两种类型，构建高等教育管理体系。政府以分类为依据对不同高校进行规范管理。同时，设计高校分类框架与评价体系，省级教育主管部门按照高等教育发展的实际情况以及不同层次的高校的功能定位学科门类设置等，明确不同层次高校的职责与分工，激励各级各类高校按照分类指导框架科学定位，凝练办学特色，实现多样化发展。

创业型大学虽然融资渠道众多，但是政府的财政投入依旧具有重要的保障作用。目前我国明确提出建设创业型大学的高校大多属于地方院校，在行政隶属关系上是"省市共管，以市为主"，在出资方式上绝大部分是"公立"性质。对"公立"性质的高校，提供财政支持地方政府责无旁贷。但是对待创业型大学，地方政府应提供最基本的"保工资"式的支持。其他的如基础设施建设、科研投入等，可以由学校积极发挥其创业型大学的优势，运用众多的融资渠道进行自筹。如英国政府对创业资金使用的政策导向是使其流向所有学校的所有专业，鼓励企业、社会团体和大学依据不同资金来源设立支持性创业项目，促进资金使用流向的多元化，使创业资金来源及使用流向多元化格局初步形成[①]。

5.4.4 制定合理科学的科技发展规划，加大力度扶持技术创新

政府作为创新体系的主要组织者，必须制定国家科技发展的战略规划，并引导学术界与企业界联合起来，形成利益共同体。对此，世界各国都有相应的政策措施，美国作为典型的自由市场经济国家，同样离不开科技战略规划，强调创建国家创新平台，加大投入力度，如1998年发布了《开启未来：迈向新的国家科学政策》、《走向全球——美国创新的新政策》等一系列科技规划。说明了国家在科技创新规划中的重要引导作用。

创业型大学以产学研合作为服务社会的重要平台，以科研成果转移为服务社会的重要手段，但是仅凭借其力量来推动与企业界的联合，显然力量单薄，且成效不佳。这需要政府在科技中长期发展规划的基础上，有针对性地出台促进产学研合作，重点是促进科技成果转化的政策。我国现有的科技政策较多针对推动学界科技创新并积极转化成果，如《关于以高新技术成果出资入股若干问题的规定》、《关于充分发挥高等学校科技创新作用的若干意见》等政策，同时实施了不少大型的科技计划，如国家星火计划、国家火炬计划、国家工程（技术）研究中心建设计划、产学研联合开发工程计划等等。这些措施在一定程度上为创业型大学开展科研成果转化提供了依据，也创造了较为良好的环境，但是缺乏系统性。例如大学科研团队与科研成果之间的所属关系并不明确，一般而言大学的科研成果归属大学所有，科研人员并不占有，如何在现有科研管理体制下，鼓励科研人员积极参与技术成果转化是一个难题；并且公立大学作为国有资产的管理者并不是所有者，科研成果最终的收益处置权并不归大学所有，这些问题都是阻碍大学积极进行科研成果转化的因素。因此，政府应加快科研成果收益处置权的下放，系统性、全面性地支持创业型大学发展。

---

① 何建坤,周立,张继红等.研究型大学技术转移——模式研究与实证分析[M].北京:清华大学出版社,2007.

5.4.5 设立专门协调"官产学研"的机构，促进大学－政府－企业三方的合作

政府设立专门的"官产学研"协调机构，如产学研合作指导中心或协调办公室等，从而真正推动产学研合作项目的落实。比如日本成立专门部门，设立政府与大学之间的联络制，美国联邦政府也成立了国家科学基金会，专门资助基础研究项目，同时促进高校与工业企业及政府部门之间的联系，提高成果的应用效率。我国科技部也具有类似的职能，但是在推动大学－政府－企业之间合作的力度不够，特别是我国地域广阔，各地区发展不均衡，地方科技部门更愿意重视短期能够出 GDP 的项目，如引进成熟的技术，但对于自主创新体系的搭建并不热衷。根源在于这需要长时间的积累与投入，且短期内无法立即见效，再加上地方政府给予的预算少之又少，重视程度低，这些因素严重阻碍了政府主导推动作用的发挥，也降低了大学参与产学研的积极性。对此，政府科技管理部门应在注重引进消化吸收再创新的同时，要逐步加大自主创新的投入，真正发挥主导推动作用，促进大学－政府－企业三方的密切合作，为创业型大学发展创造有利的外部环境。

5.4.6 设立专项资金，引导风险投资者支持创业型大学建设

政府专项资金是高校开展科技成果转化，向创业型大学转型的重要资金来源之一，特别是通过设立母基金引导各种创业风险资本进入高校创业项目，支持技术研发和创新，是降低初创技术型企业风险、提高孵化成功率的重要途径。具体可采取以下方式：一是设立种子资金，即为政府在评估确定某些具有较大市场潜在价值的研究成果后，为其提供一定量的创业资金支持，并向社会公布创业项目，并制定税收、金融优惠政策，或对风险投资者提供融资担保，或补贴风险投资者损失等方式吸引风险投资者参与项目孵化。二是政府采购政策支持，针对高校创业项目孵化出的衍生企业，可通过政府采购政策优先支持其发展，减少风险投资者的投资风险，提高其支持高校技术成果转化的积极性。

5.4.7 完善大学评价体系,将高校创业教育纳入评估体系

大学创业能力是反映创业型大学建设发展情况的重要指标,将创业教育纳入评估体系,能更好地推进创业型大学的建设与创新创业型人才的培养。创业教育评估是高校实施创业教育,对大学生的创业意识、创业技能和创业精神的培养和提高程度以及其社会价值的实现等方面做出判断的过程[①]。Vesper and Gartner 认为,应从以下七个主要维度评估创业教育计划:提供的课程、教员发表的论文和著作、对社会的影响力、校友的成就、创业教育项目自身的创新、校友创建新企业情况、外部学术联系(包括举办创业领域的重要学术会议和出版学术期刊)[②]。

我国应充分借鉴国外先进经验,构建多层次的创业教育教学督导与评估平台,促进高校创业教育教学研究的发展。教育部门应加大对大学教育内容和教育方式的创新,不断培养学生的创新能力和创业能力;完善高等教育评估政策,尊重学生的自主权,不断激发学生运用知识的动力和自信;把高校毕业生就业率、创业率纳入评估体系,学生奖学金的发放应优先并重点考虑其创新能力和实践能力,形成以就业创业创新为导向的培养模式;强化对大学生的就业指导,把高校毕业生就业指导纳入教学总体规划,积极开展就业创业教育和各类实用技能技术培训,增强大学生就业创业本领。

5.4.8 建立健全的知识产权保障体系

政府需要通过加强科技立法来保护知识产权,鼓励和加强产学研合作来促进大学走"官产学研"合作的发展道路。1980 年以来,美国国会先后通过《贝多法案》、《联邦技术转移法》等一系列法案来保障与推进产学研合作,其中《贝多法案》对美国创业型大学的成长起了关键性的作用。该法案是美国专利法的一次根本性的变革,它改变了政府资助的研究成果的归属权问题。法案规定,政府在小型商社、大学和其他非营利实体中资助的发明,发明权归这些实体所有,而不归政府所有。这实际上是间接地资助了大学,奖励给它们由联

---

① 王辉.中国大学创业教育研究现状、问题与对策[J].高教发展与评估,2005(6):16—18.
② VESPER, H.GARTNER B."Measuring Progress in Entrepreneurship Education"[J].Journal of Business Venturing,1997,12(5):403—421.

邦政府资助的研究所获得的知识产权,各方面的积极性都被调动起来。从20世纪90年代开始,英国政府为适应大学生创业教育环境的变化,在全国范围内形成创业文化、在高收入国家群体中争取创业教育比较优势,出台了包括《全国大学生创业教育黄皮书》(NCGE)在内的政策文件、执行报告、调查评估报告20余项。其中为了强调与突出产学研合作过程中知识的储存、转移和流动方面的重要性,英国工业和贸易部发表了《英国的国家创新系统》。2007年又公布了由NCGE学术顾问艾伦·吉伯教授起草的《朝着创业型大学发展》的政策文件,该文件指出创业型大学给予那些能够鼓励学生创业,并为在校生和毕业生创业提供创业机遇、创业实践以及创业文化环境的大学界定[①]。为加强产学研合作,日本政府制订了《经济结构的变革与创造行动计划》《教育改革计划》,加拿大联邦政府发布了《面向新世纪的科学技术：一种联邦战略》,德国政府出台了《专利法》《版权法》《科学技术法》等法律。这些法律法规的出台为产学研提供强劲的国家保护。

在现阶段,为加强我国高校地方化的官产学研合作,政府要借鉴国外的一些相关经验,加强制度建设,保障制度供给,使大学的产学合作走向规范化、法制化的发展轨道[②]。《教育部关于全面提高高等教育质量的若干意见》中提到加强创新创业教育和就业指导服务,把创新创业教育贯穿人才培养全过程。政府应创建适于创业型大学建设的政策环境,借鉴美国等发达国家的成功经验,进一步完善产学合作机制以及知识产权管理相关的制度和法律法规,以为大学与企业的合作,以及科技成果转化创造有力的法律保障环境。

5.5 本章小结

本章从宏观层面——政府的行为与职能变迁角度探讨促进创业型大学建设的策略。首先从三螺旋中政府主体行为的模式分析入手,分析政府干预型及自由市场化型两种模式的区别,并以美日韩等国政府在三螺旋创新体系建设中政府职能转变的经验为例,为我国政府如何促进创业型大学建设提供一

---

① 徐小洲,胡瑞.英国高校创业教育新政策[N].科学时报,2010-11-30.
② 林学军.基于三重螺旋创新理论模型的创新体系研究[M].广州:暨南大学出版社,2010:20,131-132.

些参考。其次以美国政府促进创业型大学发展的政策措施为经验,分析其在财政支持、鼓励发展中介组织、重视基础科学研究以及知识产权保护体系搭建等方面的具体措施,为我国政府政策制定提供借鉴。最后从下放大学自主权、财政、科技政策、风险投资机制、法律法规等方面提出我国政府在宏观层面促进创业型大学建设的策略保障。

第 6 章

大学的经营管理转型与经营能力提升

——创业型大学转型中观层面策略研究

在向创业型大学转型过程中,大学自身起着至关重要的作用。大学经营管理转型是传统大学向创业型大学成功跨越的必然选择。本章以中观层面的大学经营管理转型为切入点,分析现有新型的经营管理理念——创业管理的相关内容,以解释高校创业管理的内涵、要素等,并构建创业型大学经营管理理论模型,继而引出经营管理转型相关策略,如重塑管理者思维、构建产学研合作机制等,进而探讨如何保障经营管理转型,分析建设创业型大学过程中的冲突管理、风险管理。

6.1 大学经营管理转型

6.1.1 经营管理内涵

理论界最早对经营管理思想进行系统性阐述的是法约尔(Henri Fayol),他认为经营是"引导一个总体趋向一个目标",而管理则是"为实现这个目标开展一种总体上的筹划与管理活动"。在我国,《辞源》将"经"解释为度量、筹划,《诗·大雅·灵台》里的"经始灵台,经之营之",又有治理的含义。因此,从广义上看,经营包含了筹划、谋划,并组织管理。而从经济学角度看,经营为狭隘的定义,即对企业的经营管理,它研究和解决的主要问题是企业的发展方向、发展定位、发展战略问题,具有全局性和长远性。① 可见,经营的本质是通过最有效的方式,充分利用稀缺资源,以实现组织既定的目标。

目前,经营与管理已成为一个整体理念,它是指在一个企业内为使生产、营业、劳动力、财务等各种业务,能让经营目的顺利执行、有效地调整而所进行的系列管理、运营之努力。由此可见,经营管理是企业对外、对内各种运营的综合,经营是企业根据市场环境变化,满足市场需求,从外部获取资源及建立影响力,追求效益;管理则是对内部资源整合和建立秩序,使企业能井然有序运作,追求效率。从其具体职能看,包含了制定战略及实施计划,面对多变的市场环境进行决策以扬长避短,开发满足市场需要的人、财、物等资源,资金筹集及高效运作等。从具体任务上看,经营管理需要做好市场调查以确定经营方针;编制经营计划书;设置匹配经营目标的管理机构,并配合适的管理人员;建立高效运行所需的管理制度以明确各方责任;做好销售管理及财务管理等等。

6.1.2 大学经营管理

学术性和公益性是大学的客观属性。大学产生之初是一个"学者社团"概念,学术性是其存在根本,而教书育人、科学研究和服务社会等职能则围绕着学术性开展的。高等院校的公益性从中世纪便已存在,职能是知识传递及培养人才,美国早期的"赠地学院"提出另一个职能是服务社会,这三个职能都充分体现高等院校的公益性。

随着高等教育市场化发展,作为市场经济系统中的主体,大学逐渐具有了企业的特征,成为"兼有营利性特征的非营利性公共事业性组织"。② 我国教育法也明确规定:"学校及其他教育机构具备法人条件的,自批准设立或者登记注册之日起取得法人资格。学校及其他教育机构在民事活动中依法享有民事权利。"再者,世界各国大学不同程度上都面临着政府拨款日益减少,高等教育竞争日益激烈及知识经济的兴起,大学对通过合理的经营管理获得长久、持续发展所需资源的诉求日益迫切。而大学组织特性的改变及现实发展的需要,都具备了引进经营管理理念的条件。从此经营管理理念也逐步被引入至

---

① 李善民,潘玉恒.经营经济学[M].北京:中国人民大学出版社,2004:3.
② 催建华.大学组织与企业、政府组织特性比较分析[J].黑龙江高教研究,2009(4):12—15.

高等教育领域,以满足教育市场化对大学适应外部环境的要求。

最早实践大学经营管理的是英美大学,英国沃里克大学是成功的典范之一。1965年,沃里克大学尝试将企业经营理念与精神引入大学建设中,学校借用企业的谋划与运筹及管理,追求效益与效率,由此敏锐地捕捉到市场机遇,一跃成为知名大学;1996年共在英国大学基金会的全英大学评估报告中位居第四,2000年在英国高等教育质量控制署公布的全英高等教育质量评估报告中与牛津并列第四名。

大学的经营管理同样可以从校外与校内两部分解释。大学内部组织属于管理层面,管理的对象是有形与无形资产,包括财务管理、研发单位管理、院系组织结构设定、各方面管理制度等;大学对外的部分则属于经营层面,包括建立大学品牌、技术咨询、技术转移等。大学对外的经营与管理相互渗透,密不可分,没有管理做基础,大学对外经营活动难以长久、持续地获得经济效益、建立影响力;不讲究经营效益或没有经营思维的管理,只是为管理而管理,最终使得组织僵化、丧失发展动力。

6.2 经营管理变革是向创业型大学转型的必经历程

从欧美及其他国家的创业型大学转型经验,不难看出创业型大学是以创业取向为根本特征,以创业活动为核心目标。虽然具体到每所大学,因各自不同的发展阶段及实际情况不同,在引导创业行为的策略方面必然有所不同,也就是说在创业型大学实际转型中,并非每个大学的创业行为都会遵循一套固定的流程与模式,但根据学者库尔特·卢因(Kurt Lewin)的改变组织现状三步走策略:"解冻、变革、再解冻",[①]大学要建立以创业取向的实践理念,必然在创业机会、目标及成效等因素引导下,通过重新整合现有组织资源,破除大学原有的运行惰性,形成新的、适合创业实践的组织结构、组织制度等,以确保创业型大学转型后的状态稳定与可持续发展。反过来说,组织经营管理变革是建立创业型大学必然的一环。

克拉克也指出大学转型路径应视为一个持续进行的过程,而非终点,整个

---

① 斯蒂芬·P.罗宾斯.管理学[M].(第11版).北京:中国人民大学出版社,2013:148.

过程需要持续变革动力。这种维持转型后持续变革的动力需要组织经营管理变革作为保证,最后实现创业型大学转型的某种稳定状态。① 学者 Scott Andrew Shane 在《Academic Entrepreneurship: University Spinoffs And Wealth Creation》②一书中则以创业实践这个较为微观角度确定经营管理变革在固化创业实践理念的作用(如图 6-1 所示),总体概括起来包含了八个步骤:一是大学需要从治理理念、社会变化、市场环境中探寻创业方向;二是从收集的信息、交流所得的认知、价值判断等过程中获取一些较为可行的创业机会;三是从大学各主体包括经营者、教师、学生等的心理及非心理因素,以及企业环境、宏观政策等方面整合共识,确定创业开发;四是从现有财政及可能获得的投资,确定各种有利创业的资源;五是从自身核心竞争力下手,架构大学创业策略;六是规划创业流程,使得转型后的组织设置、运行模式等能够固化支撑创业策略执行;七是以大学创业流程、技术转移流程和价值利益等管理中经营大学,实现大学经营管理的真正变革;八是从社会效益及大学非营利性质角度重新评估创业绩效,对成果反思与反省,大学毕竟不同于企业,它具有其特有的社会使命,创业实践不能瓦解大学真正的精神。从创业行为在创业型大学建设中的作用看,创业行为实践的历程在某种程度上就是创业型大学转型的微观路径。

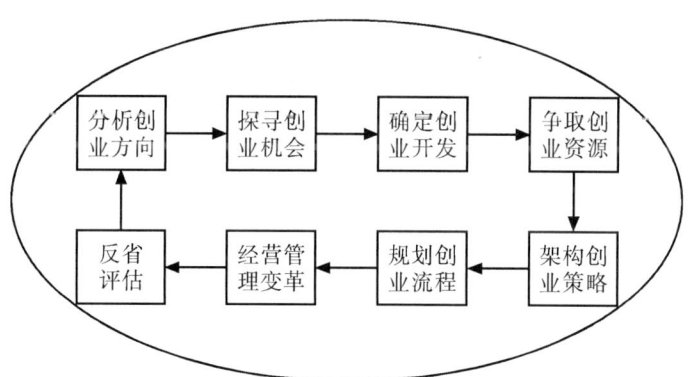

图 6-1 大学创业行为实践历程

---

① CLARK B.R.Delineating the character of the entrepreneurial university[J].Higher Education policy,2004 (17):355—370.

② SHANE. Academic Entrepreneurship: University Spinoffs and Wealth Creation [M].Northampton:Edward Elgar Publishing,2004.

综上所述,大学经营管理变革是构建创业型大学形成机理主要因素的重要手段,是创业型大学建设必经之路。只有通过经营管理变革建立创新的组织结构、各种与外界长效的联系机制、高效的技术转移流程、创业激励政策、创新创业文化等,才能真正将创业型大学的战略目标予以落地,并保障创业型大学转型后的持续状态。

6.3 高校新型经营管理模式
——创业管理的兴起

面对高等教育市场化及新型的创业型大学发展趋势,高校被推向了竞争激烈的生存环境中,并开始"创业谋求长远发展的征程"。但高校自身的传统历史使命并不是直接丢掉,而是应把创业根植于传统的教学与研究职能之中,以发挥竞争优势,实现可持续发展。这反映在高校管理上,除重视知识、技术等方面创新外,更要把科研成果转化为现实生产力,把学生培养成社会所需的具有创业精神及能力的人才,从而实现从创新到创业的过程。但创业过程必然面对各种错综复杂的环境,需要学校通过管理,提高自身对环境的适应及反应能力。因此,在研究高校创业管理之前,明确创业管理与创新管理、战略管理的关系,对高校经营管理转型有着重要的作用。

6.3.1 创业管理

"创业"的本质是由价值的机会与具有创业精神的个体的结合,只要是为实现特定价值而抓住机遇整合资源的冒险行为或过程都被认为是创业。① 创业管理是对于"面对众多不确定因素和风险性,创业能否管理"问题的回答。从创业本质看,创业是可以被管理,且应该进行管理的,需要有效地整合资源,以预测可能的风险,并控制在一定范围内,从而达到能更好地抓住机会实现特定价值的目的。随着创业实践的深入,创业管理已成为新型的管理范式。创业学大师杰弗里·蒂蒙斯将创业管理定义为在面对不确定环境下,寻找有效

---

① 威廉·A.萨尔曼,霍华德·H.史蒂文森,迈克·J.罗伯特等.创业管理[M].(第二版)郭武文,译.北京:中国人民大学出版社,2005:5.

的资源整合方式,最大限度降低风险,以使得创业各阶段能顺利开展的管理过程。①他所阐述的创业过程模型高度概括了创业过程管理必须面对和协调的各种主要因素和要素,同时探索如何通过协调内外部不确定环境因素使得创业要素之间能够达到有效协作的平衡状态,从而最终实现价值。具体来看,首先创业的发生是多种驱动力共同作用的结果,最为核心的驱动力是价值创造的追求,是受商机驱动而非资源驱动。一旦识别了某种商机,就需要建立与该商机需求相匹配的团队素质和结构以及资源控制能力,如果没有匹配的团队和资源,很难成功地抓住机遇,说明了商机识别、团队组建和资源整合三者之间需要达到某种平衡,才能实现价值创造的目的。整个创业管理过程是以商机为中心的资源匹配的过程,但因太多不确定性因素的存在以及模糊的资本市场环境,这同时也是一个不断与外部环境进行互动与沟通的过程,具体过程如图 6-2 所示。

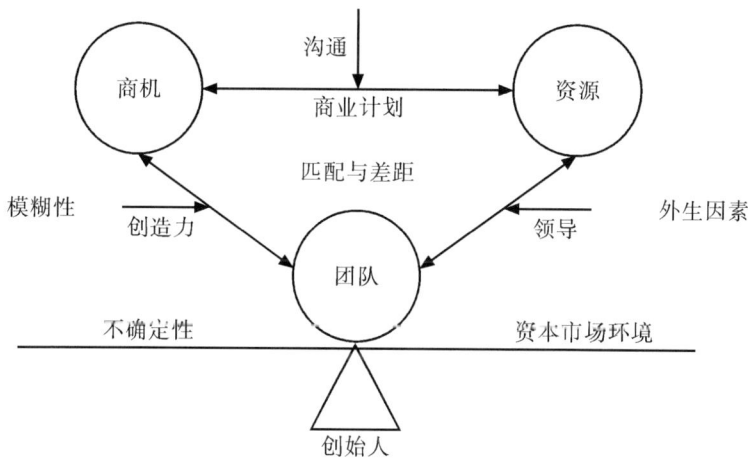

图 6-2　杰弗里·蒂蒙斯创业过程模型

虽然蒂蒙斯模型较为详细地揭示了创业管理本质和规律,但是企业创业管理研究结果是否适用于非营利性组织尚未有明确的结论。在此基础上,萨尔曼进一步研究了非营利性组织的创业特征及其所认定的创业价值,如慈善基金会、环境保护组织等,这类组织存在的意义非追求利润最大化,更在于实现社会价值,由此他得出了非营利性组织创业管理的资源与价值的关系与创

---

① 杰弗里·蒂蒙斯,小斯蒂芬·斯皮内利.创业学[M].周伟民,吕长春译.北京:人民邮电出版社,2005:13.

业价值三者之间的特殊性。中国创业学学者张玉利则深入研究了各类组织创业特征,并给出了适合所有组织的一切创业行为的创业管理定义:创业管理是以环境的动态性与不确性以及环境的复杂性与异质性为假设,以发现和识别机会为起点,以创新、超前认知与行动,勇于承担风险等为主要特征,以创造新事业的活动为研究对象,研究不同层次事业的创业为主要内容,以心理学、经济学、管理学和社会学等为研究工具,研究创业活动内在规律的科学体系。①

综合来看,虽然目前"创业管理"的定义尚未统一,但是其所体现出的某些共性特征及涉及范围已经达成共识,包括:(1)创业管理的外部环境是不确定、复杂及模糊的;(2)创业管理是需要把握未来发展趋势,并摸索前进,是一个充满了冒险的过程,需要有极坚强的创业精神;(3)创业型组织结构是扁平松散且灵活的,并不是等级森严的科层结构;(4)创业管理核心要素是机会、团队和资源;(5)创业管理属于创新过程的特殊形式;(6)不同类型组织及发展阶段的创业管理具有不同方式,具有较强的组织特性。

6.3.2 创新管理、战略管理与创业管理的关系

(一)创新管理

创新管理源于西方,并随着人们对其本质认知的日益清晰,逐渐形成较为成熟的创新管理理论。国外研究创新管理理论的代表者是 Ray Stata,他首次提出创新可以被管理的理念,并将其与产品创新和流程创新区别开来,认为这是日本能够快速发展的秘诀所在。英国布莱顿大学创新管理中心的凯思·帕维特等人则认为"创新管理是一种学习的能力。尽管创新过程中存在不确定性和明显的随机性,但找到一种潜在的成功模式还是有可能的。并不是每次创新都会以失败告终,很多公司和个人都已经找到有效相应和管理创新的方式,虽然这些不是严格的规律,但至少创新获得成功的概率可以得到改善。因此,将创新的过程看作一个管理问题是很重要的,从某种意义上讲,我们还需要做出有关资源、资源配置和资源协调的选择。可以说,创新是可以管理

---

① 张玉利.新经济时代的创业与管理变革[J].外国经济与管理,2005(1):2.

的。"①随着创新管理研究的深入,理论的应用也从企业拓展到了社会各个组织管理中,渗透到各个领域,高校组织也同样使用这一创新管理理论。从众多学者关于创新管理研究可以概括一个成功的创新管理过程应包含三个方面:一是需要用战略的眼光看待创新管理问题;二是需要匹配有效的管理机制和结构,即需要开展适合创新管理的组织变革,为创新创造一个宽松、支持性的组织环境;三是与外部建立长效的联系机制。由此可见,"创新管理是一个通过组织变革和机制创新刺激有潜力的创意产生并使之应用于实践的过程。"②具体来看,创新管理应是通过一种能够更高效地实现资源整合的范式,以服务组织目标的全过程管理,内容上至少应有:(1)有某些新的运行思路,并形成初步、具有一定操作性的计划;(2)论证、修改计划,并探讨实施所需的资源,重新设置一个适合的组织结构,实现高效运行;(3)发明或引进新的技术,支持创新目标的实现;(4)匹配新的组织结构,引入新的管理方式;(5)通过设立新的制度巩固成果,规范化创新管理全过程。

(二)战略管理

战略一词源于军事与外交领域,是在对抗情况下,为能够克敌制胜,事先设计的策略与实施计划。在我国兵法中,战略是指将帅的智谋,在古希腊亦有同样的含义,后来古希腊将战略衍生为指挥军队的科学和艺术。随着和平时代的应用,战略更多是在市场经济竞争中,组织为取得更多竞争优势或保住优势地位而制定的各种规划,是面向未来的谋划。

1972年,学者安索夫出版《战略管理概念》一书,战略管理理论开始发展并逐步完善起来,目前已经较为成熟。当前无论是营利性或非营利性组织均重视战略管理,以确保组织在各自领域能够长久制胜。安索夫认为:"组织高层管理者为保证组织的持续生存和发展,通过对组织外部环境与内部条件的分析,对组织全部活动所进行的根本性和长远性的规划和指导。"此后,他又进一步阐述战略管理在经营管理中的地位,指出:"战略管理是面向未来的不确定性,动态地、连续地完成从决策到实现的过程,是经营管理的高级别的呈现,

---

① 玖·笛德,约翰·本珊特,凯思·帕维特.创新管理:技术变革、市场变革、组织变革的整合[M].金马工作室译.北京:清华大学出版社,2004:51.
② 玖·笛德,约翰·本珊特,凯思·帕维特著.创新管理:技术变革、市场变革、组织变革的整合[M].金马工作室译.北京:清华大学出版社,2004:73.

能够给予组织发展方向的引领,使得组织各项计划的实施具有长远的目标性。"[1]可见战略管理是一种分析问题和解决问题的系统性思路,以在确定"做正确的事情"之后,才能"高效地正确做事情",且战略管理整个过程可分为三个阶段:一是制定战略,包括分析与选择战略。一般而言需要通过分析组织内外部环境,确定组织的优劣势,然后在对未来趋势研判的基础上,扬长避短,选择某一有利于组织取得竞争优势的战略。二是实施战略方案。战略要成为摸得着、看得到、可执行的目标,需要将抽象化的战略方案提取出具体的组织目标,并根据目标设计不同阶段的实际行动计划,再通过整合资源,调整组织结构,以实现目标的动态过程。三是评估战略。评估或评价需要贯穿战略实施的整个过程,不断修正实际结果与预期产出之间的关系,并做好应对内外部环境变化的准备,及时调整策略,使得大战略目标能够最终实现。

(三)三者关系

从上文对创业管理、创新管理及战略管理的分析,可以看出三者之间有某些部分存在交叉重叠,这也是为何现实使用中,容易造成三者混淆的原因。明确三者关系,确定适用范围,对高校在建设创业型大学中进行经营管理转型具有重要的意义。

首先,三种管理模式的诞生背景不同。管理模式的诞生与其所处的时代背景有极大的关联,是其产生的根源,因为任何一个时期管理变革都是为适应环境变化而开展的。从变革时间与缘由看,创新管理是为了适应20世纪60年代工业革命竞争中技术创新的需要,是对传统科学管理的继承与发展。以泰勒为代表的传统科学管理是适应当时技术水平的需要,当技术创新成为制胜的法宝后,韦伯经典的科层管理成为创新的最大制约因素,因此创新管理应运而生,以致力于提高组织创新能力。而战略管理虽发源于古代战争,但是真正形成系统性理论是面对竞争更为激烈的全球化时代,组织要获得可持续发展的能力,离不开"做正确的事情",否则很快将会被淘汰。可见,创新管理与战略管理的产生都是为了应对各种竞争环境变化而开展的管理变革。但两者产生所要解决的问题不同,创新管理是为了解决组织内创新环境不足的问题,以刺激技术创新,从而提高组织竞争力,而战略管理是要解决组织面对未来发展趋势需要做什么及怎么做的问题,以保持组织的竞争优势,实现可持续发展,也就是说创新管理是对组织现在的管理,战略是对组织未来的管理。二者

---

[1] 安索夫·伊戈尔著,邵冲译.战略管理[M].北京:机械工业出版社,2010:79.

应是具有兼容性,且从管理全过程看,创新管理包含战略管理。

创业管理的产生背景及原因则与前两者有所不同。它是在各国经济竞争加剧,且世界具有从"管理型经济"转向"创业型经济"趋势的情况下产生的,可以说创业管理是一种不同以往的全新的管理模式,强调的是资源整合方式与行动方式,是对创新管理和战略管理更高层次的升华。从这个角度看,创业管理既有创新管理和战略管理的思想基础,同时又有二者所不具备的要素,管理全过程中,创业管理涵盖了创新管理和战略管理。

综上,从管理全过程看三者的关系,是包含与被包含的关系,即创业管理包含了创新管理,创新管理又包含了战略管理,战略管理是最为细化的管理范畴,如图 6-3 所示。创新管理与战略管理始终贯穿于创业管理全过程,两者嵌入创业管理之中,形成三者有机融合的、复杂的混合管理模式。在理清三者关系后,高校在向创业管理转型时,需要具有扎实的创新管理和战略管理的能力,唯有此才能做好创业管理,以加快建设创业型大学。

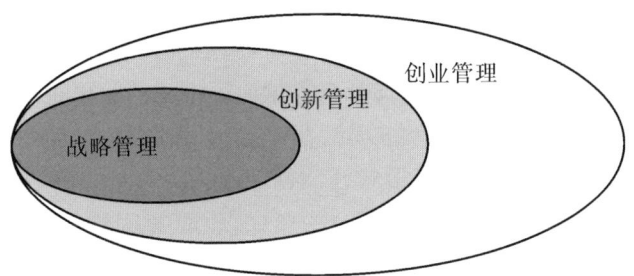

图 6-3　战略管理、创新管理与创业管理三者关系

6.3.3 高校创业管理的特征

根据上文分析,创业管理具有明显的组织特性,高校作为非营利性组织,必然有其特殊的创业管理特征。因此,探索高校创业管理的首要任务是确定高校创业管理特性,这是区别于企业甚至是其他非营利组织的独特性。高校创业管理特征具体如下:

(一)自主特性

高校创业是经济全球化和知识经济作用下的结果,具有偶然性与必然性的统一。其偶然性是指面对这一形势,不是所有大学的反应都一致——选择创业,只有大学自身具有某种特有传统,在面对经济全球化和知识经济这种环

境变化时,这种传统会促使其选择创业来适应变化。而必然性则是大学在整个区域创新系统中要扮演越来越重要的作用,特别是在市场配置资源为基础的国家,大学与政府、企业共同作为知识创新和科技成果转化的重要主体之一,利用自身高科技优势进行创业选择是对大学最为有利的必然选择。另外,对于高校而言,因资金供给主要来源于政府,受干预的情况较多,但创业能够带来资金独立的机会,"自主性"既是高校进行创业的前提,也是创业的目的之一。

(二)多样化特性

高校创业形式呈现出多样化趋势。建立在学科发展基础上的高校创业行为,因不同学科具有不同的特质,学科的知识产出形态各异,决定了能够运用于创业的智力资本差异巨大,同时也决定了创业形式的多样性。例如,工科重点是应用技术创新的结果,包括可见的创新产品、技术等,这类产出形式则可通过技术转让、技术咨询或直接将研发产品企业化进行创业;但理科类则以原理为主,很难有具体可见的产品或技术产出,决定了其创业更多只能通过理论知识传授或理论指导等形式;人文社科类偏向于主观经验积累下来的知识,不可能直接产出某个具体产品,更多是思想理念与管理方法的创新,因此需要通过咨询、培训、短期合作项目等形式开展创业活动。可见,高校创业管理必须在不同学科创业形式中探索一个适合的模式,才能满足创业形式多样化的需求。

(三)使命特殊性

高校本身具有非营利性,这决定了其核心使命是离不开发展学术、教书育人以及服务社会的,开拓教育事业、创造及传播知识促进人类文化事业的发展是高校存在的理由。即使面对复杂的竞争形势,需要通过整合各种资源,提高自身经济生存能力,高校仍然不能偏离其既定的使命,也就是说高校在实施创业管理,建设创业型大学的过程中,必然要以自身特有的使命为指导,理性选择有利于实现这一核心使命的创业机会,并规范创业实践行为,不能无止境追求经济回报或利润最大化。如美国麻省理工学院就明确要求必须公开所有的科研成果,参与技术成果转化的教师只能以顾问形式在企业任职,不能担任高层管理职位。作为技术创新的发源地,高校服务社会的特性要求将这些技术成果向社会公开,但是在创业过程中,资源的独占性越高,竞争优势越大,这是对高校创业管理的极大考验——如何处理两者之间的矛盾,使得自身的创业管理符合核心使命。可见,高校创业管理具有使命的特殊性。

(四)管理职权二元性

高校组织结构相对较为松散,但是它存在行政权力与学术权力的二元性,由此也使得创业管理的职权也存在二元性,从而决定了创业管理过程中,团队组建形式面临着二元融合问题,且这一问题的解决需要很长时间。但从管理基本原则看,这种职权的二元性实际上并不利于效率的提高,未来必然面临由二元权利并行向一元的方向演变,且整个过程会使得创业团队呈现出学术队伍与管理队伍的纵横交融合作,形成网状交叉结构,与企业的扁平结构有着极大的差异。

6.3.4 高校创业管理核心要素

高校创业管理离不开内外部环境,包括国内外政治经济发展情况、世界高等教育发展趋势,特别是国内高等教育相关方针政策,以及校内战略调整和管理体制变革等,因此高校创业管理除了具有创业机会、创业资源、创业团队、创业价值和创业文化这个核心要素外,还涉及内外部其他要素,这些要素影响着高校创业管理的选择。

(一)创业机会

机会或者机遇都是在变化中产生的,需要具有较为敏感性的决策者,才能快速捕捉到。与市场组织相比,高校作为非营利性组织,有较强的稳定性,对内外部环境变化敏感度不强,这是创业管理的一大阻碍。因此高校需要改变以往求稳的习惯,打破安逸状态,随时对内外部环境变化做出反应,持续关注各种变化,以在变化的环境中捕捉到具有潜在价值的机会,不断培养善于在变化的环境中将问题转化为机会的能力。培养机会意识是高校实施创业管理的前提和基础。与此同时,需要营造善于发现机会的创新氛围,以带动全员参与,形成强大的合力。

与企业相比,高校的创业机会相对聚焦,这对高校创业管理较为有利。一般而言,高校的创业机会主要集中在教育价值、学术价值和社会价值三个领域,并以此开发出可利用的机会形式,例如变革办学理念、创新管理体制或管理模式等。但三者存在某些程度的博弈,需要根据环境的变化及自身特有的优势来确定创业机会,而不能仅是盲目跟随。只有结合学校自身传统优势并符合特色发展的机会形式才能提高成功率。

(二)创业资源

在传统管理理念中,更多倾向于有多少资源办多少事情,也就是说资源的数量和形式直接决定了高校管理的内容与形式。但创业管理的思路是相反的,当具有潜在价值的创业机会出现且被管理者识别到,那么决策者就必须千方百计地抓住创业机会,并整合资源,甚至可能要借力使力,利用他人资源实现自身的创业,可见获取创业资源是创业管理的主要手段,而非限定因素。创业管理对创业资源的主动获取思维往往是高校管理者较为缺乏的,必须在资源与"做事"逻辑关系的认识上做根本性地改变,把握高校整合创业资源的主动性。

(三)创业团队

高校本质上是以学科建设为核心的学术组织,学术价值的实现依赖于各个院系的努力,同时还需要管理机构及后勤服务队伍作为保障。这就意味着高校创业团队包含了学术、管理及后勤服务人员,形成纵横交错的树状结构。这使得创业管理具有复杂性,再加上我国传统上行政权力高于学术权力,学术团队能否突破现有行政权力大于学术权力的现状,并成为三支队伍的核心,是创业团队发挥作用的关键。因此,高校在组建创业团队时应关注大学学术特性,使得每个子团队之间团结合作、协调并进,以实现共同的目标。

(四)创业价值

实现价值是开发创业机会的落脚点。高校开发创业机会的领域相对较集中,意味着高校的创业需要实现的价值具有一定范围,这是其特殊使命决定的。也就是说,高校创业价值能够指导高校识别机会,并在创业过程中的各个环节起到引领方向的作用,防止出现片面追求所谓的经济利益而成为"企业组织",确保遵循高校发展规律,保持其学术特性的核心本质。教育价值、学术价值和社会价值应重点关注学术价值,以此作为创业团队价值实现的核心,使得高校学术思想与使命能够一直延续发展。

(五)创业文化

文化的作用通常是潜移默化的,但其存在是不可或缺的。这种潜移默化特性,使得文化能够强化外化行为并最终得以形成。高校是以学科建设为核心的组织,各个学科领域的院系既有联系,但同时又较为独立,这使得高校在文化建设方面存在一定的难度,然而一个组织中每个团队和成员能否接受并主动传承共同的文化,对一所大学特色文化的形成又是至关重要的。可见,组织个人与文化之间相辅相成,最终组织强文化能够改变后续进入组织的人员。但是高校个人英雄主义一直以来都存在,且影响程度不小,这种个人英雄主义文化与创业文化强调的整体、普遍创业行动是完全不同的两种文化。要推动高校创业文化建设,以文化促进创业型大学转型必须先破除这种个人英雄主义文化的阻碍。另外,院系之间较为独立的情况,也容易使得高校创业文化很难自上而下灌输,一旦各个院系各自行动或者某些院系不认可所确定的核心理念,就会分裂整体创业文化的发展。因此,高校在建设自身特有的创业文化过程中,既要破除传统个人英雄主义文化,又要解决各院系是否共同认同的问题。一般而言,需要领导决策层将创业型大学战略目标、核心价值观详细地表述出来,并不断地向院系负责人传播宣传,当院系管理层都一致认同且愿意开展创业行动时,就较为容易得到全体师生的支持,并培养全体人员及时关注外界变化,用共同的思路和行动方式互相鼓励,形成良好的创业氛围。

6.3.5 高校创业管理核心要素作用机理

高校创业管理这五个核心要素之间并非相互独立的,而是一个根据某些规律串联起来的整体,这个整体存在相互作用的机理,各要素之间协调发展,并与外部产生关联,最终成为一个创业管理系统。蒂蒙斯模型较好地阐述了营利性组织创业管理各要素之间的作用机理,但不适合解释高校非营利性组织的创业管理要素之间的作用机理,然而蒂蒙斯的模型对构建高效创业管理模型具有重要的借鉴意义,如机会、团队、资源三大要素同样也是高校创业管理的基本要素,因此须在其所揭示的创业管理本质基础上,结合高校特殊性构建适合的理论模型。从高校创业管理特征看,创业机会是因内外部环境变化而产生的,当识别了环境变化所产生的创业机会之后,需要根据高校核心使命和价值确定创业价值目标,即以学术价值作为重要的衡量标准,筛选出能够促进教育价值和社会价值实现的可能性创业机会。在此基础上,根据机会的类型和要求,确定资源获取方式和整合方式,以及组建创业团队。最终由组建起来的创业团队通过利用资源,抓住符合高校发展需要的创业机会,力促创业价值实现,且在整个过程中逐步形成特有的创业文化,而当创业文化形成之后,又能够长久持续地引导组织所有成员投身创业中,从而成为一个创业管理大系统。具体如图 6-4 所示。

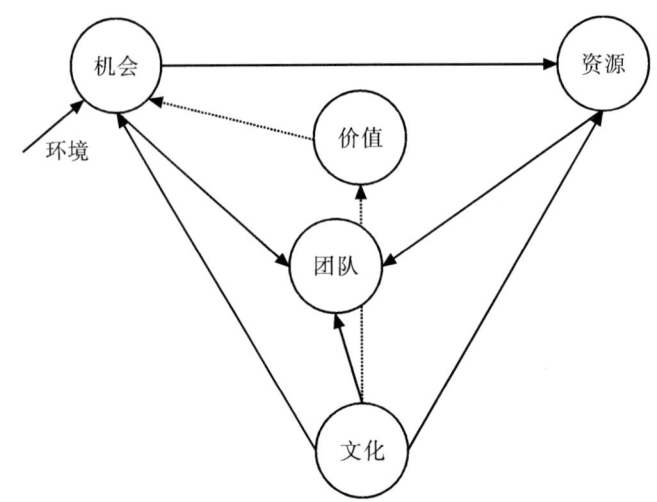

图 6-4 高校创业管理要素作用机理

6.3.6 创业型大学管理理论模式

创业管理是创业型大学经营管理区别于教学型、研究型大学的重要标志之一,也是组织管理变革的核心任务,但并非意味着完成创业管理即完成了创业型大学经营管理的转型,否则只是将创业型大学框定在成果商业化,忽视了其教学与研究的功能。由此可见,创业型大学管理模式除了能够满足创业管理发现识别机会、组建高效团队及有效整合资源需要外,面对外界环境变化还能够完成财务多元发展、创业文化培养、教学及科研管理等方面的需要,创业型大学管理理论模式[①]如图 6-5 所示。

---

① 汤尧.从研究型大学转型到创业型大学要件分析[J].第二届两岸高等教育论坛,2006:134.

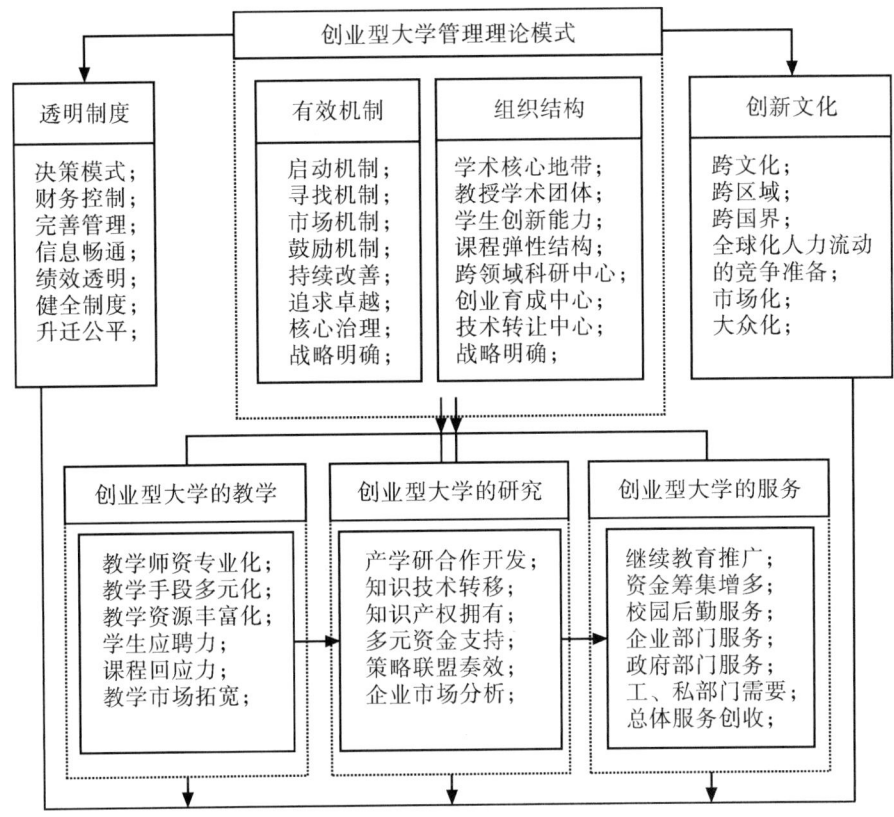

图 6-5　创业型大学管理理论模型

6.4 建设创业型大学的经营管理转型策略

创业型大学作为大学的一种新的发展阶段与类型，要求大学要具备与以往不同的经营管理能力与模式。但目前创业型大学仍处于探索阶段，其理论基础、推行方式、相关机制等都处于相对模糊的状态，这些问题既是学术界探讨的热点话题，也是大学管理者极其关注的问题。特别是对大学经营管理者而言，创业型大学对大学经营所产生的冲击是前所未有的，必然要改变他们既定的思维模式，需要以经营创业型大学所需的创新思维、创新管理与方法来应对，才能实现建设创业型大学的目标。

6.4.1 大学经营者的思维变革

美国学者彼德·圣吉在《第五项修炼》中指出:"在管理的过程中,许多好的构想往往未有机会付诸实施,而许多具体而微的见解也常常无法切入运作中的政策,也许组织中有过小规模的尝试成果,每个人都非常满意,但始终无法全面地将此成果继续推展。我们研究发现,这不是根源于企图心太弱,意志力不够坚强,或缺乏系统思考,而是来自'心智模式'。更确切地说,新的想法无法付诸实施,常是因为它和人们深植心中、对于周遭世界如何运作的看法和行为相抵触。因此,学习如何将我们的心智模式摊开,并加以检视和改善,有助于改变心中对周遭世界如何运作的既有认知。"[1]可见,面对创业型大学经营管理这一全新的模式,必须通过思维变革改变经营者,乃至教师、学生等对该管理思想、行动方式的抵触或者毫无意识的现状,使得创业型大学经营管理能真正落到实处。

思维变革源于企业,是在全球化和知识经济引领下,企业组织为提升竞争优势,力图通过不断革新、改变以获得发展,这种变革让企业经营者不得不调整自身思维模式,不断自我超越,特别是创新思维的培养能够为企业争取到市场上的优势和机会。大学面临着教育市场化改革浪潮带来的激烈竞争环境,以及创业型大学崛起的趋势,作为大学的经营管理者要顺利地实施创业型大学建设,必须走出"学术象牙塔",用创新的思维方式来经营大学,提升高校功能、性质,重塑形象。[2] 大学经营者应具备以下三方面创新思维:

(一)具有重塑有别于其他大学独特性的创业管理思维

大学若要追求进步和获取较好的办学绩效,大学经营者首先要建立属于本大学独特的风格,以改变现今高等教育办学同质化的问题。应最大限度利用知识来获取更多竞争优势,只有通过创造具有市场潜在价值以及有别于其他大学的智慧资本,才能应对院校间日益加剧的竞争。大学经营者通过追求差异性的思维和视野,引导全体师生从众多同质性院校中脱颖而出,并将这种差异性转化为自身的独特风格,从而奠定创业型大学经营的基础。同时要具

---

[1] Senge, Kleiner, Roberts, etal. The Fifth Discipline Feedback[M]. NY: Crown Archetype Press, 1994.

[2] 张明辉.创新管理与学校经营[J].教育研究月刊,2006(145):41—49.

有面向未来思考问题的能力,以捕捉变化中的机会。在经营者具有重塑有别于其他大学的独特风格的同时,需要把这种创新思维自上而下传递给全体师生,重点改变教师主体"等、靠、要"的心态,特别是在资源缺乏的情况下,调动团队积极性,主动分析环境的变化,发现具有潜在价值的科学研究项目,拓展资源的获取渠道,整合资源,以主人翁的姿态,通过创造智慧资本落实利用知识获取竞争优势的目标。

(二)具有创新人才培养模式的思维

人才培养是创业型大学教育职能的重要任务,面对新时期对人才需求的变化,不能仅仅专注于培养学生个人专业知识和技能,还需要培养能够及时适应环境、以创业精神应对各种困难的复合型人才。培养人才具有创业精神不代表其一定要参与创业,创业精神内涵已经扩大,超过以往企业家人格特质,[①]实质上已经代表了一个能力与态度,是一种创新活动的行为过程。1989年联合国教科文组织在北京召开"面向21世纪教育国际研讨会",也明确提出未来的人才应有三本"教育护照":学术性的、职业性的和能证明一个人事业心和开阔能力的,最后这本即为人才的创造性。因此,作为知识经济时代下的大学经营者,必然要有这种适应创业型大学要求的创新人才培养模式的思维,通过创业型人才培养模式的构建,为学生营造创新创业的氛围,从而确保高校全面建设创业型大学的目标在大学的主产品——学生这个主体中体现出来。

(二)具有国际化视野的思维

全球化和知识经济时代,特别是加入WTO后,高等教育领域的竞争并非仅限于国内,各种教育资源已经在全球范围内进行流动与配置,作为创业型大学经营者必须具有能够抓住国际教育发展趋势的思维能力,而这需要取决于其国际化视野的水平与程度。随着我国参与国际学术交流程度的加深,国际化视野比以往更为开阔,提出建设创业型大学本身就是对国际教育发展趋势判断之后的结论,是一种具有国际化视野思维方式的体现,因此大学经营者应继续保持这种国际观,在建设创业型大学过程中,能够不断提升大学的管理水平,加快实现创业型大学目标,以创业提高大学的国际地位,以创业提高区域经济发展水平。

---

① 朱子君,朱如君.大专院校学生创业概念发展之探讨:以咨询类科学生为例[J].创业管理研究,2009(4):85-107.

综合上述分析,可以看出作为引领大学转向创业型大学的经营者,其思维变革属于新颖、跳跃式的,但根本上,还是需要经营者善于利用大学的智慧资本这一最大竞争优势,在变化发展中找寻机会,不断改变管理方式及资源整合范式,使得大学能实现创业价值。

6.4.2 创业型大学经营愿景和目标的构建

愿景是组织全体成员的信仰,是对组织未来的设想,是组织的蓝图,决定着组织要成为什么样的组织,给予全体成员奋勇向前的方向。创业型大学作为新型组织,在经营管理过程中,同样面临要成为什么样的创业型大学,以及全体师生要秉持哪种价值观来参与创业型大学的建设等问题。这些问题的回答必须有一个统领的愿景,否则在经营管理中容易出现混乱。台湾学者汤志明等人指出:"大学经营者设立愿景来经营大学,目的除了颠覆以往的经营形态之外,还有一个更重要的目的,那就是借由这种愿景作为规划未来的指引,因为学校的本质是在教化人心,所以为了不偏离教育的宗旨和方向,就一定要制定明确的愿景和蓝图,这样会有助于学校创新发展和运作。"①

领导学方面权威 Kenneth Blanchard 教授认为:"愿景是组织对所要创造的可能实现的、不远的、持续发展未来的结果的描述,此描述会照亮组织成员的价值观。"根据 Blanchard 的定义,愿景应具有三个要素:一个明确的目的或使命、一个价值观的描述,以及一个清晰的蓝图。创业型大学经营者在描述创业型大学的愿景时同样需要对这三个要素有明确的界定。首先从目的或使命的要素看,创业型大学需要解释所要从事的事业是什么,以及为什么要这样做,也就是要解释大学存在的原因,如有些大学从创业带动经济发展角度认为自身的使命是以创业促进区域经济发展,而有些大学则从培养创业型人才促进社会发展的角度确定自身存在的使命等。其次从价值观要素看,需要创业型大学解释如何实现使命的哲学指导方针。对于处于类型分化的高等教育系统中的大学,显然也是如同自然人一样,存在多元的价值取向,大学管理者和参与者必然要做出价值选择,甚至可以说大学的发展过程就是价值选择过程,价值取向是决定其发展选择的深层次影响力。② 创业型大学作为特定的

---

① 汤志明.学校创新经营政大的理念、策略与环境[J].教育经营管理研究,2009(1):233-257.
② 钱强.大学发展内涵与价值取向探析[J].教育评论,2007(4):37-40.

大学类型,为实现自身知识资源向知识资本转化,必然面临学术导向与市场导向兼顾的二元价值取向,其中学术导向确保大学发展不会出现"异化",而市场导向则能够获得大学生存发展的资源,这两种价值取向如何在创业型大学建设中,实现由对立走向融合是关键,这种转变将渗透到大学管理的方方面面。[①] 再次,从蓝图要素看,创业型大学需要勾画出未来景象的设想,当完成了愿景时,创业型大学应该是一个什么样的成功景象。

6.4.3 管理体制机制的变革

管理体制机制变革是实现向创业型大学转型的前提。管理体制机制从广义上来看是整个高等教育管理体制与运行机制,即大学外部管理体制,简单讲是大学与政府之间的关系;而狭义上,则是指大学内部管理体制机制,包括领导体制、管理权限、人事制度等。创业型大学新功能的发挥需要管理体制与运行机制作为保障,能够营造推陈出新、敢于冒险、容忍失败的创新创业环境,可以说营造创业型大学创新创业文化的首要任务就是改革大学管理体制机制。同时管理体制机制的改革能够引导和鼓励创业型大学建设的师生主体,激发出他们的潜力与主观能动性。

(一)主动争取授权,落实经营管理自主权

如前文所述,我国大学主体地位具有特殊性,即所有权与控制权的分离。政府主导教育的体制始终存在,大学经营自主权始终受到较大的限制。然而,建设创业型大学的基本前提是自主性,这是大学开展创业及实施创业管理的基本要求。克拉克在界定"创业型大学"时指出:"创业型大学寻求成为'站得住脚'的大学,能按它们自己的主张行事的重要行动者。"[②] 三螺旋之父埃茨科威兹在描述大学作为三螺旋的一个主体时强调应具有相互独立性。这意味着,大学要成功向创业型大学转型必须争取更大程度的自主权,以自主识别机会、自行决定获取资源的渠道和方式,甚至是自我判断及把握行动的方针和准则。

从外部管理体制看,大学应主动争取政府下放权限。作为组织者,政府应

[①] 宣勇,张鹏.论创业型大学的价值取向[J].教育研究,2012(4):43—49.
[②] 伯顿·克拉克著,王承绪译.建立创业型大学:组织上转型的途径[M].北京:人民教育出版社,2004:2.

在更为宏观层面上协调各个组织的发展,以政策引导替代直接的行政干预,同时要实行大学去行政化,逐步推动大学形成自我发展、自我管理、自我约束、自我激励的管理体制和运行机制。2010年我国已经颁布了《国家中长期教育改革和发展规划纲要》,其中明确指出:"要随着国家事业单位分类改革的推进,探索建立符合学校特点的管理制度和配套政策,克服行政化倾向,取消实际存在的行政级别和行政化管理模式。"①2012年3月23日,新华社授权发布《中共中央国务院关于分类推进事业单位改革的指导意见》,再次明确提出高校实行"管办分离",给予高校更多自主权。面对如此大好的宏观政策环境,大学应抓住良好的机遇,主动与主管部门接触,争取更多自主权,推动创业型大学建设,以在区域发展中扮演更为重要的角色。

从大学内部管理看,则应建立良好的治理结构,下放权限到院系基层组织,理顺校院两级的职责,赋予学院基层单位更多办学自主权,如财权、聘任权、资源调配权等,特别在财权上,以实行"统一领导、分级管理"为重点,给予学院自主理财权限,增加其创业创收的动力。院系是建设创业型大学的基层单位,院系强则整体强,院系弱则整体弱,如美国麻省理工学院成功的因素之一便是院系具有非常雄厚的科研、创业与管理能力。此外,大学各个院系特点不一,相对较为独立,大学经营者应扮演重要的协调者角色,在下放权限及做好监督管理工作基础上,协调内部资源配置,防止不同属性的学院出现发展两极分化,如自然学科的院系其拥有更多技术资源,开展创业活动相对较为容易且成功率也高,而基础学科则相对较为困难,这就需要经营者站在全盘的高度进行协调整合,促成二者携手联合与资源共享,从而实现创业型大学的整体较为均衡的发展。

(二)建立促进创新创业的绩效考核机制

较为灵活的绩效考核机制是创业型大学师生大胆创新创业的制度基础。创业型大学同样离不开对教师的绩效考核。但目前我国大学绩效考核机制较为倾向于工作量考核,且不分学科按照同一套机制运行,这显然不适合创业型大学所要引导的发展方向。根据创业管理对团队的要求,创业型大学的考核机制应按照学科性质、学术研究领域及教师承担的职责进行分类制定。首先根据教师从事的领域不同,可分为基础学科研究和应用学科的教师。对于从

---

① 国家中长期教育改革和发展规划纲要(2010—2020年)[EB/OL]. http://www.moe.edu.cn.

事基础学科研究的教师应根据其学科偏重理论的特点,这部分的教师考核标准以理论成果的产出为重点,且评价周期应该适当延长,而不应要求其半年或一年内能够有某些理论上的突破,即对其考核设定周期应长短期指标相结合,且指标设定要侧重于理论研究成果的定性描述。而对于从事应用学科的教师则应偏重于对经济发展实际贡献情况的考察,考核指标以定量为主,如项目数量、经费数额及经济效益等较为精确的指标,对其评价周期的设定可以较灵活。其次根据职能分工的不同,可分为三种,包括以教学为主的教师、以科研为主的教师和以成果企业化为重的教师。这三种教师的绩效考核体系必然是不同的,应在基于各自的特长建立有利于其发挥专长的考核机制的同时,建立这三种职能之间的转化机制,让愿意尝试冒险创业的教师有机会亲自参与。若实践过程发现自身不适合创业,也能有机会重新返回教学或科研岗位。这种考核机制的设立就是建立鼓励冒险、允许失败的创新创业环境,是引导教师主体无后顾之忧地参与创业,这对创业型大学建设无疑是至关重要的。

(三)建立注重科研成果转化的科研管理体制

传统的高校科研管理体制深受国家计划经济的影响,是以政府需求为引导的科研管理体制。浓厚的行政色彩让高校科研脱离了市场和企业,导致科研成果的大量积压,无法服务于社会的发展。创业型大学的建设是以科研成果为基础的,以科研成果转化促进社会经济发展为使命的,若没有一套科学合理的科研管理体制,很难调动科研人员积极从事具有潜在市场价值的科研项目,也就使得创业型大学发展缺乏持续的力量。因此要成功建设创业型大学,对现有科研管理体制的改革势在必行。

首先建立科学合理的科研工作评价体系。科学合理的科研工作评价体系是保证科研管理工作实效性的基础。这个体系应有多样的评价方式,包括定量与定性的结合,有对事及对人评价的结合,以及动态与静态评价相结合;同时要改进评价的方法,特别是不同学科,其应用程度及性质不同,应采用不同的标准进行评价,且评价方法不能过于单一,应至少三种以上方法同时并用,如同行评价、匿名评价等,重点在于科研成果的评价,应组建具有丰富市场经验的专业评估人员对结果进行公开评估。尤为关键的是科研成果推广转化的评价,这是最常被忽略的一个环节,但对于创业型大学而言,这个环节的评价是发展科研成果转化效果的重要手段,是改善科研管理工作的重要信息来源。

其次,建立有效的激励机制。完善的科研评价体系是激励机制建立的前提,而激励机制是达到提高科研管理工作实效性的手段。创业型大学有效的激励机制一方面是能提高科研人员参与项目研究的积极性,主动与企业合作,开展产学研,并能积极地挖掘具有市场潜在价值的项目,识别可能的机会,整合各种资源,抓住机会;另一方面能够引导、推动科研人员加大科研成果转化力度,提高科研成果对社会经济的贡献率。具体可从三方面着手:一是建立项目管理机制,按照项目类型、资助情况、级别、完成情况、获奖情况和科研成果转化情况,设立考核指标体系,划定不同的标准,并依据这一标准将结果应用于职称评定、职务晋升或其他激励措施,使得对科研人员的激励能够与科研成果贡献率相挂钩。二是鼓励开展产学研合作。教师可采用到企业兼职的方式开展产学研合作,并计入工作量衡量范围;对于与企业联合攻坚的重大项目,给予一定比例的配套资金;对于与企业联合培养研究生,研究生在企业实习实训或者顶岗工作的时间及成绩可计入学分内等。三是在科研成果转化方面可设立特别的激励措施,包括允许科研人员技术入股、技术有偿转让、职务技术奖励,若科研人员愿意利用科研成果开展创业活动,则可保留其职务、职称等,采用"冻结"身份的方式,让其无后顾之忧地开展科研成果转化创业活动。

6.4.4 创业型组织结构的构建

根据克拉克的创业型大学转型路径,大学需要一个"不断拓展的发展外围"。但若大学没有建立动态型的创业型组织,很难融入周围的发展环境,也就很难实现"以新的知识生产模式和提供经济社会发展所需的技术"[1]的使命。目前,我国大学组织结构的基本形态是"学科型组织",其所反映出来的是大学重点功能是"从事教学和研究的机构"。[2] 学科型组织结构适应了当时大学所处的环境较为稳定的实际,促进了大学完成当时的知识生产模式的建立,大学内部各个学科的领域分明,任务清晰。但是面对创业型大学所处环境的急剧变化,各种不确定性因素越来越多,大学内部学科出现了交叉式发展,跨学科不断衍生,这种传统的组织结构显然无法满足创业型大学发展的需要。由此,创业型组织的建立势在必行。

所谓创业型组织是指以大学内部各个"创业者",包括大学自身、学院、系、

---

[1] 迈克尔·夏托克.成功大学的管理之道[M].范怡红译.北京:北京大学出版社,2006:23.

[2] 胡建雄,王沛民,高文兵等.学科组织创新——高等学校院系等学科结构的改革研究[M].杭州:浙江大学出版社,2002.

教师、学生等,共同形成一个动态的组织网络结构。这个动态网既有创业型大学的人、财、物等各种组织要素运行的机制,也包括大学外部的人或组织,以及大学内外部组织要素交流的机制。静态来看创业型组织,是大学内创业团队中人、职位、任务以及它们之间特定的关系构成一个网络,服务于创业型大学创新创业的目的;动态来看,创业型组织是为完成创业型大学的目标而存在的不断变革的组织结构,它通过各种运行机制整合资源,特别是调配大学与外部之间的资源,以实现动态平衡,共同实现创新创业。① 其与传统学科型组织的异同点如表6-1所示。

表6-1　学科型组织与创业型组织的异同点

学科型组织	创业型组织
以高深知识为学科和专业活动的对象	以知识创造及实现市场化为活动对象
教学与科研功能	兼具教学、科研和创业的功能
适应传统知识生产模式	适应新的知识生产模式
组织结构稳定、运行较为僵化	动态的创新创业组织结构
组织机构之间边界清晰、任务明确固定	以任务为核心动态重构组织结构
组织单一	组织多元化及跨文化

具体看创业型组织应有的人、财、物等组织因素,包括孵化器、大学科技园区、大学-企业合作中心等"官产学研"合作组织,国家实验室、工程(技术)研究中心等跨学科组织,衍生企业培育与发展等创业平台,技术转移办公室、知识产权管理办公室等技术转移管理机构等。创业型大学正是通过这些机构以及内外部顺畅的运行机制实现科研成果的商业化,开展各种创业活动。

(一)交叉学科虚拟组织

科研实力是创业型大学开展科技成果转化的基础,卓越的学术研究则离不开大学内的各种学术组织。特别是近几年来,科学问题的解决已非单一学科所能完成了,这种复杂性催生了各种交叉学科,而体现在科研上的就是各种交叉学科虚拟组织应运而生,解决了传统单学科无法解决的问题。如美国麻省理工学院,为研究某些特定问题,需要多学科共同合作完成,催生了形态各异的跨学科虚拟组织,在其206个科研单位中,就有交叉学科虚拟组织60多

---

① Scott,W.R.Institutions and organizations[M].California:Sage Publications,2001.

个,如林肯实验室、计算机系统生物学创新工程等。① 总体看,MIT虚拟组织存在的形式主要有研究实验室或实验室、研究中心、研究计划、项目组或协调组、研究院、论坛、研究部、首倡行动等等。这些虚拟组织并不依附于传统的院系,而是围绕着科研项目任务进行构建,其水准都是世界级的,是MIT能够较快实现创业型大学转型的重要科研实力基础。本书以麻省理工学院较为著名的虚拟交叉学科组织——计算机系统生物学创新工程项目(Computational and Systems Biology Initiative,CSBI)为例进行交叉学科虚拟组织组建分析。

1.创建团队。CSBI拥有一支核心团队,成员来自十多个跨学科院系,共312人,设立执行委员会负责CSBI的运行管理。这支团队是CSBI高效、有序运行的保障。

2.确定目标。CSBI存在的目的或要完成的目标有三个方面:一是完成大型跨学科项目或技术平台开发项目,以科研项目为基础整合各院系的资源,并加强与工业界、政府的联系,建立优势互补的合作关系;二是培养博士,通过开发CSBI课程及人才培养项目来实现交叉学科人才培养;三是创造效益,包括促进经济增长、追求综合效益,保持自然、社会生态和谐发展,最终促进人才的全面发展。

3.搭建技术平台。研究作为CSBI的三大职能之一,必然离不开技术平台的支持,同时也为了支撑起其博士培养的教育功能,委员会组织开发了一个为实验和教学提供方法和技术支持的一体化技术平台。

4.筹集发展资金。交叉学科虚拟组织的生存与发展同样需要资金的支持,CSBI加强与工业界、政府之间的合作关系,以实现"引进来"与"走出去"双管齐下筹集发展资金。目前它的资金来源主要有与工业界合作资金、政府拨款、基金会资助,还有校友、研究所、企业的捐赠等。

从CSBI这一交叉学科虚拟组织运行过程可以看出,虚拟组织是基于任务需要而组建的,团队信任度高,对研究目标具有共识。这是一种新型的、以高水平研究成果、培养高素质人才和产生良好社会效益为目标的动态研究联盟,是一种新的知识生产模式(详见图6-6);且它能够针对工业界的具体问题开展研究,使得研究成果快速转化为生产力,也保障了虚拟组织资金的来源。

---

① 柳洲.高校跨学科科研组织成长机制研究[D].天津:天津大学,2008.

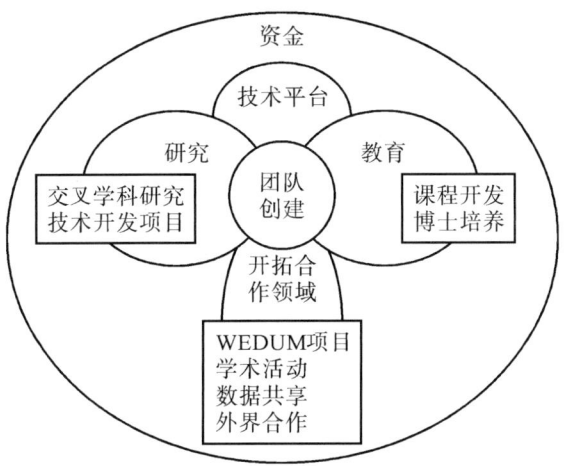

图 6-6　CSBI 交叉学科虚拟组织运行机制

(二)官产学研跨界合作组织

官产学研合作是"三螺旋"创新体系中的核心,也是创业型大学实现科技成果转移的核心平台。而官产学研跨界合作组织是该合作机制运行的具体载体。目前世界各国都非常重视官产学研合作平台的建设。美国上世纪80年代开始,政府在大学设立各种研究组织与产学研合作组织,如国家科学基金会(NSF)推动的大学-企业合作研究中心、工程研究中心、科技中心以及大学代管的国家实验室等,借此来促进大学机构与企业组成实体的研究组织,以支撑美国创新体系的可持续发展。而英国则是政府专门制定产学研合作计划,通过研发基金引导大学与企业建立联盟,提高科技成果转化率。日本政府则侧重于法制环境的建设,通过法律法规保障大学科技成果转化,并组建"综合研究联络会议"、"研究开发专门委员会"等中介机构具体推动产学研的合作。我国产学研起步于上世纪50年代,目前已形成特有的平台,包括技术转让、大学-企业研发中心、共建工程(技术)中心、博士后试点工作站、孵化器及加速器、大学科技园等。

(三)大学技术成果转移管理组织

大学技术成果转移是利用大学的科研成果,并通过具体促进技术转化的部门的运作,实现科研成果商业化和企业化。这种组织最早源于美国的大学,发展至今,美国大学技术转移管理部门分为三类:一是学校建立校内专门管理部门,一般由副校长直接领导,如专利事务所,负责协助教师或学校获得专利,并出售专利许可证,以谋求研究成果商业化,如哈佛大学的专利、版权和许可事务所,或者设立技术转移办公室或技术授权办公室。二是学校建立校外的附属组织,如威斯康星大学非营利模式的研究基金会,避免校内行政的干扰;也有学校同时设立校内外的技术转移管理部门,两者分工合作完成大学的技术授权事务,如华盛顿大学的知识产权管理部门,具体运行机制可参见图6-7。三是委托管理,通过中介组织代理大学的技术成果管理与经营,中介组织

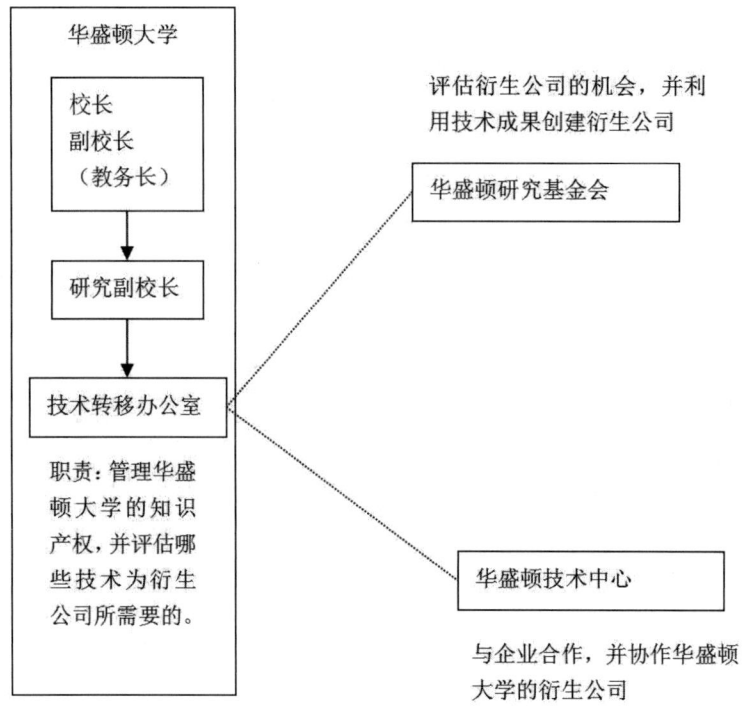

图6-7 华盛顿大学技术转移管理组织

的性质既有营利性,也有非营利性,如研究公司、管理公司或顾问公司等。我国高校的技术转移管理工作一般放在科技处或产业处等,这些部门既要管理科研工作,也要负责技术成果转移和知识产权申请及保护工作,较少成立专门的技术转移办公室。但这对于创业型大学而言,是非常重要的一个组织设计,我国这种混合式的技术成果转移管理模式并不能适应创业型大学的需要,应尽快将技术转移管理部门单独剥离出来。技术转移办公室存在的主要目的是:1.制定相关的管理制度及规范;2.开展技术转移项目的运作和管理;3.与企

业建立长效的联系机制;4.及时发布大学的科研成果信息;5.收集企业及技术市场的信息并对教师公布;6.组织评估技术成果的潜在市场价值;7.与政府筹建的中试平台、孵化器等对接,管理与运作大学科技园等。

可见,围绕着创业型大学技术成果转化的目标,构建这些新型的组织,对大学顺利开展各种创业活动具有重要的意义,是实现创业型大学经营管理变革的重要步骤。当这些组织要素结合具体的运行机制,所产生推动力就是创业型大学持续改革与运转的动力。

(四)创业型组织的内外部运行机制

创业型大学实现高效运作需要两个条件:一是宽松的社会环境;二是内部有序的运作机制。只有这两者同时具备才能促使创业型大学真正发挥智慧资本优势,创造更多社会经济发展的技术动力。从宽松的社会环境看,目前我国正处于全面改革的攻坚阶段,对高校管理体制改革也有具体的法理和方针政策依据。而在国际环境方面,国家综合国力的竞争成为重点,这对于大学发挥技术创新主体地位具有良好的空间。可见创业型大学的发展具有良好国内外大环境。这就意味着,创业型大学的高效运作更依赖于其内部的运行机制的构建。创业型大学是在"三螺旋"互动下产生的,创业型大学的运行离不开官产学研制度创新的保障。首先,大学与政府的合作运行机制。政府投资始终是大学资金的重要来源,同时政府还需要支持大学技术成果转化所需的资金、创业支持资金等等。其次,大学与企业的合作运行机制,通过上述分析的各种新兴平台来实现。再次,大学自身的技术转移驱动力,这需要大学制定相应的激励政策,推动师生主体积极投入技术转化中,提高技术转化对社会经济的贡献率,并获得大学生存发展所需的资源。

综合创业型组织的具体组织要素及内外运行机制分析,不难看出创业型大学的组织设计及运作的特质共性,具体如图6-8所示。

6.4.5 技术转移的流程重塑

大学向创业型大学转型的根本在于大学必须要打破只进行教学与科研的"象牙塔",必须千方百计盘活智慧资产,将知识转化为技术创新的源泉,并通过技术转移实现技术的市场价值,从而实现服务于社会的第三种职能。学者Rikard Stankiewicz认为:"大学这种新模式改变了流行百余年的以教学与研究为基础的传统模式,大学正朝向技术应用的趋势发展,并拓展到技术的产生

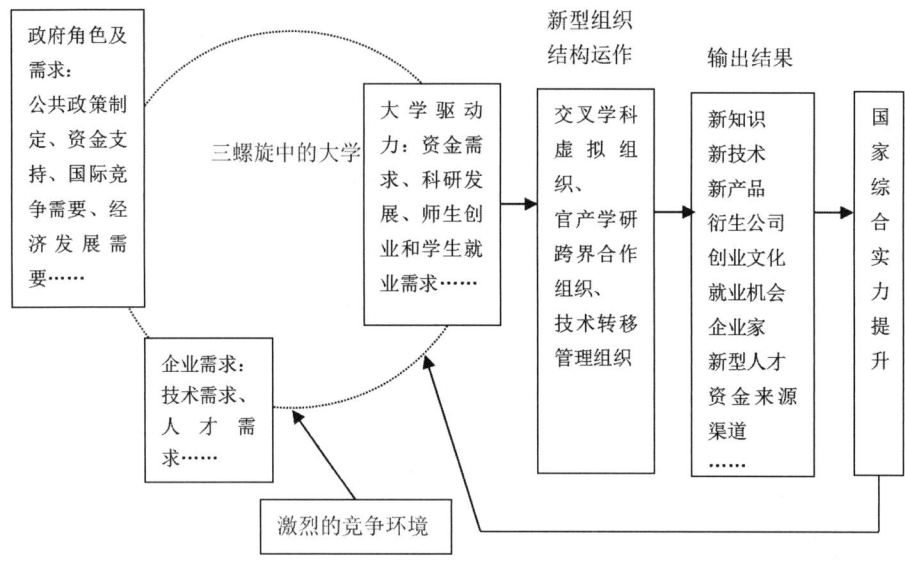

图 6-8 三螺旋中创业型大学组织运行

与转移上。但大学这种功能的拓展并不是要牺牲学科的完整性,而是通过大学管理机构的调整以及流程的重塑来实现的,使得大学能建立一种适应现实所需的运行模式。"[1]可见技术转移对建设创业型大学的重要性。

大学技术转移的关键问题在于如何提高技术转移的效率,而技术转移流程是影响技术转移效率的重要因素。搭建完善的技术转移平台,重塑大学技术转移流程,建立与创业型大学技术转移能力相匹配的流程才能提高技术转移的效率,从根本上保证创业型大学转型的成功。

(一)技术转移

技术转移特指技术在国家、地区、行业内部或之间以及技术自身系统内输入与输出的活动过程。在我国,技术转移更多以科技成果转化概念存在,两者之间从内涵到外延一致,但技术转移内容更为广阔,它既包括技术成果转化或技术贸易,也包括成熟技术、适用技术、技术装备等的梯度转移。对创业型大学而言,采用技术转移的概念既涵盖新技术、新工艺等的成果转化,亦能体现成熟技术、工艺改良等的转移。从学者研究技术转移的文献看,不同学者从不

---

[1] STANKIEWICZ,R.Academic and Entrepreneurs:Developing University-Industry Relations[M].New York:St.Martin's Press,1986.

同视角探讨其具体的内涵,如 Wathins,Piper & Naghshpour 等认为技术转移是一种购买过程,这个过程长期且复杂,而技术购买者所获得的不仅仅是技术本身,还有技术所带来的实际经济利益;学者 Mogavero & Shane 认为技术转移本质上是知识的使用,技术输出者提供了相关知识后,技术获得方吸收这些知识并加以应用,只要是这一过程即为技术转移;学者 Robinson 则指出技术转移是技术输出者与接受者之间的一种关系,这种关系并非单一的,而是技术在两者之间不断深入扩散的连续过程。总体看这些研究的共同点,技术转移是技术输出方将创新所得的相关技术或知识从一方转移到另一方使用的过程,这是一种契约买卖关系,以贸易或其他形态表现的。整个过程有两个主体,即技术输出者和获得者,同时也有两个客体,一是技术或知识本身,二是转移的渠道或路径以及以此形成的整个转移系统。

一般认为大学技术转移是将自身研究或创新所获得的知识或技术进行商品化、商业化、企业化,并最终在市场上实现其价值的过程。[①] 两个主体是大学和企业,两个客体是大学研究或创新所获得的知识或技术以及具体商品化、企业化的渠道与路径。从技术转移的性质看,大学技术转移有纯商业性质和非商业性质两种,商业性质技术转移以获得经济利益为核心,一般有技术许可、技术咨询、技术开发、技术合作、创建衍生公司等形式;而非商业性质技术转移则有发表论文、著作出版、召开交流会等形式。存在非商业性质技术转移源于大学具有的非营利性组织特性,仅强调商业性质技术转移,必然偏离大学的非营利性本质,将会使大学脱离其长期发展目标;而一味强调非商业性质技术转移,又会使大学陷入远离市场,被边缘化,对社会经济发展形成不了明显的推动作用。[②] 学者 Bernstein & Nadiri 认为大学对企业发展贡献的最重要的形式就是技术转移,当大学学术成就越高时,外溢效果越大。这种学术成就即为非商业性质的技术转移,一方面让企业界有机会学习大学公开的研究成果,另一方面也通过大学所培养的学生将知识或技术带到企业界。而大学与企业界的直接技术交易更是对企业界发展起到直接的带动作用,两者结合形成了大学对企业界发展的路径,如图 6-9 所示。

---

① 张琰.大学科技转移的双重过程分析[J].科学学与科学技术管理,2004(7):67—69.
② 何建坤,周立,张继红等.研究型大学技术转移——模式演技与实证分析[J].北京:清华大学出版社,2007:34.

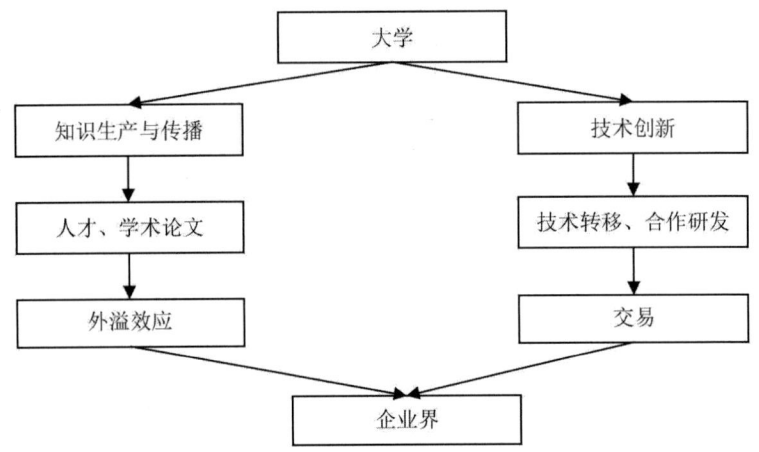

图6-9 大学技术转移对企业界发展贡献的路径

(二)搭建技术转移平台

从欧美等国的创业型大学转型经验看,大学通过不断出售专利、孵化衍生企业等方式与外界开展经济关系,在获得源源不断的生存和发展资源的同时,实现向创业型大学的转型。但不同学校具有不同的技术转移平台,如美国华盛顿大学的技术孵化基本由项目经理独立操作完成,或者部分采用技术转移办公室和研究基金会共同合作完成,总体归结起来有以下几种技术转移平台:

1.大学－企业共建创新平台实现技术转移

大学向创业型大学转型必须拓展外延边界,打破传统"象牙塔",与企业实现双方自愿的最优配置,以双赢为前提,实现创业型大学服务社会的职能以及提高企业自主创新能力的战略目标。一般而言,在自愿、平等、共享及双赢的原则下,大学与企业共建创新平台能够直接打通大学科研成果流向企业的通道,也确保了这些技术成果具有潜在的市场价值,能促进大学获得发展的资源,共建创新平台的模式如图6-10所示。

大学与企业共建创新平台的典型形式是建立大学－企业高科技研发中心,如合办工程研究中心或技术中心等创新组织,这正是前文分析创业型大学形成机理的重要组织创新结构的代表之一,其存在的核心目的是将两者的研发资源整合起来,实现快速的技术转移,从而帮助大学向创业型大学转型。

2.大学科技园实现技术转移

20世纪50年代,斯坦福大学研究园成立之后,大学科技园开始兴起。大学科技园是以大学的科研为依托,充分利用大学科学技术研究与人力资源优

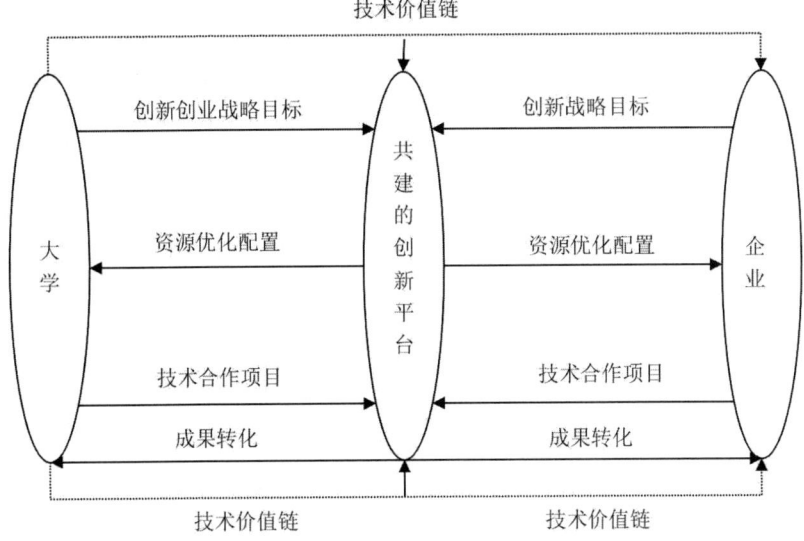

图 6-10　大学—企业共建创新平台实现技术转移

势,在政府政策引导与支持下,与企业界建立紧密联系,从事技术创新和企业孵化活动,并以风险投资为主的资金来源的高科技园区。从其内涵看,大学科技园本质上是"孵化器",借助于园区优惠政策及良好环境,完善的服务体系,利用科研成果创立高技术企业或开发高新技术产品,实现大学研究成果商品化及企业化。一般而言,大学在校内完成重大科研项目的前期研发及小试工作后,将其转移至科技园内,孵化创建新企业,从而实现技术转移,如图 6-11 所示。

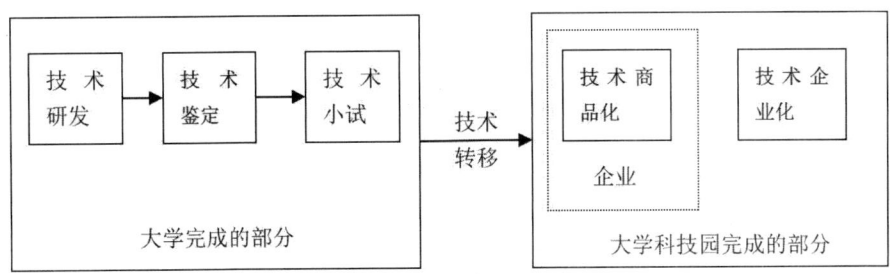

图 6-11　大学科技园平台技术转移图

目前我国大学科技园运作模式有一校一园、多校一园及政府主导三种模式。从 2003 年 8 月国家科技部和教育部对全国 22 所国家大学科技园的评估结果看,一校一园的运作模式情况优于其他两种,究其根源在于多校一园或政府主导的园区管理模式容易产生类似国有企业的通病,如责任不清、内部交易成本过大、市场作用弱等,因此在搭建大学科技园技术转移平台时应设立一个经营实体运作,以高校为主导、政府为支持,建立经营实体的现代企业制度,开放式办园、封闭式管理,这种运行模式有利于把大学科技园经营成为一个市场化的实体,以最大限度调动各方积极性,提高大学技术转移的效率,服务经济发展。

3.创建衍生企业实现技术转移

创建衍生企业是大学向创业型大学转移、实现服务社会第三种职能的最直接方式。这种方式在美国最为盛行。二战后,美国依托大学智慧资本,以技术创新为核心,以促进产学研结合,实现大学科技成果企业化为目的。创建衍生企业实现技术转移的运行过程如图 6-12 所示。

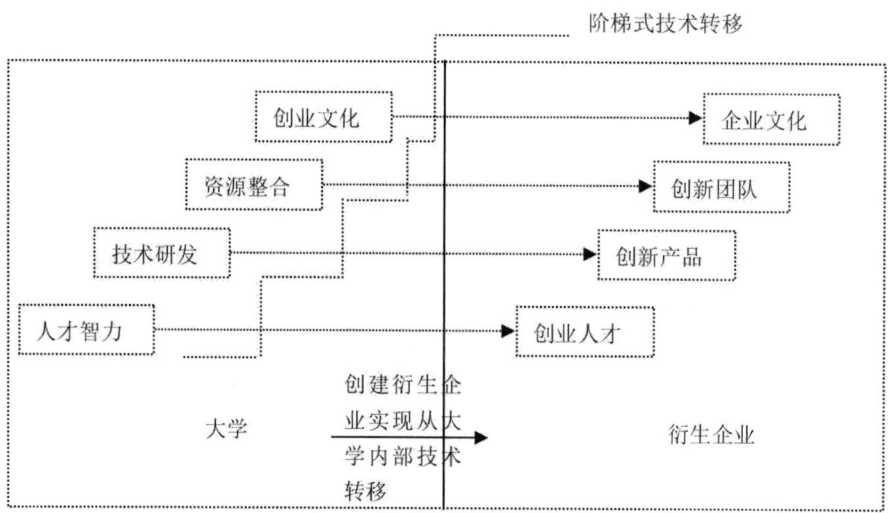

图 6-12　创建衍生企业实现技术转移图

(三)流程重塑以建立创业型大学所需的技术转移流程

相比传统大学,创业型大学对技术转移的能力、效益要求更高。技术转移是创业型大学实现服务社会以及促进自身发展战略目标的重要途径,因此创业型大学必须在创新过程中打破传统的咨询、出版学术作品等较为简单的技术转移及扩散方式,建立新的、与企业密切合作的关系,如借用技术转移办公室、孵化器等平台实现技术转移目标最大化。美国学者 Vijay 在研究了典型创业型大学技术转移特征后,提出创业型大学从技术到市场的技术商业化过程,必须经过五大步骤及四个衔接环节(如图6-13所示),描绘了不同转型途径下的创业型大学技术转移共同的路径。[①]

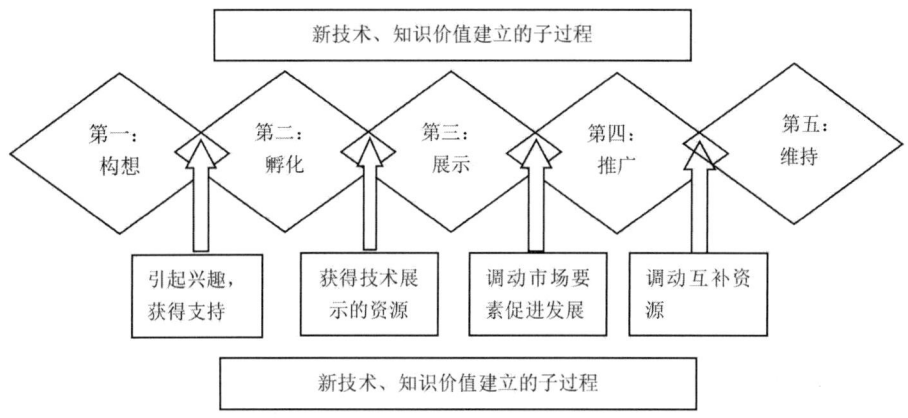

图6-13 大学技术成果从技术到市场商业化过程图

沿着Vijay的思路,本书在此基础上进一步细化了创业型大学所需的技术转移流程,首先大学通过研究创新,特别是应用型创新产出新知识、新技术。这些技术创新成果通过已组建的创业型组织之一——技术转移办公室等技术成果转移管理组织,将技术输出至企业界,包括转移给已存在的企业及孵化创建新的企业。然后大学能够获得相应的技术交易资金收益或股权,并同时能获得来自企业界的合作或资助资金,如图6-14所示。

需要注意的是在大学技术转移过程中,除了正式的技术转移渠道外,存在着非正式技术转移渠道,其主体是教师或团队个人与企业界进行联系并开展技术转移。产生这种非正式技术转移渠道可能有两种原因:一是企业界缺少获得大学技术成果信息的渠道,不得不通过非正式渠道获得;二是企业界不愿投入资金获得技术成果。但知识产权属于大学是全世界通用的做法,这种非正式技术转移渠道的存在将严重损害学校的利益,因此要注意在制度上防范这一技术转移渠道。

从技术转移对实现创业型大学建设目标的重要性看,大学在向创业型大学转型过程中,应首先构建与创业型大学相匹配的技术转移能力,而对现有技

---

① VIJAY K.JOLLY.新技术的商业化—从创意到市场[M].北京:清华大学出版社,2001.

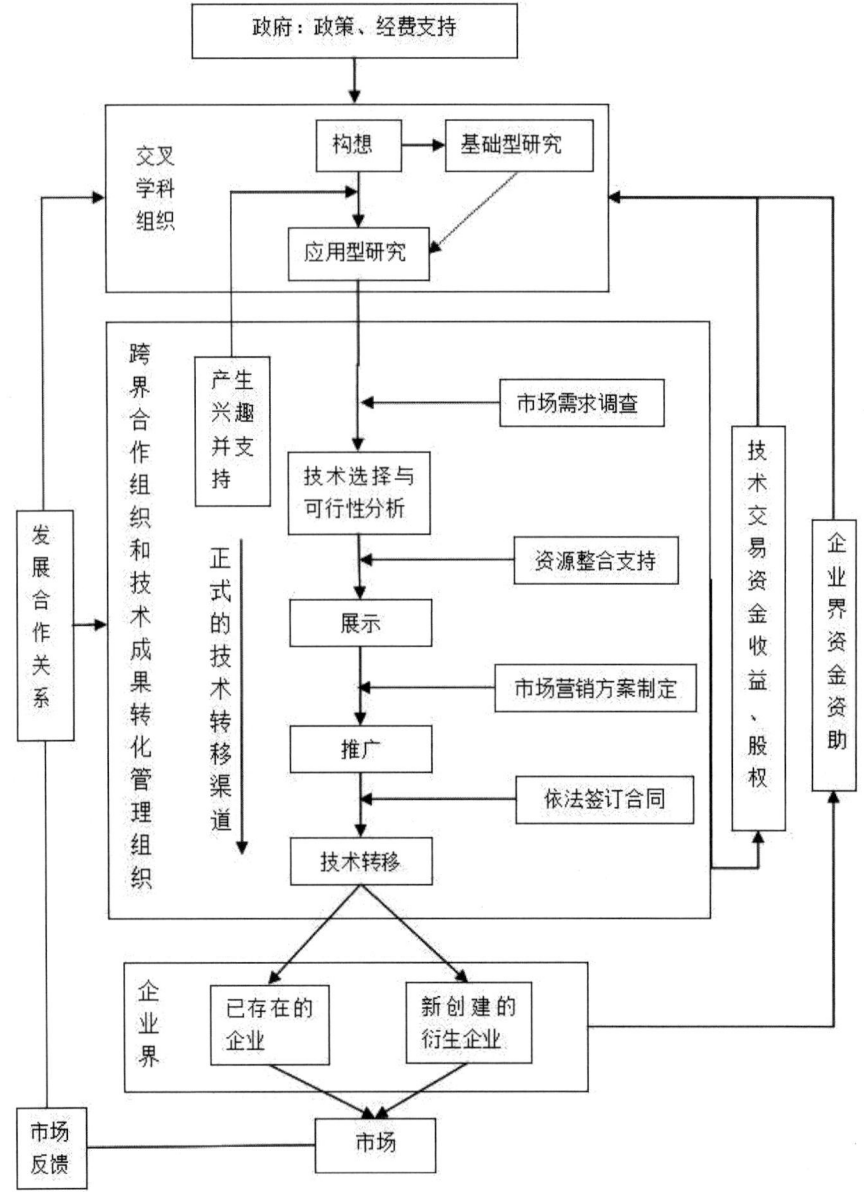

图 6-14　匹配创业型大学的技术转移流程

术转移流程重塑,以建立起创业型大学所需的技术转移流程则是提高技术转移能力的最佳路径。

6.4.6 产学研合作机制的创新

根据前文创业型大学形成的主要因素分析,产学研合作是大学获得企业界资金资助以及技术成果转化的重要途径,是大学提升自身研究与开发资源社会化能力的最佳途径,产学研合作是大学技术转移最为重要的形式,且是风险最低、投入最小的技术转移形式。可见,大学要实现向创业型大学转型,拓展外延边界,实现技术成果收益,产学研合作机制的创新是重要的策略。

(一)官产学研合作

官产学研合作特指政府、企业界、大学三方在技术创新、新产品研发及人才培养等方面分工协作、优势互补,共同实现科技创新与进步。官产学研合作重点关注的是产学研合作,而政府更多作为宏观调控者,是产学研合作的推动者,推动企业界与大学或科研机构联合起来。

从各国产学研的实践看,以政府为主导,促成大学与企业界的紧密合作的典型国家当属日本。这种以政府为主导的模式与我国较为相似,其做法具有较高的参考性。1985年,日本面对美国里根政府提出的对日反击,为冲破难关,日本政府开始致力于产学研合作。进入20世纪90年代以来,日本官产学委托研究形式迅速发展,所谓委托研究即为企业和中央其他政府部门委托国立大学进行研究,接受委托的大学使用企业或政府部门提供的经费开展研究,向企业或政府提供科研成果;与此同时,更多的大学通过专利转让分配制度的创新来激励大学教职员工科技成果商业化行为。产学官合作最具代表性的是早稻田大学,最受肯定的是早稻田大学建立的官产学研推进中心,构建了高效运用校内智慧资本的官产学研合作平台。通过这种创新机制实现了"大学向企业界提供研究成果贡献社会,企业界则将研究成果商品化并返利于大学,使得学校进一步发掘研究成果,并激活教育"螺旋式上升[①]。在这三螺旋创新模式中,早稻田大学官产学研推进中心成为政府、企业、大学合作的中央处理器,而技术转移管理组织和创业孵化推进室则是处理器的双核,具体运作如图6-15所示。

---

① 长平彰夫,西尾好司.动き出した产学官连携:知财立国の实现に向けて[M].中央经济社,2003.

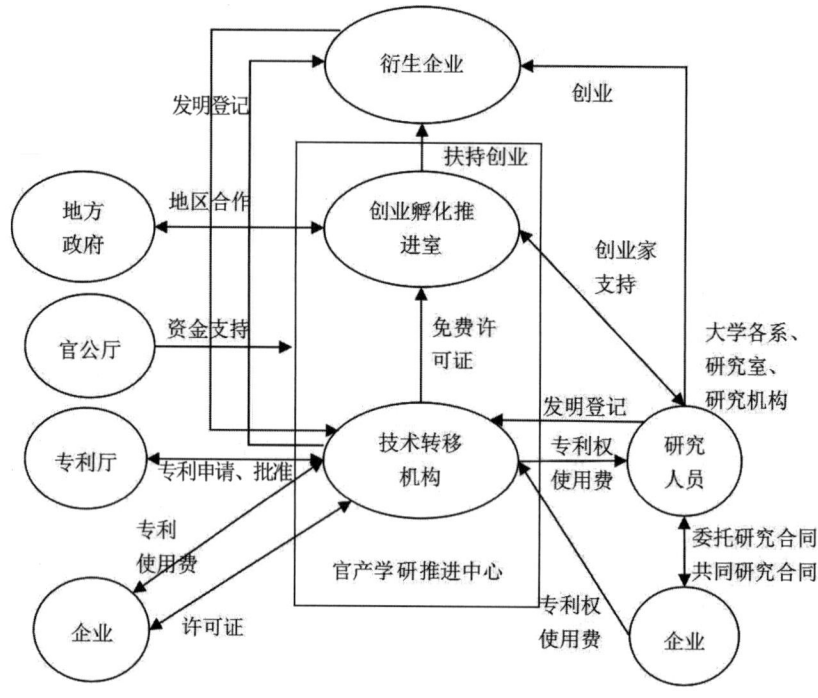

图 6-15　早稻田大学官产学研推进中心运行图

(二)构建新型的产学研合作机制

所谓的机制是指一个系统内,各元素之间相互作用的过程与功能,可理解为机构与制度。产学研合作机制即为大学与企业合作过程中,相关的构成要素之间相互作用与因果的联结关系、工作方式与运行原理。简而言之,即为产学研合作参与者、合作各个环节及其所处环境因素,如体制、政策、条件等的相互联系、相互制约,以发挥特定功能的运行过程。①

1.构建产学研合作的协调机制

产学研是大学、企业等主体相互协调、优势互补,有效整合各类资源,实现技术集成创新与企业化的过程。多方主体的参与必然涉及协调机制的问题,只有构建有利于完成科研开发计划的协调机制,确保双方的信息沟通畅通无阻,才能将多方主体之间的交易成本降到最低,实现真正的双赢。这一协调机制应包括技术创新中的协作以及资源要素配置间的协作两部分。其中,技术创

---

① 郭斌.知识经济下产学研合作的模式、机制与绩效评价[M].北京:科学出版社,2007:76.

新过程协作能够促进资源要素协作的改进与完善,从而为技术创新提供技术、结构及流程支持。技术创新过程协作主要有三个阶段,前期需要完成需求分析、合作方确定等环节,中期完成合作方式确认、技术开发、成果验收等环节,后期则协作完成成果转化、利益分配、效果评估等环节;资源要素配置协作则包括政策、资金、设备等要素的严密协作,促进技术要素的协同作用。具体如图 6-16 所示。

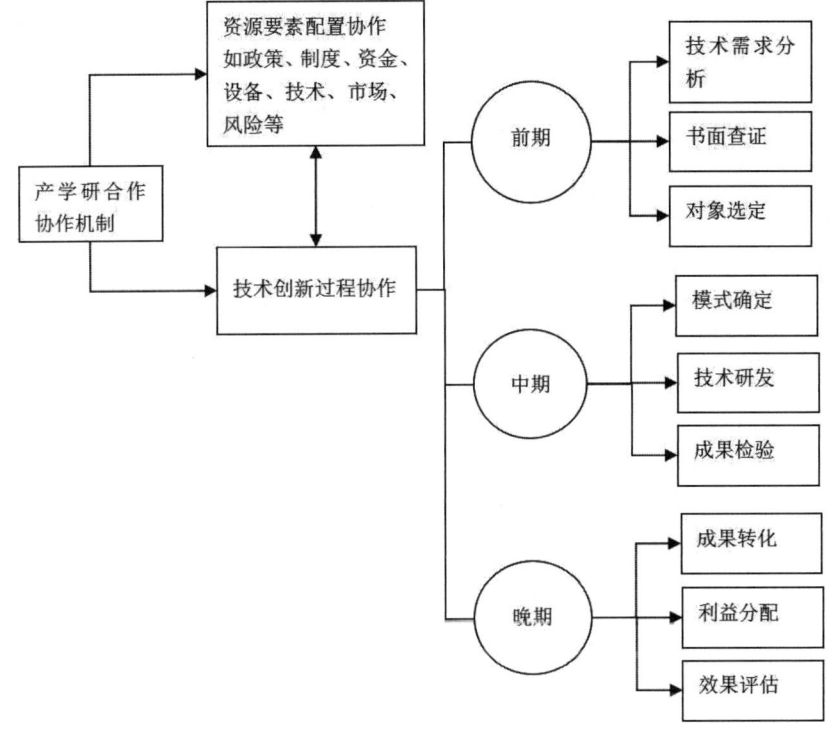

图 6-16 产学研合作的协作机制

2.构建产学研的激励机制

所谓的产学研激励机制实质上是政府或合作主体利用各种激励政策措施,推动技术创新和产学研合作深入开展的一套较为固定的结构、方式、关系等的综合,可见构建产学研的激励机制需要形成一系列有效的制度与规范,促进激励主体和激励对象之间发生良好的化学反应,从而提高产学研合作的绩效。[①]

从合作主体之一的大学看,其产学研的激励机制重点在于制订大学各主体积极参与产学研的激励政策,且该政策应具有层次性,不同层次的人员需求

---

① 唐小旭.区域产学研结合技术创新研究[D].哈尔滨:哈尔滨工程大学,2009:79－90.

不同，需要区别对待。首先是激励政策的全面性，即全体科技工作者应是激励政策的适用对象，避免只针对某些科技拔尖或骨干的片面激励，这是激励政策体系的基础部分。只有大部分人愿意参与产学研，才能形成规模，提高大学的影响力，从而加快技术成果的转化。其次激励政策制定应在分析不同层次人员需要的基础上，以调动所有人积极性为导向，设置合理的激励标准，如对年轻的科技工作者重点是给予方向，并适当给予压力，激励其寻找突破；而对资深科技工作者则以鼓励自我超越为主，这是马斯洛层次需求理论的具体实践，也唯有此，才能使得激励政策发挥最优效果。再次，激励政策应建立公平的利益分享制度。在产学研合作开展过程中，不同的主体对目标及定位具有差异性，使得各自对利益的分配都有自身的期望值，这必然为长久持续开展产学研合作埋下隐患。因此对大学而言，如何降低内部科技工作者参与产学研合作的利益分配冲突的风险尤为关键，一方面应清晰制定明确的内部分配政策，界定各方利润分成比例等事项，另一方面可采用合作经费分段式结算的办法，在研发阶段支付一部分，而在技术成果企业化阶段则可按投资比例分成。而大学与企业之间的利益分享，更需要协商一致，在合作前明确利益分享方案，避免利益冲突导致合作的失败。最后，激励政策应配套完善的保障制度，如合同管理制度、知识产权申请及保护制度等，维护其正当权益。

在大学建设完善产学研激励政策体系的基础上，应加强与企业的沟通，积极促进企业创新激励政策，确保双方的合作更为紧密，提高产学研运作的效率。与此同时，更需要政府通过政策引导，激励产学研合作主体优化科技资源配置，确保合作各方的目标与利益趋同，从而推动产学研合作的深入开展。其具体形式可通过立法规范产学研合作市场，并通过税收、金融、财政等经济措施，鼓励合作主体加快开展技术创新。

大学－政府－企业三方从各自在产学研合作中的角色与职能出发，构建促进一套内部与外部交流合作的制度与规范，从而形成产学研合作激励机制，特别是大学为加快实现创业型大学建设战略目标，应积极主动与企业界、政府沟通，利用自身的智慧资本，提高影响力，从而构建有利于自身发展的产学研激励机制。

6.4.7 建设完善的创业教育体系

创业型大学作为新的大学模式，其创业的本质就意味着应具有开创精神或创业精神。当然,这并不单纯指经济创业,还包括教学科研中的开创精神。[①] 这就意味着,创业型大学应将培育创业精神作为日常教学的一部分,加强实践课程比重,营造创新创业氛围,以确保创业型大学的巩固与发展。而完善的创业教育体系是大学建设创业文化的有效途径,美国大学建设创业文化的经验尤为具有说服力。美国大学创业文化有力推动了大学成功向创业型大学转型,从而推动了美国经济持续的发展,而这些大学的创业文化建设在很大程度上是依赖正规的创业教育体系。如前文对比我国重点研究型大学与国外典型创业型大学创业教育方面的结果显示,这正是我国大学所欠缺的。因此,通过构建完善创业教育体系是提高教师、学生创新创业能力、建设大学创新创业文化的重要管理策略,是实现建设创业型大学战略目标的支撑。

(一)树立系统的创业教育理念

创业教育是创业型大学有别于以往大学教学活动的根本标志,是具有根本性变革的新的教育理念,它包含了素质教育所提倡的创新或创造教育,核心任务在于培养学生的创业精神。从现有典型的创业型大学成功经验看,创业教育在整个转型过程中扮演着重要的角色,且创业教育并非仅仅是"业余教育",而是全面的创业教育体系,如美国麻省理工学院、斯坦福大学,通过树立系统的创业教育理念,并在实践中逐步培养学生的创业意识,通过尝试新产品和新的服务方式,在市场上有效地体现创业的价值。

(二)构建创业课程体系

创业课程体系是创业教育的重要组成部分,是培养学生创新创业能力的基石。首先拓宽专业口径,强化学科的渗透与联系,加强基础课程比例,增强学生的适应能力。其次提高开放式研究课程,训练学生创造性思维,如浙江大学设置了一百多门的研究探讨课程,并设置相应的课题;美国麻省理工学院开设了《创业学》、《创业心理学》、《企业家精神》、《创业指导》等课程,美国芝加哥—布斯创业教育课程则综合全部商学科,如营销、资金运作策略等,并注重让学生走出课堂,在真实的环境中寻找创业资金的资助,从而帮助学生培养建立企业、投资企业、募集资金、评估创业机会等能力;美国阿可顿创业卓越基金会所提供的创业课程则有综合性和工具性两种,这两类课程分为四个知识层面,

---

① 迈克尔·夏托克.成功大学的管理之道[M].范怡红,译.北京:北京大学出版社,2006:35.

每个层面包含三个板块,如表6-2、6-3所示。再次,建立创业教育师资队伍。师资队伍是创业教育的基本保障,要加强教师对国内外创业教育的新知识和新方法的学习,通过举办在岗培训不断提升创业教育教师的能力,同时要创造机会,让教师到企业交流学习,甚至开展短期顶岗工作,使得教师能够了解市场、了解企业运作的过程,以提高创业教育的水平与能力。

表6-2 芝加哥—布朗创业教育课程体系

课程类型	具体课程名称
创业理论课程	创业资金与私人股本、新企业策略、建立新企业、商业化创新、公益创业、创业销售、房地产挑战、发展新产品与服务、新产品实验与策略发展、技术策略、设计与领导创业公司、创业的统计视角等
创业实务课程	创业特别主题、发展企业计划的小型研讨会、创业实习研讨会、新企业与小企业实验室、私人股本/企业资本实验室、国际创业实验室、房地产实验室等
其他相关课程	税收与商务策略、远程通信、媒体及技术、企业经济学与政策、市场营销研究、市场营销咨询、应用战略管理、能源市场的创新与可再生能源的机会等

(三)创造学生参与创业活动的良好环境

积极与企业界联系,让学生在学习之余,能够到科技创业园、高新技术企业开发区、科技企业育成中心等创业孵化载体实习实训;并通过举办各种创业模拟实验或竞赛,使得学生具有创业企业家的思维,培养创新创业的精神。

表6-3 美国阿克顿创业卓越基金会创业教育课程体系

四个知识层面	三个具体板块		
从构想到现实	创业者应具备什么品质与能力?谁是创业者?	你真想创办企业吗?	如何开发自己的创业创造力?
着手准备创办企业	收集信息,了解市场	制定可行的计划	利用各种渠道与资源将企业推向市场
创建企业细节	成功商务计划的要素	资金来源渠道	企业资金如何运作
实施企业创建	建设创业团队	成功企业应有的有效市场营销策略	利用各种渠道壮大企业

6.5 大学经营管理转型的策略保障

6.5.1 向创业型大学转型中的冲突管理

(一)冲突与冲突管理的内涵

冲突是一种普遍存在的社会现象,只要是任何行为对立或敌对双方无法兼容的态度都属于冲突的范围,既包含个体内心存在的动机争斗,也包含外在的实际斗争。冲突最终产生的影响具有两面性,有往好的方向发展的建设性冲突,也有破坏性的冲突,前者的前提是目标一致,但在局部看法或方法存在差异时引起的,后者则是目标对立的。从组织内部的冲突看,冲突会影响到组织绩效的产出,冲突水平与组织绩效具有密切的关系,如图6-17和表6-4所示。可见,适当的冲突有利于刺激组织的活力、生机和创新,提供组织变革的内在动力,从而提高组织绩效。

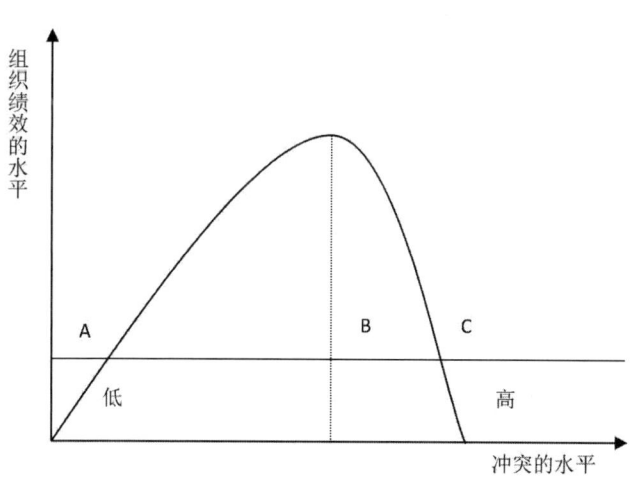

图6-17 冲突与组织绩效的关系图

表 6-4 冲突与组织绩效关系表

情况	冲突水平	冲突类型	组织特征	组织绩效
A	低或无	功能失调	冷漠、迟钝 对变化反应慢 缺乏新观念	低
B	最佳	功能正常	组织充满活力 组织更新快	高
C	高	功能失调	混乱无序 不合作	低

在了解冲突本质后，不难理解冲突管理的内涵。冲突管理是对冲突进行有效的预防、处理和利用的组织行为过程。根据冲突的双重性，即建设性冲突对组织的发展具有推动作用，而破坏性的冲突容易导致组织的分崩离析，这意味着冲突管理者不仅要解决组织的破坏性冲突，还需要刺激建设性冲突，以促进组织目标的达成。冲突管理能力高低与管理成功与否有正相关关系。创业型大学作为组织机构存在，必然避免不了冲突现象，冲突管理对于大学向创业型大学转型而言是保障其成功运行的重要驱动力。

(二)向创业型大学转型中面临的主要冲突

1.人文与自然学科的冲突

自然学科因其自身实际应用的属性，使得该领域师生，特别是工科的师生具有开展创业活动的天然竞争优势。但人文学科的师生，所能获得创业活动机会则少很多。再加上人文学科更多是经验的积累，理论知识是抽象化的实干经验，若没有干中学、干中积累的过程，人文领域理论很难直接转化为生产力，可以说没有经历就没有经验；而该领域的师生能够积累这种经验的机会较缺乏，使其无法在有效积累的基础上开展创业活动，要取得创业成功难度非常大。自然学科天然的应用属性与人文学科经验积累属性的差异性，使得两者长期处于严重失衡状态，在创业型大学管理过程中，必然面临着两个领域在开展创业活动中的冲突，需要更好地协调管理，使得人文学科有长足发展，自然学科也能够更深入发展。

2.学术价值与商业价值的冲突

从创业型大学经营管理重点领域——创业价值追求——创业管理的核心要素，不难看出创业型大学具有某种与企业趋同的特质；且创业型大学发展的缘由之一便是解决大学财务问题，使得创业型大学在某种程度上必然要利用自身独有的智慧资本优势追求一定的商业价值,以获得生存发展所需的资金资源。然而,创业型大学作为大学发展的新阶段,必然具有大学的本质特征,即非营利性组织、学术性团体的本质。这种特性要求大学在科学研究中所获得的知识和技术等智力成果需要向社会公布,实现全社会共享,推动整个社会的发展进步。但企业的特质是要求在短期内,快速通过某种竞争优势获得收益,以实用性和商业性为衡量的基本标准,且这种竞争优势必然要求保密性,是具有独占性和排他性的。两者之间学术价值与商业价值追求的冲突较大,具体区别如表6-5所示。正确看待学术价值与商业价值的冲突,通过冲突管理实现两者之间的协调平衡,是建设创业型大学的前提。

表6-5 大学学术价值追求与企业商业价值追求的异同

组织类型	性质	价值追求	功能定位	衡量标准	行为措施	产出
大学	非营利性	学术价值	教学、基础研究、服务社会	同行认可	公开	人才、知识技术研究成果等
企业	营利性	商业价值	应用研究、商业开发	消费者认可	保密	产品、服务、技术知识等

3.学术型创业家与投资者的冲突

教师作为建设创业型大学重要主体,在积极参与创业活动中,更多以学术型创业家角色存在。他们了解技术创新的来龙去脉,了解每个技术方案可行性以及最大创新点,但是对市场的敏感性以及团队管理能力是其最大薄弱点。而投资者了解市场需要什么产品、如何将产品推向市场以及如何最大限度发挥团队的作用。[①] 从表面上看,两个群体能够形成良好的互补性,然而两者不同的教育背景、期望、信息资源及沟通表达方式往往成为两者建立充分信任和理解的最大障碍,甚至会存在巨大的冲突。

4.教师创业与现有管理制度的冲突

创业型大学建设过程中,不可避免的是教师角色转化。教师不仅是知识创造与传播者,同时也是知识应用的实践者。关于这两者角色孰轻孰重,麻省理工学院于上世纪初期已经爆发过一次大争论,教师创业与外界对教师传统角色的认知,以及与现有大学管理制度存在较大的冲突,特别是教师创业所要投入的精力是无法预测的,如果处理不当,容易引起一系列冲突。

---

① 陈劲,陈钰华,朱学彦.学术型创业家特质要素、人力资本作用路径与创业环境分析[J].科研管理,2005(10):23-27.

(三)实施创业型大学转型中的冲突管理策略

创业型大学建设过程中所要面临的冲突同样具有两面性,一方面能够促进大学各项制度的完善,提高大学活力,另一方面如果没有处理好这些冲突,可能会带来极大的破坏,严重影响创业型大学的运行。作为创业型大学的经营者并不是想方设法阻止或消除冲突,而是要在遵循不局限事后控制、控制在适当水平内、求大同存小异三大原则的基础上,管理好冲突,适当诱发建设性冲突,充分利用其刺激功能,促进组织往积极方向发展;限制破坏性冲突,尽量把已出现的破坏性冲突往建设性轨道上引导,控制其消极影响,具体做法如下:

1.建立冲突预警机制,健全冲突管理的规章制度

美国学者洛伦兹于1979年12月在一次科学促进会上提出:"一只蝴蝶在巴西扇动翅膀,有可能会在美国的德克萨斯引起一场龙卷风。"这是所谓的"蝴蝶效应",它反映出混沌运动的一个重要特征:"系统长期行为对初始条件的敏感依赖性。尽管这种初始条件十分微小,但经过不断变化、放大,对未来状态会造成极其巨大的影响。"[①]因此,创业型大学要管理好冲突,应建立冲突的预警机制,弄清楚各种初始条件的细节,制定全面、合理的规章制度,以全面、系统地管理可能存在的冲突。一方面可根据创业型大学总体发展规划,从顶层设计上协调好鼓励教师积极从事科技成果转化等创业活动与传播知识、培养创新创业人才等教学活动,保持两者处于较为平衡的状态。甚至可参考美国麻省理工学院针对教师不同角色进行时间分配,明确科研人员从事研发工作,以及创业人员从事创业活动的时间限制,该学院要求教师作为创业人员的角色,每星期可以有一个工作日时间从事创业活动。这既把教师开展创业活动合法化,保障师生积极从事科研成果转化的创业激情,又不影响教学与研究的本职工作;同时还规定教师应向所在系负责人详细汇报外部活动的内容和收益,使其行为处于受监督的状态。麻省理工学院全面、合理的规章制度解决了教师多重身份之间的冲突,实质上就解决了创业型大学教学、科研与创业之间的冲突。

2.避免发展混合型的衍生企业

衍生企业是创业型大学重要标志之一,其具体类型主要有独立型、混合型

---

① 王慧.高校教师职务聘任管理中的蝴蝶效应[J].黑龙江高教研究,2006(11):15—19.

和技术型。独立型是指教师作为创业者,带着相关技术,完全脱离大学,独立创建衍生企业,仅在后续发展中,与大学有着承接知识技术转移的联系;混合型是指相关技术研发人员仍属于大学的职工,但同时在企业从事一定的管理工作,并继续向企业提供技术;技术型是指技术研发人员与新创建企业无任何联系,仅仅是技术从大学输出,只有在必要的时候提供一些技术咨询。这三种类型中,最容易产生学术价值与商业价值冲突的是混合型的衍生企业。教师双重角色穿梭于大学与企业之间,作为企业管理者必然需要从企业发展角度进行技术保密,因而这种混合型衍生企业应该规避。如上文所介绍的美国麻省理工学院经验,该学院明确规定教授及其创业团队不得在企业担任直接的管理职务,只能以顾问方式从事创业活动,所有大学的科研程度都必须向社会公开,只能以专利特许方式进行技术转移,这是向创业型大学转型中,处理学术价值与商业价值的最直接方式。独立型和技术型衍生企业是冲突较小的两种方式,作为创业型大学管理应该尽量引导往这两个方向发展,这样大学既实现技术、人才等转移,完成服务社会的职能,又能降低或规避冲突。

3.强化人文与自然学科的融合,重视通识教育

人文学科有利于开拓人的思维方式,丰富精神思想,培养人才的创业精神,这是创业型大学凝聚创新创业文化不可少的。将人文与自然学科融合起来,对培育创业型人才具有双赢和优势互补的效果。人文与自然结合创业最典型的例子是惠普公司的成功。惠普创始人之一 Hewlett 是技术研发者,申请了一份发展专利,但没有创业的思路和资源,而另一创始人 Packard 是一名会计,擅长于推销,两人决定合作创业,并在硅谷成立了一家高科技公司,即为惠普公司,两者的优势互补,成就了惠普的长盛。创业型大学强调的是创新创业文化的凝聚,并在这种文化影响下,有更多的人为建设创业型大学做贡献,但这不意味着要强化所有学科的创业行为,让所有的师生都扩大外延,从事商业性服务。应该说大学的所有学科都能够为大学的创业行为做出自己的贡献。[1]

4.建立信任机制,搭建解决冲突的平台

冲突往往发生于信息不对称、沟通不顺畅。现今信息获取的方式众多,沟通的渠道多样,但是面对面沟通的传统方式反而被忽略,最有效的沟通应是面对面的直接沟通。因此要管理冲突,从源头上应鼓励建立信任机制,强化沟通

---

[1] 陈伟,韩孟秋.欧洲创业型大学的组织转型及其启示[J].理工高教研究,2003(02):45—47.

的有效性,重视合作与交流,促使组织内部及组织与外部保持和谐的、有效的、顺畅的沟通状态,以降低冲突发生的可能性。

信任机制是预防冲突的重要前提。但当冲突已经发生时,更重要的是一个能够解决冲突的平台,以使得冲突变为共赢的智慧。事实上,但凡冲突都需要一个能够畅所欲言的平台,一方面了解冲突发生的全过程,判断冲突的类型及级别,另一方面能够宣泄的冲突是可控的,如果一味让冲突无处可诉,最终会加速冲突的蔓延,发展成为不可控的局面。这个平台的存在可以是正式的,也可以是非正式的,如由大学内部不同团体的代表组成虚拟委员会,全权处理发生的冲突,或者建立正式的组织部门,及时了解各方面的冲突,并将冲突尽量解决在发生初期等。

6.5.2 向创业型大学转型中的风险管理

(一)风险管理的含义

风险管理即为对风险开展识别、衡量判断并加以控制的过程,包括了风险的度量、评估和应变策略三部分。风险管理的对象是风险(如图 6-18 所示),其目标是以最小的成本获取最大的安全保障,涉及财务、安全等多个方面,是

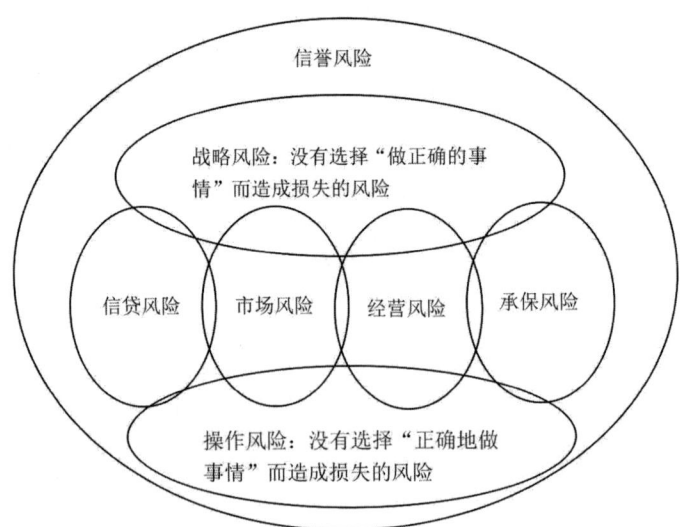

图 6-18　组织风险类型

一个完整方案,是一个系统工程。创业是一种高风险的活动,对于建设创业型大学而言,离不开风险投资市场支持,就意味着离不开风险管理。创业型大学能否引入多方投资,以填补资金缺口;能否成为区域创新网络的重要推动者,以实现其创业型大学的战略目标,重要的前提是能不能建立有效的风险防范体系,以化解、规避、降低各种损失。可以说风险管理是创业型大学经营管理不可或缺的组成部分。

(二)向创业型大学转型中存在的主要风险

1.技术风险

高校的科研成果一般是引领技术创新,往往是全新的技术,是否具有市场潜在价值,是否具有可操作性,是否能商品化等问题都不明朗,存在较大的技术风险。究其根源,主要有三方面:一是技术信息不对称,使得低水平研究成果成为风险;二是创新成果因所需的技术配套条件不成熟而存在技术转化风险;三是我国大学科研项目基本来源于政府,其追求的目标更多在于技术先进性,而非市场所需的技术实用性。[①]

2.市场风险

市场是检验大学创新成果转化成功与否的试金石,包括大学科研成果能否满足市场需求,最终转化的产品能否为市场所接受。这些是创业型大学技术成果转化所要面临的最直接的市场风险,也是最核心的风险。大学依赖政府的惯性,使其远离市场,对市场的预期前景判断能力弱,对消费者的了解更是少之又少,这加大了市场风险。

3.资金风险

大学的科研项目一般是以单独形式存在的,研究的领域较为分散,这使得科研成果也处于较为分散的状态,缺乏系统性规划。当技术转化进入企业化阶段,必然需要二次开发,使市场规模效益能达到最佳状态。[②]但是二次开发需要庞大资金支持,且需要根据市场预测进行完善的规划,这些都是大学所欠缺的,特别是资金的持续投入方面,即使能够有足够资金投入,二次开发的市场风险依然存在,甚至更大。

---

① 许长青.论大学与企业科研合作的风险防范机制[J].现代大学教育,2007(02):67—69.

② 周立,易难,张继红.大学科研成果企业化过程中的风险与防范[J].科技进步与对策,2002(05):23—27.

4.合作风险

创业型大学离不开与市场中的企业、投资者等进行合作,但是双方实质上又存在价值取向、利益冲突及信息不对称的问题,特别是大学往往处于信息弱者的地位,这种合作对大学而言,是具有较大风险的。大学开展技术成果转化等创业活动的目标在于获取更多资源,重点目的还是在于教学职能的延续,并非如企业一般,是追求高额利润;企业愿意承接大学的科研成果则是为了获得市场竞争优势,以获得更多的经济利益;风险资本家作为第三方委托人的角色,三者之间的交易存在严重信息不对称,这诱发了企业或风险资本家等信息优势方,在交易中总会选择最利己的方案。特别是风险投资者为追求自身利益最大化而做出不利于大学的行为,从而产生道德风险,不利于大学开展各项创业活动。[①]

(三)实施创业型大学转型中的风险管理策略

1.开拓资金来源渠道,实现投资主体多元化

目前政府为鼓励技术创新,充分利用其较强的资金和组织调控优势,出台各项政策,为技术创新提供良好的环境,如设立种子基金为技术创新提供贷款贴息、优惠的税收政策等,并积极引导社会资本投入技术创新领域。创业型大学应充分利用这一良好的政策环境,积极吸引国内外风险基金的介入,争取更多支持大学转型发展的政策措施,开拓资金来源渠道,实现投资主体多元化,以降低建设创业型大学中的资金风险。

2.建立与创业风险投资企业的长效联系机制

创业风险资本是创业型大学开展创新创业活动的灵魂。[②] 而风险投资相关企业正是风险资本的运营者,是促进科技成果转化及创建高技术企业的金融组织,它不仅能够为大学师生创建衍生企业提供资本,也能充分利用风险投资者所积累的市场经验、知识及资源网络等为其提供商业建议。这对于缺乏市场运营经验和敏感性的学术型创业家而言极为重要,大大降低了创业型大学技术、资金、市场等方面的风险。因此,创业型大学要充分利用自身智慧资本创造者的优势,不断提高科研创造能力,开发具有市场潜在价值的技术,以

---

① 吴少新,王国红.大学科技园创业企业风险资本融资的激励机制分析[J].江汉论坛,2006(02):35—38.

② ZHOU C Y,PENG X M.The Entrepreneurial University:Is It Possible in China? [M]//Science&Public Policy.United Kingdom:Beech Tree Publishing,2008(04).

吸引、凝聚更多风险投资企业聚集在大学周边,并建立双方长效的联系机制,及时公布各种技术创新项目,打通两者之间的信息壁垒。

3.选择恰当的合作伙伴,培养大学专业评估队伍

如上文所述,创业型大学因自身处于市场信息的弱者而面临更多的合作中的"道德风险"。这就需要对合作对象进行有效的甄别,一般可根据技术类别的不同寻找不同合作对象,若技术创新性高,且需要长期持续的投资,需要选择实力强大的大企业合作,确保资金供给的持续性;若技术容易被模仿,开发难度低,应以灵活的小企业为主要合作对象。再者,为确保大学科研成果企业化过程中能够获得前沿的市场信息,提高对市场的敏感性,大学应建立自己的专业评估队伍。这支队伍既懂得技术,又善于经营,能够充分预测科研成果的市场前景,以筛选适合的技术作为转移对象,同时更能够评估技术的市场价值及投资经济效益,降低与外界合作的风险,减少创业风险。专门的技术转移机构是降低合作风险的最大保障,也是目前成功转型创业型大学的普遍做法。

4.建立风险资本退出机制

合理有效的风险资本退出机制,既是吸引风险投资者的重点,也是实现资本增值和循环利用的重要手段。风险资本市场的完善既包括资本的进入机制,也一定包含资本的退出机制,唯有此才能吸引更多的资金投入。创业型大学在创新创业中,与风险投资企业合作,应在事先约定具体的退出机制,包括退出的条件及方式,如通过企业公开上市,风险投资者可进行股票买卖,退出所投资的企业,或通过回购、转让股权等措施及时退出。

6.6 本章小结

进行创业管理是大学向创业型大学转型的关键策略。而创业管理的实现则需要大学实现经营管理转型,这要求大学经营者必须进行思维变革,构建大学经营的愿景与目标,促进管理体制机制的变革,构建创业型的组织结构,重塑技术转移流程,并创新产学研合作机制。在大学经营管理转型过程中,要妥善进行冲突管理与风险管理,从而保障中观层面大学经营管理转型策略的顺利实现。

第 7 章

教师的参与意愿提升
——创业型大学转型微观层面策略研究

本章将立足于微观层面的策略探讨,从执行层——教师主体的角度探讨如何通过提高其参与创业型大学建设的意愿,以实现经营管理转型策略,从而实现建设创业型大学战略目标。本章运用人力资源管理理论,探讨提升教师参与创业型大学建设意愿的必要性,分析他们具体扮演的角色;同时将界定教师参与创业型大学建设的方式,即为开展咨询、培训或创建衍生企业,为后续研究奠定基础。进而从不同维度选择影响教师意愿,如个人特征、家庭背景、学校层面因素、区域环境因素等,并对这些因素的预期结果进行分析,在实证结果的基础上提出相应对策。

7.1 提升教师参与大学经营管理转型建设意愿的必要性

7.1.1 教师在大学经营管理转型策略中的角色

中欧国际工商学院飞利浦人力资源管理教席教授杨国安在其著作《组织能力的杨三角》中指出:"组织的持续成功=战略×组织能力,只有当组织能力匹配了正确的战略,组织才能持续发展。而组织能力是一个团队所发挥的整体战斗力,它需要三根支柱:员工能力、员工思维模式和员工治理方式。所谓的员工能力是包括管理层在内所有人员应具备能够实施战略、打造组织所需的知识、技能和素质;员工思维模式是组织全体所有成员在工作中关心、追求和重视的事情是不是与组织所要引导的方向一致;员工治理方式则是组织设计出的支持战略实现的组织架构、分权模式及流程。组织能力的这三个支柱具有严格的顺序,员工能力在前,员工思维模式居其中,而员工治理方式最后,层层递进,最终形成匹配实现战略所需的组织能力。"①如图 7-1 所示。

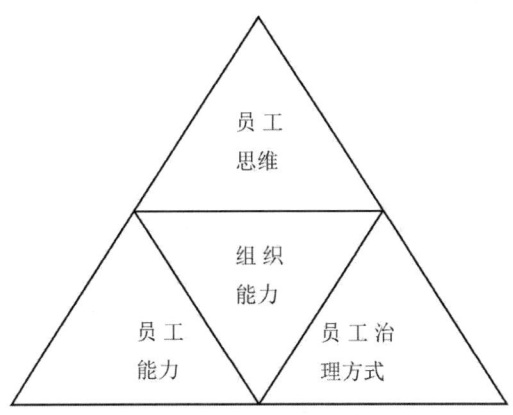

图 7-1　组织能力的杨三角模式

大学在实现建设创业型大学战略目标的过程中,同样离不开员工能力的支撑,离不开整体创新创业文化对员工思维模式的引导。狭义来看,作为教学与科研一线工作者的教师队伍就是大学组织的核心员工。再者,从前文提炼的影响创业型大学形成主要因素不难看出,大学整体能力对实现创业型大学战略目标的重要性。本书第五章从经营管理层面分析了实现创业型大学建设战略目标的路径,即为分析大学如何建设匹配创业型大学组织能力的过程。然而,建设创业型大学仅仅从经营管理层面探索转型路径,只能解决中观层面的问题,如果最终策略能直达微观执行层面就意味着达到最佳效果。一旦执行层面脱节,则意味着组织的战略目标未能得到很好落实,并未"落地"。要解决经营管理策略执行层面的问题,关键是解决教师能力能否匹配的问题。究其根源在于教师是建设创业型大学的主力军,是执行大学管理转型策略的核心力量,具体体现如下:

1.教师是大学提升科研实力确保科技成果产出的主力军。如前文所述,科研实力是成功建设创业型大学的主要影响因素之一,是建设创业型大学的基础条件。而教师是大学开展科研工作的主力军,教师科研水平直接决定了大学整体科研水平,其成果产出情况决定了大学科技成果转化的多寡。教师

---

① 杨国安.组织能力的杨三角[M].北京:机械工业出版社,2010:36.

是否具有强烈的市场竞争意识,是否掌握市场技术需求的趋势,是否具有参与科技成果转化的意愿,直接影响了大学科技成果转化的成功率。

2.教师是实现创业型大学服务企业三大形式的核心力量。创业型大学为企业服务主要有三种形式:企业咨询、专利技术转让和直接参与创办高科技企业。这三种形式的实现都需要教师的参与,特别是创建衍生的高科技企业。然而,通过技术成果项目创建衍生企业是一个艰难的过程,投入大、风险高,需要创业者对技术成果非常熟悉,同时要具备市场化运作企业的经营管理能力。教师作为科技成果的研究者,直接创建高技术衍生企业具有天然的优势,是实现大学技术转移的核心力量。再者,大学向创业型大学转型绕不开的是创业管理,需要一个强大的团队来识别创业机会,并抓住机会,利用各种资源,实现创业价值,而这个强大团队的核心组成成员必然是教师主体。

3.教师是大学创业型人才培养的引领者。19世纪俄国教育家乌申斯基指出:"教师个人的范例,对于青年人的心灵,是任何东西都不可代替的阳光。"创业型大学的教学已不再是传统孤立的、理论的教学,而是需要与研究、服务社会两大职能结合更为密切的教学,需要培养的是高层次创造性人才。但这一教学转型离不开教师的支撑,没有教师对教学模式的创新,对市场信息的吸收和转化,难以实现人才培养的转型。教师作为引领者,通过自身思维的变革,将创新创业理念不断向学生传递,并主动培养人才敢于创新创业的冒险精神,对创业型大学建设至关重要。

4.教师是大学创新创业文化的建设者与传播者。依据本书第三章所提炼的影响创业型大学形成的主要因素中,创新创业文化是其中重要构成之一,对建设创业型大学战略目标具有凝聚力量、引导所有人员朝着同一目标努力的作用。但创新创业文化并非行政命令就能形成的,是所有成员在认同的基础上,积极参与建设的结果。教师作为大学的中坚力量,具有承上启下的作用。在大学组织层面,教师是组织各项工作的具体执行者,是组织理念的落实者,是组织企业文化的实践者与建设者;而对下,主要是指对学生的影响,教师通过创业型人才培养引领者的角色,将大学所提倡的创新创业理念传递给学生,提高学生创业的意识以及参与创业的积极性。通过教师这种承上启下的作用,能够形成浓厚的创新创业文化,并时刻影响着大学内所有成员的行为,最终促进创业型大学的建设。

7.1.2 教师意愿对大学经营管理转型策略实施效果的影响

杨国安教授指出:"一个组织的员工具备了与实现战略目标所需的知识、技能,并不意味着组织具有了实现战略目标的能力。因为员工会做不代表着愿意做。"[①]可见,员工的意愿影响着其能力发挥的程度。从组织共性看,教师作为大学的员工,教师能力是大学组织能力形成的基础,而教师意愿则是教师发挥优势、形成组织能力的推动力,必然影响教师在落实大学经营管理转型策略的结果。教师意愿越高,积极主动参与大学经营管理,就越快实现经营管理转型目标,反之,即使大学管理层制定再完美的经营管理变革计划,也难以将所设定的目标落到实处,最终可能导致建设创业型大学战略目标的失败。

可见,提升教师意愿,对促进教师不断提高自身能力,提高大学整体能力,落实大学经营管理转型策略,并最终实现建设创业型大学战略目标具有重要的作用。

7.2 教师参与创业型大学建设核心方式的界定

教师参与创业型大学建设的方式多种多样,如向学生传播创业型大学的理念、积极配合科技成果专利申请、主动联系企业提供必要的技术知识培训、创造机会到企业兼职、关注创业机会以实现自主创业,等等。无论哪种参与方式,对实现建设创业型大学战略目标都具有正向的促进作用。但从作用的程度看,这些多样的参与方式具有层次性。若泛泛而言,则无法抓住重点,更无法切中要害来提升教师意愿,从而高效、快速促进战略目标的实现。因此,本书认为有必要对教师参与创业型大学建设的方式进行界定,以为研究教师意愿及提出相应策略奠定坚实的基础。

从创业型大学与传统大学的区别看,服务社会职能是最核心的。而服务社会职能的重中之重又是大学将自身的智慧资本转为生产力,以服务企业界为载体,从而推动整个经济社会的发展。由此可见,服务企业界是创业型大学的重要标志。教师积极参与创业型大学建设的核心重点就是主动延伸教学与

---

① 杨国安.组织能力的杨三角[M].北京:机械工业出版社,2010:36.

科研工作,积极服务于企业界。从狭义上看,教师服务于企业界即为教师开展创业的活动,这里所谓的创业活动是指教师开展科技成果转化、技术入股、社会培训或创建新企业等活动。因此,本书所界定的教师参与创业型大学建设核心方式即为教师的这种创业活动。

7.3 教师参与创业型大学建设意愿的影响因素分析

7.3.1 关于创业意愿影响因素的研究

学者 Bird 最早提出意愿的概念,认为意愿是一种心理状态,引导个人的注意力甚至是经验和行动,为了获得某件东西或某种方法,而指向一个特定的目标(目的)或是道路。[①] 美国心理学之父 William James 也指出意愿作为人类的心理过程之一,是心灵中独立的力量,它通过人内心的关注和满意表现出来。可见意愿是行动者有目的的行为,至于行为结果则无法意想。目前针对意愿的研究涉及的范围广泛,如购买意愿、学习意愿、投资意愿等。最近几年学者也纷纷展开了创业意愿的研究,如学者 Katz & Gartner 将创业意愿定义为能被用来帮助达成创业目的的信息搜集,它是旨在一个组织内创造新的价值增长点或创建一个新的企业;Bird 则认为创业意愿应有两个维度,其中之一是学者 Katz & Gartner 所指出的创业者意愿(内生力量)和利益相关者、市场等意愿(外部推力),还包括另一个维度,即理性或直觉。所谓理性的、分析的和因果导向的心理过程是商业计划、机会分析、资源获取、目标设定和大多数目标指导行为的基础;而直觉的、整体的和情景性的思维,如愿景、预感等,同样能够驱使创业者坚定不移地追求创业目标。[②]

在研究创业意愿界定的基础上,大量的学者开始将关注点转向影响创业

[①] BIRD,B.J.BRUSH,C.G.A gendered perspective on organizational creation[J].Entrepreneurship Theory and Practice,2003(3):41—65.

[②] KATS J,GARTNER,W.B.Properties of emerging organizations.Academy of Management Review[J],1988(13):429—441.

意愿因素研究。创业意愿的影响因素研究重点在于提炼能够影响人的创业意愿的相关因素,目前的研究主要集中在以下几个因素,包括:(1)个人的性格特征或心理因素,如风险倾向、追求自我实现的成就感等;(2)外部环境因素的影响,如社会文化、行为榜样、社会资本、鼓励政策等;(3)个人认知因素,如工作经历、工作能力等;(4)家庭背景,如家庭收入、家人朋友支持等;(5)其他人口统计变量的间接影响因素等。

7.3.2 教师开展创业活动支持创业型大学建设意愿影响因素

前文将教师参与创业型大学建设的核心方式界定为开展科技成果转化、技术入股、社会培训或创建新企业等创业活动,因此本书在探讨教师参与创业型大学建设的意愿主要集中在于探讨教师开展创业活动的意愿视角,将焦点放在对创业型大学建设影响最为关键的行为上。事实上,根据 Katz & Gartner[①] 对创业意愿的定义,其内涵既包括了狭义地创建一个新的企业,也包含了广义的在一个组织内创造新的价值增长点,这与本书所界定的教师开展创业活动是一致的,具体体现在:大学教师通过技术咨询、技术专利转让或兼职等形式在一个已有企业内创造新的价值增长点,促进企业的长久发展;同时也包括大学教师愿意克服创业的艰难,以技术成果为依托,创建高技术企业。

综合目前学者对创业意愿影响因素的研究,以及教师主体的特殊性,本书认为影响教师开展科技成果转化、技术入股、社会培训或创建新企业等创业活动意愿的因素主要有区域环境、学校层面因素、个人特征、家庭背景特征以及个人经验/技能特征五个方面。

(一)个人特征

个人特征包括了人口统计变量如性别、年龄等基本的信息,还包括了个人对风险偏向的喜好、创新创造意识以及自我控制力等个人特质。大学教师作为创业者与其他创业者又有较大的差异,其自身教育者的角色相对稳定,所处的环境也相对稳定,若无创业追求,安稳地开展教学与科研工作同样在创造价值,只有当教师个人对接受教学与日常科研工作以外的挑战具有浓厚的兴趣,

---

① KATS J,GARTNER W B.Properties of emerging organizations.Academy of Management Review[J],1988(13):429-441.

才有可能开展如技术咨询、到企业兼职或创建新企业。因此个人特征对教师开展创业活动的意愿同样具有重要的影响。

(二)家庭背景

家庭背景主要是家庭对教师的支持、家庭收入情况以及亲戚朋友的影响和支持。开展创业活动并非易事,需要教师更多的精力投入,没有家人及朋友的鼓励和支持,在遇到困难时,作为创业者的教师很容易因为有退路而放弃,继续享受较为安稳的工作生活状态;而家庭收入的高低对教师开展创业活动也有较大的影响,经济价值始终是物质保障的基础,为获得更多的报酬而开展创业活动无可厚非。可见,家庭背景对教师是否愿意打破现有安稳的工作生活状态,开展创业活动,积极支持创业型大学建设具有影响。

(三)个人经验/技能

创业活动是在市场激烈竞争的环境中进行的,没有一定的经验积累或技能作为基础,再高的创业热情或再好的创业机会都仅是空中楼阁。教师作为一个较为特殊的群体,在相对较为封闭的"象牙塔"工作,与市场的距离较远,对市场的敏感性相对较弱,且抵御市场各种风险的能力较弱,对开展创业活动本身具有较大的担忧。只有逐步积累与市场打交道的经验,如产学研合作经验,建立对市场的敏感性,同时提高自身应对市场各种状况的能力,才会有更高的创业意愿。只有如此,教师才会从开展创业活动的设想,有自信地转化为实际行动,真正积极参与创业型大学的建设中。因此,个人经验/技能对教师开展创业活动的意愿具有重要的影响。

(四)学校层面影响

教师作为大学的组成成员,学校为建设创业型大学所制定的各项措施必然对其具有直接的作用,影响了教师开展创业活动支持创业型大学建设战略目标实现的意愿。具体包括学校不断宣传建设创业型大学的理念、创造创新创业的文化氛围、鼓励教师与外部企业紧密合作、工作绩效体系改革、科研成果利益分享制度改革、举办创业模拟活动、提供技术转让各项服务、设立大学科技园等创业孵化器、开展创业培训,等等。

(五)区域环境

随着我国建设创新型国家战略的提出,推动建立区域创新体系成为各地方政府的重中之重。这个创新体系的主体包含了政府、大学(科研院所)及企业,政府扮演着推动者的角色,通过宏观调控及政策引导,促进大学向创业型大学转型,以使得大学科技创新的优势能够得到最大限度的发挥;同时为激活社会经济,鼓励个体创新创业,各级政府也不留余力地出台各项支持创业政策,包括设立专项的创业支持基金、创业风险企业补贴政策、大学科研管理体系改革政策、鼓励技术成果转化政策、支持产学研合作政策、设立孵化器,等等。这些引导政策,对于大学教师积极主动开展技术成果转化、产学研合作、技术入股,甚至创办企业具有重要的促进作用。因此区域环境,特别是政策环境对大学教师开展创业活动的意愿具有影响。

综合这五个方面的影响因素,可以用以下关系图(图 7-2)来体现各自对教师开展创业活动意愿的影响。

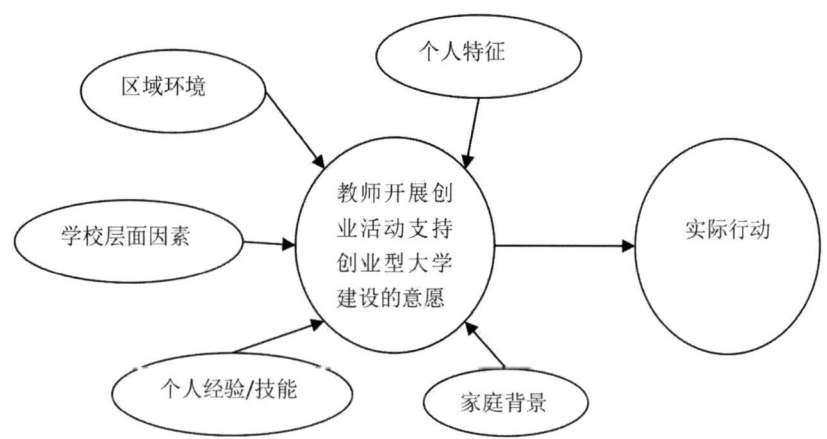

图 7-2 教师开展创业活动支持创业型大学建设的意愿影响因素

7.4 教师参与创业型大学建设意愿的调查

7.4.1 调查对象

本部分研究目标是考察教师个体特征、家庭特征、个人经验/技能特征、学校层面因素以及区域环境对教师主体参与创业型大学建设意愿的影响。据此，本研究按照学院或研究所的属性，即为工科、理科、农学等，选取了6个研究组织作为样本点，然后对教师主体采用随机抽样问卷调查，共发放450份问卷，回收441份，其中有效问卷430份。

7.4.2 变量选择

本书选择了性别、职称、年龄、所在院所属性等作为个人特征变量。性别上看，男性更愿意接受冒险活动，而女性更倾向于追求稳定以方便照顾家庭，因而预期上男性开展创业活动的意愿更强一些；年龄是教师个体的主要特征，预期教师年龄与参与创业型大学建设的状况为年龄较低者其冒险精神较大，越愿意开展创业活动；职称与年龄具有一定的联系，因此当职称越高者，其追求稳定性的愿望越强，开展创业活动的意愿则越低；所在院校的属性主要分为工科、理科、农学、文科等，从实际看工科具有天然从事创业活动的优势，因此工科院所的教师具有更强烈的意愿。

在家庭背景特征则选择了家庭收入情况、家人朋友支持及周边同事参与情况等作为变量指标。从预期看，家庭收入越高，教师对冒险创业的意愿则越低，越趋于追求稳定的工作状态，即经济收入是教师选择愿意开展创业活动支持创业型大学建设的重要驱动力；家人与周边同事朋友的支持对教师而言是一种精神上的肯定，支持程度越高其意愿则越高。

个人经验或技能方面，本书选择了拥有的科研项目及成果情况、科研成果国内外获奖情况、获得的发明专利数以及拥有产学研合作的经验四个指标。预期结果上看，当教师拥有越多的科研项目，且科研产出获得更多的认可，其愿意参与科研成果转化，建设创业型大学的意愿就越高，否则无这些成果支持很难能够获得创业资金支持；而产学研合作的经验对教师接触市场，培养其市场敏感性，以及了解企业运作的情况具有较大的促进作用，因此产学研合作经验越丰富，其开展创业活动的自信心越足，意愿就越高。

区域环境方面，本书从政府宏观政策、风险投资机制建设情况以及企业界对教师开展创业活动资金支持情况四个方面来细化。理论上看，政府政策越完善，给予的创业资金支持越高，教师开展创业活动的意愿越高，就越愿意支持创业型大学建设，而风险投资机制越完善，教师开展创业活动的便利性、成功率越高，其意愿则越高。企业界的资金及经验支持对教师成功创业具有重要的作用，因此企业界支持程度越高，教师的意愿就越高。

学校层面因素是本书要探讨的重点，因此本书从政策、科研管理、绩效管理、科研项目、经费支持等多方面选择了变量指标,以期能够了解学校层面哪些因素对教师参与创业型大学建设意愿影响的程度最深,从而提出具有针对性的政策措施。预期结果来看,学校创业氛围越浓厚、政策越宽松,绩效考核倾向于创业活动,科研管理关注科研成果转化的程度越高,则教师开展创业活动的想法及意愿就越高,就越愿意参与创业型大学建设。具体的变量指标及说明如表 7-1 所示。

表 7-1　教师参与创业型大学建设意愿影响因素变量指标选择

	变量指标	变量定义
因变量	是否愿意参与创业型大学建设	不愿意＝0,愿意＝1
个人特征变量	性别	男＝0,女＝1
	年龄	岁
	学院或研究所属性	工科＝1,理学＝2,农学＝3,文科＝4 实证模型中以文科为比较基础
	职称	教授/研究员＝1,副教授/副研究员＝2,讲师/助理研究员＝3,助教/实习研究员＝4 以教授为比较基础
家庭背景变量	家庭收入	5 000－1 万＝1,1 万－1.5 万＝2,1.5－2 万＝3,2 万以上＝4
	家人朋友的支持	非常不同意＝－2,不同意＝－1,没意见＝0,同意＝1,非常同意＝2
	周边同事参与情况	非常不同意＝－2,不同意＝－1,没意见＝0,同意＝1,非常同意＝2
个人经验/技能	拥的科研项目及经费	非常不同意＝－2,不同意＝－1,没意见＝0,同意＝1,非常同意＝2
	拥有的科研成果奖项	非常不同意＝－2,不同意＝－1,没意见＝0,同意＝1,非常同意＝2
	拥有的发明专利数	非常不同意＝－2,不同意＝－1,没意见＝0,同意＝1,非常同意＝2
	拥有产学研合作经验	非常不同意＝－2,不同意＝－1,没意见＝0,同意＝1,非常同意＝2
区域环境变量	政府创业政策支持	非常不同意＝－2,不同意＝－1,没意见＝0,同意＝1,非常同意＝2
	创业风险投资机制	非常不同意＝－2,不同意＝－1,没意见＝0,同意＝1,非常同意＝2
	创业项目、资金支持	非常不同意＝－2,不同意＝－1,没意见＝0,同意＝1,非常同意＝2

续表

变量指标		变量定义
学校层面变量	创业教育活动	非常不同意＝－2,不同意＝－1,没意见＝0,同意＝1,非常同意＝2
	鼓励政策情况	非常不同意＝－2,不同意＝－1,没意见＝0,同意＝1,非常同意＝2
	绩效考核改革	非常不同意＝－2,不同意＝－1,没意见＝0,同意＝1,非常同意＝2
	科研管理改革	非常不同意＝－2,不同意＝－1,没意见＝0,同意＝1,非常同意＝2
	建立专门部门服务	非常不同意＝－2,不同意＝－1,没意见＝0,同意＝1,非常同意＝2
	建设科学园等公共服务平台	非常不同意＝－2,不同意＝－1,没意见＝0,同意＝1,非常同意＝2
	创新创业氛围营造	非常不同意＝－2,不同意＝－1,没意见＝0,同意＝1,非常同意＝2
	支持性创业项目	项数
	纵向课题经费	万元
	产学研经费	万元
	发明专利数	个
	科技园区数量	个
	教师参与产学研合作的比例	％

7.4.3 问卷设计

根据研究目标和研究内容,本书共设计了两套调查问卷:(1)高校教师对建设创业型大学的态度及参与意愿影响因素的调查问卷(详见附录一);(2)高等院校或科研院所转向创业型组织基本情况调查(详见附录一)。关于高等院校或科研院所转向创业型组织基本情况调查主要针对其科研项目、产学研项目、衍生公司及激励教师开展创业活动等相关情况的调查,获取学校层面因素的相关信息;高校教师参与创业型大学建设的意愿调查问卷则从个人特征、家庭特征、个人技能等方面进行信息收集。

7.4.4 问卷信度与效度的检验

调查问卷的设计以客观性、稳定性、一致性、实用性等为标准,而要衡量这些标准一般是通过问卷结果进行信度和效度的检验,以确保所获得的数据真实可信。

(一)信度检验

所谓的信度是指问卷的稳定性与一致性。Kerlinger认为信度能够测量出所用工具的可靠性、一致性和稳定性[①]。信度的结果与问卷所获得的数据正确性无关,也就是说信度通过检验不能判断问卷数据是正确的,它是检验这些数据是否稳定、是否可靠。当信度越高,说明数据越可靠,其一致性和稳定性越高。而一致性高的问卷则是说明同一类群体在接受相同问卷的测量后,其结果能够显示出强烈的正相关;稳定性高则是同一类群体在不同时间或空间条件下,面对同一问卷,其结果差异性很小。要测量问卷信度的方法主要有再测法、复本相关法、折半法、a系数法,目前最为常用的是a系数法。

1951年学者Cronbaca提出a系数法。他指出在测量一组同义或平行测验总和的信度,如果尺度中所有指标都能反映相同的特质,那么说明各个指标之间应具有真实的相关关系存在。如果某一个指标与其他指标没有关系,那表示该指标不属于这个尺度的,应该去除。Cronbaca a系数越高则一致性和稳定性越高,即为调查问卷的信度越高,如表7-2所示。

表7-2 可信度高低与Cronbaca a 系数对照表

可信度	Cronbaca a 系数
不可信	Cronbaca a 系数<0.3
勉强可信	0.3≤Cronbaca a 系数<0.4
可信	0.4≤Cronbaca a 系数<0.5
很可信(最常见)	0.5≤Cronbaca a 系数<0.7
很可信(次常见)	0.7≤Cronbaca a 系数<0.9
十分可信	0.9≤Cronbaca a 系数

---

① KERLINGER F N,LEE H B.Foundations of Behavioral research(4th E.)[M],New York:Harcourt College Publishers.1999:23—34.

本书的教师参与创业型大学建设意愿的 Cronbaca a 系数为 0.431,属于可信信度。

(二)效度检验

所谓的效度是指工具的有效性或精确性。一般而言,一个工具能够测量出想要测定的,这才算是有效的。可见,信度是效度的必要非充分条件,即为一个工具通过效度检验,必然已经通过信度检验,但是通过信度检验,则不代表能够通过效度检验。

本书问卷参考了国内已有的调研问卷样本的内容,经过文献分析、专家意见的汇总与归纳,并进行了多次修正,而且在问卷正式测试前进行了预测试,其重测信度为 0.527。因此,本书问卷测试具有一定的内容效度。

7.4.5 对教师参与创业型大学建设意愿的认知

(一)个人特征的样本统计

从表 7-3 中可知,本次接受调查的对象有如下基本特征:从性别方面来看,男性所占的比例为 53.26%,女性所占的比例为 46.74%,可见男女生比例较为均衡;从年龄来看,25—45 岁的教师总共有 316 人,在总调查对象中所占的比例为 73.5%,而 45—59 岁的教师人数为 114 人,仅占总人数的 26.5%。基于教师所属学科类别,工科教师占大多数,占所调查对象的 32.79%,而理科和文科教师紧随其后,这两者所占的比例为 28.14% 和 19.30%,另外有部分教师属于农学学科,这部分教师所占比例为 19.77%;从教师职称方面来看,副教授(副研究员)以上级别占据大多数,所占比例为 67.21%,另外有 34.19% 的教师具有讲师职称,而具有助教职称的教师仅占 8.60%。因此,从数据所反映的情况来看,本次调查所选取的调查对象的性别结构、年龄层次、教育程度以及所属学科类别等方面较为合理,可以认为样本具有较强的代表性。

表 7-3 个人特征变量的样本统计

变量指标	定义	频数（N）	百分比（%）
性别	男＝0	229	53.26%
	女＝1	201	46.74%
年龄	25—45	316	73.5%
	45—59	114	26.5%
学科类别	工科＝1	141	32.79%
	理科＝2	121	28.14%
	农学＝3	83	19.30%
	文科＝4	85	19.77%
职称	教授（研究员）＝1	89	20.70%
	副教授（副研究员）＝2	157	36.51%
	讲师（助理研究员）＝3	147	34.19%
	助教（实习研究员）＝4	37	8.60%

(二)家庭背景变量的样本统计

基于表 7-4 可知，从家庭收入层面来看，家庭月收入在 1 万－1.5 万以下的占调查总人数的绝大多数，这两者所占的比例分别为 66.51% 和 18.37%，另外有 8.84% 的教师家庭收入在 1.5 万与 2 万之间，而 2 万元以上的教师仅有 6.28%；针对周边同事的参与情况，66.75% 的教师认为，周边同事积极利用智力成果创新创业，能够提升自身的积极性，有 30.93% 的教师觉得没意见，仅有 2.33% 的教师不赞同周边同事的积极参与提升自身参与度的说法；就家人及朋友支持程度而言，64.88% 的教师认为家人和朋友肯定和认可自己利用智力成果开展创新创业，能够增强自己的参与度，而没意见的教师占总调查对象的 31.16%，非常不同意和不同意的教师仅占总人数的 3.96%。

表 7-4　家庭背景变量的样本统计

变量指标	定义	频数（N）	百分比（%）
家庭月收入	5 000—1 万=1	286	66.51%
	1 万—1.5 万=2	79	18.37%
	1.5 万—2 万=3	38	8.84%
	2 万以上=4	27	6.28%
周边同事参与情况	非常不同意=1	3	0.69%
	不同意=2	7	1.63%
	没意见=3	133	30.93%
	同意=4	242	56.28%
	非常同意=5	45	10.47%
家人及朋友支持程度	非常不同意=1	3	0.70%
	不同意=2	14	3.26%
	没意见=3	134	31.16%
	同意=4	232	53.95%
	非常同意=5	47	10.93%

(三)个人技能/经验变量的样本统计

根据表 7-5 所示,从拥有科研项目而言,同意和非常同意拥有科研项目的多少会影响到教师对创业型大学建设参与度的教师占总调查人数比例分别为 52.79% 和 20.70%,占所调查人数的大多数,没意见的教师所占比例为 22.79%,仅 3.73% 的教师持有非常不同意和不同意的看法;对拥有的科研成果奖项来说,仅有 6.98% 的教师认为科研成果奖项的多少与教师参与创业型大学建设的积极性没有多大关系,26.28% 的教师持有的态度是没意见,绝大多数教师认为拥有科研成果奖项能够增强自身将成果转化为创业的意愿;从拥有的发明专利数来讲,73.72% 的教师认为发明专利数能够增强教师自身的意愿,仅 3.25% 的教师持有相反的意见,而 23.02% 的教师保持中立,没有意见;对于产学研合作经验来讲,3.72% 的教师认为拥有产学研合作经验对教师创业型大学的参与度的影响甚小,而 70% 的教师则认为拥有产学研合作经验有利于教师提高信心,进而会影响到教师对创业型大学建设的参与度。

表 7-5 个人技能/经验变量的样本统计

变量指标	定义	频数	百分比
拥有科研项目	非常不同意=-2	6	1.40%
	不同意=-1	10	2.33%
	没意见=0	98	22.79%
	同意=1	227	52.79%
	非常同意=2	89	20.70%
拥有的科研成果奖项	非常不同意=-2	10	2.33%
	不同意=-1	20	4.65%
	没意见=0	113	26.28%
	同意=1	220	51.16%
	非常同意=2	67	15.58%
拥有的发明专利数	非常不同意=-2	5	1.16%
	不同意=-1	9	2.09%
	没意见=0	99	23.02%
	同意=1	255	59.30%
	非常同意=2	62	14.42%
拥有产学研合作经验	非常不同意=-2	3	0.70%
	不同意=-1	13	3.02%
	没意见=0	113	26.28%
	同意=1	250	58.14%
	非常同意=2	51	11.86%

(四)学校层面变量的样本统计

学校层面对教师参与创业型大学建设意愿的影响主要有创业教育活动、鼓励政策、科研项目等九个层面,如表 7-6 所示。从创业教育活动层面来讲,35.81%的教师保持中立,而 57.67%的教师认为创业教育活动的开展有利于提升教师对创业型大学参与意愿,仅有 6.51%的教师认为两者关联性不高;从鼓励政策情况来看,非常不同意、不同意、没意见、同意以及非常同意所占的比例分别是 1.63%、1.63%、23.49%、61.40% 以及 11.86%。针对绩效考核管理这个变量,66.52%的教师认为鼓励政策的实施有利于增强教师对创业型大学建设参与的积极性,11.86%的教师认为鼓励政策的实施不会发挥作用;对于科学管理改革这个变量,同意科学管理改革有利于改善教师参与创业型大学的积极性的教师所占的比例为62.33%,没意见的教师所占的比例为26.51%,不同意以及非常不同意的教师所占的比例为11.16%;建立专门部门服务对教师创业型大学参与度的影响,有73.95%的教师认为两者之间有密切的联系,换句话说,他们赞同建立专门部门服务有利于提高教师参与创业型大学的积极性,仅有3.49%的教师不同意建立专门部门服务有利于提升参与度;从建立科学园等公共服务平台来看,70%的教师赞同建立科学园等公共服务平台能够增强教师对创业型大学建设的参与度,而仅有2.79%的教师不赞同这种说法;创新创业氛围的营造对教师参与创业型大学建设的影响,54.42%的教师认为有利于提高参与创业型大学建设的积极性,37.67%的教师没意见,不同意和非常不同意的教师所占的比例为7.91%;最近一年拥有的省级及以上科研项目数在60个以上的所占比例为52.09%,27个以上的所占比例为47.91%;最近一年投入产学研合作的教师人数占总数的比例在45%以上的所占的比例为60.93%,36%以下的仅占39.07%。

(五)区域环境变量的样本统计

区域环境层面对教师参与创业型大学意愿的影响主要从创业项目、创业风险投资机制、科研经费支持等几个方面来分析,如表7-7。从政府创业政策支持来看,非常不同意、不同意、没意见、同意以及非常同意所占的比例分别是47.47%、1.86%、10.93%、30.23%以及9.30%;创业风险投资机制对教师参与创业型大学建设的影响,有67.67%的教师同意创业风险投资机制的调整会影响到教师对创业型大学的参与度,而6.98%的教师不同意创业风险投资机制与教师参与创业型大学之间的关系;对于创业项目而言,73.95%的教师认为拥有政府、企业以及学校的创业支持项目会增强教师对创业型大学建设的意愿,21.40%的教师没有意见,仅4.65%的教师不同意;从启动资金支持来看,73.49%的教师同意政府、企业以及学校创业启动资金的支持能够增强教师的创业意愿,22.09%的教师没有意见,4.42%持相反意见;科研经费支持对教师参与创业型大学建设的影响,有73.48%的教师认为来自企业界的科研经费支持能够影响教师开展科研成果转让或者技术入股等服务企业发展活动的意愿,20.93%的教师没有意见,仅有5.58%的教师认为来自企业界的科研经费支持不会影响教师开展科研成果转让或者技术入股等服务企业发展活动的意愿。

表 7-6 学校层面变量的样本统计

变量指标	定义	频数	百分比
创业教育活动	非常不同意＝－2	7	1.63%
	不同意＝－1	21	4.88%
	没意见＝0	154	35.81%
	同意＝1	220	51.16%
	非常同意＝2	28	6.51%
鼓励政策情况	非常不同意＝－2	7	1.63%
	不同意＝－1	7	1.63%
	没意见＝0	101	23.49%
	同意＝1	264	61.40%
	非常同意＝2	51	11.86%
绩效考核改革	非常不同意＝－2	13	3.02%
	不同意＝－1	38	8.84%
	没意见＝0	93	21.63%
	同意＝1	221	51.40%
	非常同意＝2	65	15.12%
科研管理改革	非常不同意＝－2	13	3.02%
	不同意＝－1	35	8.14%
	没意见＝0	114	26.51%
	同意＝1	210	48.84%
	非常同意＝2	58	13.49%
建立专门部门服务	非常不同意＝－2	3	0.70%
	不同意＝－1	12	2.79%
	没意见＝0	97	22.56%
	同意＝1	244	56.74%
	非常同意＝2	74	17.21%

续表

变量指标	定义	频数	百分比
建设科学园等公共服务平台	非常不同意＝－2	8	1.86％
	不同意＝－1	4	0.93％
	没意见＝0	117	27.21％
	同意＝1	223	51.86％
	非常同意＝2	78	18.14％
创新创业氛围营造	非常不同意＝－2	7	1.63％
	不同意＝－1	27	6.28％
	没意见＝0	162	37.67％
	同意＝1	191	44.42％
	非常同意＝2	43	10.00％
科研项目、经费情况	最近一年拥有的省级及以上科研项目数（个）	121	23个占28.14％
		85	27个占19.77％
		83	60个占19.30％
		141	72个占32.79％
教师参与产学研合作的比例	最近一年投入产学研合作的教师人数占总数的比例（％）	83	25％占19.30％
		85	36％占19.77％
		141	45％占32.79％
		121	46％占28.14％

表 7-7 区域环境变量的样本统计

变量指标	定义	频数	百分比
政府创业政策支持	非常不同意＝－2	205	47.67％
	不同意＝－1	8	1.86％
	没意见＝0	47	10.93％
	同意＝1	130	30.23％
	非常同意＝2	40	9.30％

续表

变量指标	定义	频数	百分比
创业风险投资机制	非常不同意＝－2	6	1.40%
	不同意＝－1	24	5.58%
	没意见＝0	109	25.35%
	同意＝1	231	53.72%
	非常同意＝2	60	13.95%
创业项目	非常不同意＝－2	4	0.93%
	不同意＝－1	16	3.72%
	没意见＝0	92	21.40%
	同意＝1	234	54.42%
	非常同意＝2	84	19.53%
启动资金支持	非常不同意＝－2	5	1.16%
	不同意＝－1	14	3.26%
	没意见＝0	95	22.09%
	同意＝1	220	51.16%
	非常同意＝2	96	22.33%
科研经费支持	非常不同意＝－2	4	0.93%
	不同意－－1	20	4.65%
	没意见＝0	90	20.93%
	同意＝1	236	54.88%
	非常同意＝2	80	18.60%

(六)男女教师参与创业型大学建设意愿的差异

从男女教师参与创业型大学建设意愿的现状来看,男性和女性愿意参与到创业型大学建设过程中的比例分别为30%和34%,不愿意参与其中的比例分别为23%和13%。很明显,相较于男性而言,女性更愿意参与到创业型大学的建设中,这说明,女性更愿意接受冒险活动,喜欢挑战。

表 7-8　男女教师参与创业型大学建设意愿的差异

性别	教师参与创业型大学建设的意愿		合计
	不愿意	愿意	
男	100 (23%)	129 (30%)	229
女	54 (13%)	147 (34%)	201
合计	154	276	430

(七)不同年龄的教师参与创业型大学建设意愿的差异

从不同年龄的教师参与创业型大学建设意愿的情况来看,25－45 岁的教师对创业型大学的参与意愿为 51%,不愿意参与创业型大学建设意愿为 22%,而 45－59 岁的愿意参与到创业型大学建设的比例为 14%,不愿意参与到创业型大学建设的比例为 13%。显而易见,随着年龄的增加,教师对创业型大学建设的参与意愿积极性降低,他们更追寻稳定的社会生活,规避风险。主要的原因可能是:第一,与年轻教师比较,老教师更倾向于安稳的生活,不愿意去冒险;第二,年龄的增加,教师获得了一定的社会地位和适宜的收入,能够满足教师的生理和心理需求,根据马斯洛需求层次理论,此时教师更愿意向自我价值实现的需求发展。

表 7-9　不同年龄的教师参与创业型大学建设意愿的差异

年龄	教师参与创业型大学建设的意愿		合计
	不愿意	愿意	
25－45	96 (22%)	220 (51%)	159
45－59	58 (13%)	56 (14%)	271
合计	154	276	430

(八)家庭收入对教师参与创业型大学建设意愿的影响

从家庭收入来看,随着家庭收入的增加,教师对创业型大学建设的参与度逐渐降低,可能的原因是,作为理性的"经济人",这是对创业型大学建设的参与进行综合考虑的结果,尽可能从参与创业型大学建设的过程中获取利益,规避风险。一旦教师的家庭收入已经达到一定程度,比如说我们所调查的家庭收入达2万元以上的时候,参与创业型大学建设的积极性会大幅度降低,教师往往会选择比较稳定的,风险较小,收益较高的项目参加。而收入水平较低的教师,参与创业型大学建设的意愿较高。

表7-10 家庭收入对教师参与创业型大学建设意愿的影响

家庭收入	教师参与创业型大学建设的意愿		合计
	不愿意	愿意	
5000—1万	89(21%)	197(45%)	286
1万—1.5万	28(7%)	51(12%)	79
1.5万—2万	20(5%)	18(4%)	38
2万以上	17(4%)	10(2%)	27
合计	154	276	430

(九)学科类别与教师参与创业型大学建设意愿的关系

基于学科类别的差异,不同学科的教师对创业型大学建设的参与度也不尽相同。根据上图我们可以看出,相较于文科而言,工科、理科和农学对创业型大学建设的参与度分别是19%、20%和12%。换句话说,工科和理科对创业型大学建设的参与度最高,这说明,工科和理科具有天然的学科优势,有更多的科研项目、专利做基础,所以参与创业型大学建设的意愿较高。

表7-11 学科类别与教师参与创业型大学建设意愿的关系

学科类别	教师参与创业型大学建设的意愿		合计
	不愿意	愿意	
工科	58(13%)	83(19%)	141
理科	37(9%)	84(20%)	121
农学	30(7%)	53(12%)	83
文科	29(7%)	56(13%)	85
合计	154	276	430

(十)职称对教师参与创业型大学建设意愿的影响

从职称来看,副教授(副研究员)和讲师(助理研究员)愿意参与到创业型大学建设比例分别为23%和23%,而教授(研究员)和助教(实习研究员)的参与意愿的比例为9%和8%,明显要低于副教授和讲师。主要的原因可能是:第一,助教学术资本较低,个人能力欠缺;第二,教授一般来讲追求稳定性的愿望较强,开展创业活动的意愿则较低。

表7-12 职称对教师参与创业型大学建设意愿的影响

职称	教师参与创业型大学建设的意愿		合计
	不愿意	愿意	
教授(研究员)	52(12%)	37(9%)	89
副教授(副研究员)	54(13%)	103(23%)	157
讲师(助理研究员)	44(11%)	103(23%)	147
助教(实习研究员)	4(1%)	33(8%)	37
合计	154	276	430

(十一)性别和学科对教师参与创业型大学建设意愿的影响

从性别和学科两个变量来看,工科教师中,男性愿意参与到创业型大学建设中的人数为48人,不愿意参与的为42人,而女性分别为35人和16人,显而易见,工科专业的教师更愿意参与到创业型大学的建设过程中,而其中女教师参与的意愿更强;而理科教师中,男性和女性在愿意参与创业型大学建设的人数一样,但是,从不愿意参与创业型大学建设的人数来讲,女性明显的少于男性;在农学和文科两个学科中,女性对创业型大学建设的参与度明显高于男性,分别为35人和35人,而男性仅有18人和21人。

表 7-13 性别和学科对教师参与创业型大学建设意愿的影响

教师参与创业型大学建设的意愿	性别与学科类别							
	工科		理科		农学		文科	
	男	女	男	女	男	女	男	女
不愿意	42	16	25	12	18	12	15	14
愿意	48	35	42	42	18	35	21	35

(十二)性别和职称对教师参与创业型大学建设意愿的影响

从性别和职称对教师参与创业型大学建设意愿的影响来看,高职称的女性比男性更愿意参与到创业型大学建设中,相较于女性,不同职称男性不愿意参与到创业型大学建设中的人数明显都高于女性。

表 7-14 性别和职称对教师参与创业型大学建设意愿的影响

教师参与创业型大学建设的意愿	性别与职称类别							
	教授 (研究员)		副教授 (副研究员)		讲师 (助理研究员)		助教 (实习研究员)	
	男	女	男	女	男	女	男	女
不愿意	37 65%	15 41%	34 34%	20 30%	25 39%	19 23%	4 22%	—
愿意	20 35%	17 59%	56 56%	47 70%	39 61%	64 77%	14 78%	19 100%

(十三)学校层面因素对教师参与创业型大学建设意愿的影响

基于学校层面因素对教师参与创业型大学建设意愿的影响,51%的教师认为学校开展的一系列活动有利于提升他们对创业型大学建设的参与度,而有 27% 的教师即便他们很满意学校开展的活动,他们也不愿意参与到创业型大学的建设过程中。还有 13.5% 的教师虽然他们不满意学校为了鼓励教师参与到创业型大学中所开展的活动,但他们仍然愿意参与到创业型大学的建设中,仅有 8.5% 的教师既不满意学校所做的事情,也不愿意参与到创业型大学的建设中。

表 7-15　学校层面因素对教师参与创业型大学建设意愿的影响

学校层面因素（合并）	教师参与创业型大学建设的意愿		合计
	不愿意	愿意	
−18～−9	5（1%）	2（0.5%）	7
−9～0	32（7.5%）	54（13%）	86
0～9	91（21%）	182（42%）	273
9～18	26（6%）	38（9%）	64
合计	154	276	430

（十四）区域环境与教师参与创业型大学建设意愿的关系

从区域环境因素来看，区域环境能够对教师参与创业型大学建设的意愿产生影响。有51%的教师同意和非常同意区域环境会影响教师参与度，他们也认为，国家、政府和企业等对创业型大学建设的投入，能够使教师更愿意参与到创业型大学的建设过程中，而26.1%的教师即便他们赞同区域环境和教师参与度之间的关系，他们也不愿意参与到创业型大学的建设中。还有13.7%的教师不赞同区域环境和教师参与度之间的关系，但他们仍然会参与其中，还剩下9.2%的教师既不赞同也不愿意参与创业型大学的建设。

表 7-16　区域环境与教师参与创业型大学建设意愿的关系

区域环境因素（合并）	教师参与创业型大学建设的意愿		合计
	不愿意	愿意	
−10～−5	5（1.2%）	3（0.7%）	8
−5～0	34（8%）	56（13%）	90
0～5	89（20%）	163（38%）	252
5～9	26（6.1%）	54（13%）	80
合计	154	276	430

(十五)个人能力与教师参与教师创业型大学建设的关系

基于个人能力层面,52.3%的教师认为拥有科研项目、发明专利,以及拥有产学研经验有利于教师对创业型大学建设参与度的提升,同时也推动他们积极地参与到创业型大学的建设中,而有11.9%的教师不赞同个人能力的提升会提高教师对创业型大学的参与意愿,但他们还是愿意参与到创业型大学的建设中。27.7%的教师赞同两者之间的关系,但还是不愿意参与到创业型大学的建设中,仅有8.1%的教师既不赞同也不愿意参与到创业型大学的建设中。

表 7-17 个人能力与教师参与创业型大学建设的关系

个人能力（合并）	教师参与创业型大学建设的意愿		合计
	不愿意	愿意	
−8～−4	6 (1.4%)	1 (0.3%)	7
−4～0	29 (6.7%)	50 (11.6%)	79
0～4	92 (21.4%)	182 (42.3%)	274
4～8	27 (6.3%)	43 (10%)	70
合计	154	276	430

7.5 教师参与创业型大学建设影响因素的实证分析

7.5.1 模型的构建

在分析影响教师参与创业型大学建设意愿的因素过程中,由于反映其参与意愿的数据为离散型数据,所以采用概率模型是理想的估计方法。且本书分析对象为教师参与创业型大学建设意愿,存在两种选择的可能,对于只有两种选择的因变量模型,被称为二元选择模型,因此本书拟选用二元选择模型中常用的 Probit 模型对影响样本教师参与创业型大学建设意愿的因素进行评估。

二元选择模型的理论模型如下:

矩阵形式定义为:

$$y = xB + \varepsilon \quad y = 0,1$$

此时,将因变量与自变量作简单线性回归是不正确的,究其原因在于一方面模型残差项有一些假定条件不能确定,另一方面 y 的拟合值不可能限定在 0 和 1 之间。因而,为解决这一问题,可采用如下定义:假设一个与 X 有关的指标变量 y^*,用 y^* 是否超过一个临界值决定 y 取 0 或 1,通常取 0 作临界值,$y^* > 0$ 则 y 取 1,否则取 0,即为:

$$y^* = X_i B + \varepsilon_i \begin{cases} y_i = 1(y^* > 0) \\ y_i = 0(y^* < 0) \end{cases}$$

二元选择模型的经济计量一般模型:

$$\begin{aligned} P(y_i = 1/X_i) &= P(y^* > 0) = P(\varepsilon_i^* > -X_i B) \\ &= 1 - P(\varepsilon_i^* \leq -X_i B) \\ &= 1 - F(-X_i B) = F(X_i B) \end{aligned}$$

$$E(y_i/X_i) = 1 * P + 0 * (1-P) = F(X_i B)$$

其中,对于模型 $y_i = F(X_i B) + \varepsilon_i$

$$E(\varepsilon_i) = [1 - F(X_i B)] * F(X_i B) - F(X_i B) * [1 - F(X_i B)] = 0$$

$Var(\varepsilon_i) = E(\varepsilon_i^2) = [1 - F(X_i B)]^2 F(X_i B) + [-F(X_i B)]^2 [1 - F(X_i B)] = F(X_i B)[1 - F(X_i B)]$ 具体对于 Probit 模型而言,$y_i = F(X_i B) + \varepsilon_i (i = 1, 2, 3, \cdots, 430)$

其中,$F(X_i B) = \Phi(X_i B) = \int_{-\infty}^{X_i B} (2\pi)^{-1/2} e^{(-x^2/2)} dx$

式中,y 是虚拟变量,表示教师是否愿意参与,取值为 $[0,1]$;$X_i B$ 服从标准正态分布;X_i 为可实际观测的自变量,主要包括教师年龄、性别、家庭收入、区域环境、学校层面的组织结构与制度环境、教师个人能力等变量;B 为 X_i 的系数,是待估计参数;ε 表示误差项。

7.5.2 样本统计分析

本书将因变量——教师参与创业型大学建设的意愿分为愿意与不愿意两

种,其中选择愿意占比为64.2%,而根据本书的样本调查数据,关于自变量与因变量的统计特征描述,如表7-18所示。从调查结果看,教师参与创业型大学建设的意愿在性别指标上显示男女的差别不大,且呈现年龄越大者其参与意愿越低的状态;而家庭收入5 000—10 000元/月的教师选择愿意参与创业型大学建设的比例最高,达45.8%,月收入20 000元及以上仅有2.3%选择愿意参与。在学院或研究所属性上,工、理、农、文类的教师选择愿意参与的比例分布在50%—60%之间,其中工科为59%;职称上看,讲师及助教(含助理研究员及实习研究员)选择愿意参与的比例最高,达73.9%,与年龄分布规律较为一致。

表7-18 自变量与因变量的统计特征

变量名称	含义及赋值	均值	标准差	最大值	最小值
PCS	性别	0.4674419	0.49952	1	0
PSY	年龄	40.41395	8.34684	59	25
PCC	理科	0.2813953	0.4502037	1	0
PCC	农学	0.1930233	0.3951308	1	0
PCC	工科	0.327907	0.4699976	1	0
PCR	副教授	0.3651163	0.4820236	1	0
PCR	讲师	0.3418605	0.4748856	1	0
PCR	助教	0.0860465	0.2807594	1	0
FMI	家庭收入	1.548837	0.8960863	4	1
FMF	同事参与	3.74186	0.6901682	2	−2
FME	家人支持	3.711628	0.7294054	2	−2
RE	区域环境	2.886047	3.306917	10	−10
Un	学校	5.002326	5.27142	18	−18
UNGE	纵向经费	1.315821	0.831776	4131.3	214.62
UNIESP	创业项目	5.911628	2.805523	10	2
UNIURF	产学研经费	4.37202	3.548356	1400	70
UNIURT	产学研教师比例	32.40951	10.59129	46	25
UNIPN	发明专利数	38.04884	34.26953	134	0
UNSPN	科技园	0.9418605	0.7534637	2	0
SK	个人能力	3.232558	2.642112	10	−10

注:以上数据均根据问卷调查结果整理所得。

7.5.3 实证结果分析

本书采用 Stata12 软件对调查问卷的数据进行二元 Probit 模型进行计量回归分析,估计的结果如表 7-19 所示。

表 7-19 教师参与创业型大学建设意愿的模型估计结果表

	回归系数	标准误	P	边际效应
性别	0.456176	0.1407762	0.001	0.1646
年龄	−0.0045861	0.0102812	0.656	−0.0016772
理科	0.116556	0.4332717	0.788	0.042142
农学	0.5296223	0.469379	0.259	0.2023413
工科	0.7595421	0.3554845	0.033	0.2845466
副教授	0.5567243	0.1913297	0.004	0.1948552
讲师	0.505839	0.2209546	0.022	0.1769256
助教	1.365163	0.3800411	0.000	0.3342553
家庭收入	−0.1518834	0.0860432	0.078	−0.055545
同事	0.3582597	0.1545861	0.020	0.1310185
家人	0.0076347	0.143273	0.958	0.0027921
区域	0.080847	0.035462	0.023	0.0295664
学校	0.0531629	0.0266009	0.046	0.0194421
纵向经费	−0.0193916	0.12345	0.875	−0.0071
创业项目	0.0556092	0.0550445	0.312	0.02033
产学研经费	0.0888648	0.0855218	0.299	0.03249
产学研教师比例	0.0289333	0.0158971	0.068	0.01058
发明专利数	0.0135022	0.0075269	0.074	0.0049
科技园	0.0313466	0.1837877	0.865	0.01146
个人能力	−0.0130167	0.0406139	0.749	−0.0047
截距项	−4.25212	1.258147		
观察数值	430			
Log likelihood	−246.97747			
Pseudo R2	0.1195			

注:本研究计算整理。

教师参与创业型大学建设意愿方程回归结果由表 7-19 给出。边际效应反映了各影响因素的边际变化对教师参与创业型大学建设意愿边际概率的影响。由表 7-19 可以发现,该模型总体模拟效果较好,拟合优度 R^2 为 0.1195,似然比统计量为 −246.98,且在 1% 的统计水平上显著。

(一)教师个人特征对其参与创业型大学建设意愿的影响

从表 7-19 中可以发现,个人特征变量中,性别对教师参与创业型大学建设意愿的概率产生显著的正向作用,且在 1% 的统计水平上显著。这说明,女性更愿意开展创业活动以支持创业型大学建设。与此同时,所在学院或研究所属性、职称两项对教师选择参与创业型大学建设意愿的影响也显著为正,其中,相较于文科教师而言,工科教师对参与创业型大学建设意愿在 5% 的统计水平上显著为正,初步验证了上文的预期假设。这说明工科的教师相比其他科系的教师更具有参与创业型大学建设的意愿,其根源在于其学科具有的天然优势;而助教或实习研究员对参与创业型大学建设意愿在 1% 的统计水平上具有显著为正的影响。可能的原因是,具有年龄优势的助教或实习研究员冒险精神较大,更倾向于开展创业活动支持创业型大学建设。这一结果与上文变量预期结果的分析高度一致。

表 7-19 的实证结果显示,年龄变量对参与创业型大学建设意愿的影响呈现反向作用,这表示年龄越大其参与创业型大学建设的意愿就越小,且每增加 1 个百分点,其意愿下降的概率平均为 1.6% 左右。产生这一现象的原因可能来自于随着年龄的增加,教师追求稳定性的愿望越强,开展创业活动的意愿则越低。

(二)家庭背景对教师参与创业型大学建设意愿的影响

通过分析家庭背景变量系数及符号发现,当周边同事都积极参与创业型大学建设时,对教师自身的意愿在 2% 水平上具有显著正作用,说明了周边创业活动的氛围越浓,参与的人越多,越能起到"溢出效应",带动更多的人参与其中。而家人及朋友的支持也是不可忽略的因素,创业是艰辛的过程,没有得到家人及朋友的肯定及认同,即使有创业的想法,也很难有创业的行为,且很难真正投入到创业型大学建设中,从表的边际效应亦可看出家人及朋友的支持程度每增加 1 个百分点,能够带动教师参与创业型大学建设的意愿提高约 0.28% 左右。

而家庭收入则呈现反作用,家庭收入越高,教师参与创业型大学建设的意愿则越低,且家庭收入每增加1个百分点,其意愿将平均降低5.6个百分点左右。对经济收入的追求是教师开展创业活动的直接驱动力,因此需要让教师了解市场行为能够带来的更多收益,且需要健全利益分享机制,才能更直接、更快驱动教师投入创业型大学的建设中。总体看,模型的估计结果与上文对家庭背景变量指标的预期结果分析高度一致。

(三)个人技能/经验对教师参与创业型大学建设意愿的影响

从表7-19的回归结果显示,个人技能或经验对教师是否愿意参与创业型大学建设的影响为负,但并不显著,说明了个人缺乏技能或经验可能在一定程度上会降低教师参与创业型大学建设的意愿。当教师拥有较少的科研项目,且科研产出难以获得认可,其愿意参与科研成果转化、建设创业型大学的意愿就越低;而产学研合作的经验对教师接触市场,培养其市场敏感性,以及了解企业运作的情况具有较大的促进作用,一旦缺乏产学研合作经验,其开展创业活动的自信心降低,参与创业型大学建设的意愿随之降低。若能针对性提供创业教育,提高教师个人技能,或者创造条件让教师参与市场中,从中获得一定的经验,对提高其参与创业型大学建设的意愿具有一定的促进作用。

(四)学校层面因素对教师参与创业型大学建设意愿的影响

本书试图回答的关键问题在于学校层面的因素是否会显著影响教师参与创业型大学建设的意愿。实证结果显示,产学研教师比例和发明专利数对教师参与创业型大学建设意愿的影响具有较强的统计显著性,而创业项目、产学研经费、科学园等不具备统计显著性。与此同时,纵向经费对教师是否愿意参与创业型大学建设的影响呈现负向作用,但并不显著。

首先,与上文预期假说一致,发明专利数对教师参与创业型大学建设意愿在10%的统计水平上具有显著性。在其他变量保持不变时,相对于没有发明专利或者发明专利数稀少的教师而言,发明专利数越多的教师参与创业型大学建设的意愿会高出0.49%以上。主要原因在于发明专利数的多少意味着个人学术资本的丰富程度以及参与市场的竞争力大小。发明专利越多预示拥有越多自主知识产权成果,能够增强创业的意愿,进而增加教师对创业型大学建设的参与。

其次,产学研教师比例对教师参与创业型大学建设意愿在10%的统计水平上显著为正。如同发明专利数的作用路径一样,产学研教师比例的大小,一方面取决于学校对绩效考核的改革,另一方面取决于学校创新创业氛围的营造以及对创业科研项目经费的支持情况。在其他因素保持不变的条件下,产学研教师比例的大小体现了学校创新创业氛围营造是否良好以及绩效考核改革的是否成功施行。这与上文预期假说保持一致。

再者,如前所述,纵向经费对教师参与创业型大学建设具有正的统计性影响,然而,该变量对教师参与创业型大学建设的影响为负,并不具备统计显著性,主要的原因在于:第一,纵向经费一般由国家财政支持以及国家自然科学基金委等基金机构拨付,评选的过程中可能会存在不公平以及"搭便车"现象,不能完全发挥纵向经费的初始作用。第二,教师对于纵向经费的获取可能会涉及自身学术水平等各方面因素,获得纵向经费支持的概率较低,因此,纵向经费对教师参与创业型大学建设意愿的影响并不显著。

最后,基于创业项目、产学研经费、科学园对教师参与创业型大学建设意愿的影响为正,学校应当定期开展创业模拟或沙盘演练等各种创业活动,创造仿真环境,提高教师创业技能,同时,联系开展技术成果转化的专门机构,协助教师处理好知识产权、收益分配等问题,并且以独立或合作形式设立科学园、孵化器等公共服务平台,提高教师创新创业的意向。

(五)区域环境对教师参与创业型大学建设意愿的影响

表7-19显示区域环境在5%的统计水平下对教师参与创业型大学建设意愿具有正作用,表明政府所出台专项政策对鼓励教师走出象牙塔,积极利用科研成果开展创业活动具有较大的促进作用;且政府通过宏观调控,创造良好的创业风险投资环境,并设立专项创业资金支持,这些举措对教师开展创业活动以支持创业型大学建设具有良好的鼓励作用。这一结果与前文所分析的在我国政府仍需作为主导作用,通过宏观政策制定、法律法规、设立专项资金、引导风险投资支持高校创业等加快创业型大学建设较为一致。

7.5.4 结论与政策建议

(一)结论

1.当前广大高校教师对创业型大学建设的参与意愿并未得到充分调动与提升。教师所体现出来的创业意愿大多与学科、资历及年龄有密切相关。高校可以有针对性地进行宣传,比如在女性及年轻低职称的教师群体中进行动员,会取得比较好的宣传效果。

2. 政策的推动扶持作用尚未明显显现。尽管目前从国家到学校层面都出台了不少鼓励教师进行产学研合作及科技成果推广转化的鼓励政策,比如 2015 年 3 月国务院办公厅印发《关于发展众创空间推进大众创新创业的指导意见》,提出鼓励科技人员创业,将高校教师创业作为非常重要的一部分;2015 年 4 月国务院颁发《关于进一步做好新形势下就业创业工作的意见》,明确提出"支持高校、科研院所等专业技术人员在职和离岗创业,对经同意离岗的可以在 3 年内保留人事关系",随后又出台了《关于大力推进大众创业万众创新若干政策措施的意见》等等一系列政策规定。虽然教师的创业制度合法化的政策基础得以实现,但政策真正落实到实践中效果并不理想。这些政策对很多高校来说仅仅停留在国家层面政策,并不能将这政策落地,缺乏宣传贯彻落实的措施和具体实施细则,多数高校对待教师创业的态度表现为不提倡、不支持、不反对、不表态。另一方面,从数据分析中可以看到这是一个很矛盾的现状:有科研成果的人缺乏创业意愿,年轻的成果并不丰富的教师却有较强的创业意愿,而不少扶持政策都倾斜于成果丰富的教师。政策制订者可考虑加强对低职称年轻人的扶持,同时鼓励他们融入科研团队,并给予创业教育培训,让他们通过了解团队科研成果情况,结合自身创业意愿探寻一条成功的科技成果转化之路。

3. 缺乏更有力的激励政策。学校层面的激励政策——绩效考核、科研管理、职称评定、奖励政策等会对教师的创业意愿有很好的提升作用。学校政策制订者可以考虑制订更加大胆、灵活的政策。比如职称评定方面,建议将开展创业相关活动纳入评定指标范畴内。

4. 创业文化氛围尚未形成。实践证明模范的带动效应对提升教师创业意愿是非常明显的。政府和学校层面可以通过树立高校创业典型,或通过成功案例总结推广等活动,创造良好的创业文化氛围。鼓励更多的教师参与到产学研的合作中去,探索出一条适合自身学科特点的创业之路。

(二)策略与政策建议

参与创业型大学建设对大学教师既有正效应:为研究活动带来源源不断的素材和思路,而且企业资金、工艺和设备也为发明提供了有力的支持。但同时也有负效应:对有限的时间来说,科学研究和开展创业活动是互相冲突的,甚至与教学活动矛盾;再加上科研成果离市场化还有很远的距离,还需要教师付出巨大的努力将它变为商业化的产品,而参与衍生企业的教师更是面临着企业管理方面的挑战。因此在高校中设置有激励性和支持性的政策将能够激发和提升高校教师参与创业型大学建设的意愿。

1.建立健全的科研成果管理制度

研究结果显示当教师拥有更多发明专利,其参与创业型大学建设的意愿越高,因此有必要建立健全的以专利制度为主的科研成果管理制度。

首先设立专利服务部门。专利的申请需要耗费较多的精力,且要遵循相应的规章制度,教师作为科研人员,其优势在于研究,专利的申请、授权、保护等工作是其不熟悉的领域,如果没有专门的服务部门,会影响其申请专利的积极性,会影响到科研成果的运用及保护。当科研成果得到应有的保护,且具有排他性,能够促进学术资本的形成,也就能够提高教师创业的积极性。

其次,建立合理的利益分享机制。一般而言,教师的科研成果所有权属于学校拥有,若没有明确的利益分享机制,容易使得科研教师或团队成员产生不信任感,或者对其参与科研成果转化不具有刺激作用。例如,美国的大学一般是从发放专利实施许可而获得的特许费收入中先扣除15%左右的管理费用给技术许可办公室,然后将所得净收入的1/3分配给发明人,1/3给发明人所在的系,剩余的1/3在发明人所在的院和学校之间分配,通常学院获得的份额更大一些,也有校方放弃分享的情形。个别学校为了确保发明人得到足够的补偿和鼓励,规定净收入在一定数额以下时发明人按一个更高的比例来分享,相反当净收入高于该数额时则按一个较低的比例分享。又如,英国剑桥大学鼓励本校知识产权转让,转让所得收入按以下比例进行分配:

1万英镑以下:教师90%系5%大学5%;

1.3万英镑以下:教师70%系15%大学15%;

3万—5万英镑以下:教师50%系25%大学25%;

超过5万英镑部分:教师33.3%系33.3%大学33.3%;

再如,日本的技术转移办公室组织发放专利实施许可所取得的特许费在扣除办公室的营业费用和专利申请及维持费后,净收入要在发明人、发明人所在的系和学校以及股东股利等几个方面进行分割。

可见,合理的利益分享机制是教师开展创业支持创业型大学建设的重要驱动因素,世界各国大学非常重视该机制的建立,我国大学可参照具体情况制定相应的利益分享机制。

2.搭建产学研合作平台,制定鼓励教师参与产学研的激励政策

首先大学由于自身技术水平和人才结构、层次等方面的局限,在推进产学研合作的过程中不会轻易得到大企业、大项目的青睐。因此,大学要搭建产学研合作平台,对外需要牢固树立"主动服务企业、服务基层,以合作赢得生存与

发展"的意识,立足企业的现实需求,鼓励教授团、博士团等深入地方开展技术咨询服务,并鼓励青年教师和科研骨干到重点企业挂职锻炼,帮助企业解决技术问题。同时要依托区域内的传统优势企业及地方支柱企业凝练自身的学科特色和方向,立足市场需求,强化学科建设、大力引进与培养高层次和高水平的学科带头人,充分发挥资深科技工作者的"传、帮、带"作用,努力打造一批富有影响力和创造力的科技创新团队,为产学研合作平台奠定坚实基础。

对内,可通过绩效考核引导教师参与产学研合作,提高教师参加产学研比例,以提高其参与创业型大学建设的意愿;再者,加强对开展地方高校产学研合作工作的宣传引导,使广大教职工能够正确认识产学研合作对自身和学校发展的重要作用,鼓励他们走出校园,面向社会开展科学研究,与企业合作进行技术研发;积极采用公开表彰服务地方先进集体和个人、科研经费适当向应用型项目倾斜、在教师岗前培训中开设产学研合作专题报告会和汇编下发产学研合作相关政策及成果等多种途径、各种载体,在全校上下进一步营造"服务地方促发展"的创新氛围和良好环境。

3.建立完善的教师创业技能提升体系

借助人力资源管理的相关理念,从选、育、用、留等环节,提升教师的创业意愿与技能。比如在甄选环节,可以根据实际需要有针对性的挑选具有较强创业意愿与创业能力的人才进入高校,从源头提升教师的创业意愿,为高校的创业文化补充新鲜的血液。可以引入社会资源,组织有创业意愿的教师参加培训,坚持以市场为导向,以需求为目标,以提高创业能力为重点,开展领导科学、管理科学、经营理念等多层次的培训,并提供政策指导和技术支持,促使接受培训教师的综合素质得到提升,成为具有平等理念、竞争意识和创业精神的创业者。

首先,可充分利用政府在推进再就业工作中增加职业培训财政经费投入的有利时机,与相关的创业培训合作,利用大学现有师资场地条件开展专门的创业培训;其次以购买培训成果的方式,通过招投标方式,直接委托培训机构进行培训,通过市场化运作的培训机构为教师搭建一个符合市场经济发展要求的创业平台。搭建教师创业技能培训体系应体现对教师关怀支持的特点,因此经费上应相应减免;内容上应注重风险管理、资金筹集、创业可能出现挫折的心理承受能力、沟通合作能力和保证创业成功的市场评估能力、新知识技能的应用能力等方面的培训。

另外,要注重对教师创业中维权问题的支持,提高其处理侵权问题的能力。甚至可根据需要,成立专门机构承担有关职责,组织力量对教师创业中遇到的问题进行跟踪,了解其具体技能欠缺的情况,从而有针对性地解决,以提高教师创业的信心和水平。

4.设立灵活的职称评定与绩效考核制度

客观地说,更大的挑战还是来自于大学的职称评聘政策以及绩效考核制度。目前大学特别是我国大学的职称评聘政策,最重要的指标是论文的数量和质量以及纵向科研经费(获取国家经费的能力,往往侧重于基础方面的研究),技术转移及横向及横向科研经费只占有极小的权重;同时,教授的岗位聘任和绩效考核,也是以相应的论文和科研经费作为主要考核指标,这对技术转移特别是从事衍生企业的教师,存在着极大的机会成本和制约因素。这些将会严重制约教师参与创业型大学建设的意愿。

改革职称评价体系,扩大指标范围,将开展创业相关活动纳入范围内。目前职称评定仅注重论文发表、科研经费等方面,适合于传统大学发展的管理制度,要建设适合创业型大学发展所需的职称管理制度,才能释放教师的力量,引导参与其中。针对创建衍生企业的教师应允许保留职称及职务,全力支持相关人员投入创业中,毕竟企业运作与管理需要大量的精力,且风险极高,若没有保留职称及职务的支持,教师很难愿意突破现有的工作状态,选择风险极高的创业活动。针对开展咨询服务或培训服务的教师,应允许其在提供相关证明的情况下,酌情降低其评职称的标准,如论文发表数要求降低一些,或者根据具体咨询服务项目大小制定等级,按照等级给予不同支持。

7.6 本章小结

教师作为创业型大学建设的核心力量,是实现创业型大学经营管理转型策略的执行者与主力军,只有提高其参与意愿才能最终促成创业型大学的建设。通过研究发现教师个人特征、家庭背景、个人技能/经验、学校层面因素、区域环境等对教师参与创业型大学建设均有不同程度的影响。可以通过建立健全的科研成果管理制度、构建产学研合作平台、建立完善的教师创业技能提升体系、设立灵活的职称评定与绩效考核制度等提升教师参与创业型大学建设的意愿。

第 8 章

结论与展望

本书在三螺旋理论视角下,分析三螺旋主体之一的创业型大学形成的主要影响因素,系统地阐释创业型大学形成机理的理论模型,并以此模型为具体理论分析框架,分析我国创业型大学建设存在的问题与障碍,进而探讨我国传统大学向创业型大学转型的策略:宏观层面的政府角色与职能的变迁,中观层面的促进大学的经营管理变革,微观层面的提升高校教师参与创业型大学建设意愿。

8.1 主要结论

本书有以下主要结论:

(1) 创业型大学在内外部力量推动下,通过某些核心因素相互作用,且这种作用具有规律性,体现在不同创业型大学形成过程中的共同点,即为创业型大学形成的机理。基于此,本书提出了研究的基础——创业型大学形成机理理论模型。

(2) 与国外典型的创业型大学相比,我国大学拥有建设创业型大学的前提基础——丰富的科研成果,科研实力有明显的提升,但是最大障碍在于科研成果转化环节。

(3) 三螺旋理论在指导我国创业型大学建设过程中,因我国的特殊国情所致,必然有所变化,即现阶段"三螺旋创新理论"在我国实践中以"政府拉动模式"为主,而且短期内不会改变。

(4) 经营管理变革是建设创业型大学必经历程。随着创业管理等新型的大学经营管理模式兴起,大学经营管理的重要性也日益突出,且从国外创业型大学建设过程中发现,经营管理的变革是创业型大学建设的必经环节。

(5)教师是实现创业型大学建设战略目标的主力军,教师意愿则关系到创业型大学建设目标实现的效果。

通过研究,本书对大学及政府提出了如下的建议:

对大学的建议:

(1)创业型大学建设并非仅是一种模式,而是需要思维、管理体制机制及制度的变革与创新。

(2)大学应从经营管理转型入手,积极主动创新官产学研合作机制,重塑技术转移流程、建设创业型组织等,以获得实现创业型大学建设所需的组织能力。

(3)创业型大学需要走出"象牙塔",也就意味着更多的冲突与风险,因而需要重视冲突与风险管理,以提高变革的成功率。

(4)教师主体是实现创业型大学建设战略目标的主力军、核心竞争力,必须要重视教师参与创业型大学建设的意愿,通过各种激励机制提升其意愿。

对政府的建议:

(1)制定合理科学的科技发展规划,加大力度扶持技术创新,促进创业型大学发展;

(2)建议将大学科研成果转化的情况作为大学评价指标之一,引导大学重视科研成果转化;

(3)设立专项资金,引导风险投资者支持创业型大学建设。

8.2 局限性与不足

从全书看,本书还存在一些局限与不足,是下一步研究的方向:

(1)创业型大学形成机理模型部分仍属于定性研究,缺少定量数据支撑。事实上,国外创业型大学建设起步较早,也有学者从定量角度力图总结这些大学成功的经验,但国内因素材及数据收集难度大,本书尚未能够从定量入手,用客观的数据揭示创业型大学形成主要影响因素之间的作用路径。

(2)教师意愿提升的问卷调查对象仍可进一步扩大,在全国范围内,以东、中、西为划分,进行不同地区、不同属性学院或研究所的教师意愿调查,从而得出更有代表性、层次性的实证结果。

8.3 未来展望

提升教师意愿对实现建设创业型大学战略目标具有重要的意义,但国内学者在这个方面的探讨少之又少,然而这部分的研究又极其重要,是未来研究的重要方向,因此可继续沿着本书的思路,在经营管理转型层面进行更为具体的案例探访与分析;同时加快对教师意愿提升的研究,以从经营管理组织到执行层都有一套完整的策略,为我国创业型大学建设提供更具实际意义的建议。

参考文献

中文文献

1. 亨利·埃茨科威兹.三螺旋[M].北京:东方出版社,2005.
2. 亨利·埃茨科威兹.创业型大学与创新的三螺旋模型[J].科学学研究,2009(4):481-488.
3. 魏红梅.高校教师创业制度环境分析——基于制度环境三维度框架的视角[J].教育发展研究,2015(17).
4. 王雁,孔寒冰,王沛民.两次学术革命与大学的两次转型[J].浙江大学学报,2005(03):162-167.
5. 周春彦.大学-企业-政府三螺旋创新模式[J].自然辩证法研究,2006(4):75-76.
6. 周春彦.双三螺旋:创新与可持续发展[J].东北大学学报,2006(5):170-172.
7. 劳埃特·雷德斯多夫,马丁·迈耶尔.三螺旋模式与知识经济[J].周春彦译.东北大学学报,2010(1):11-13.
8. 周春彦,李海波,李星洲等.国内外三螺旋研究的理论前沿与实践探索[J].科学与管理.2011(4):21-22.
9. 陈红喜.基于三螺旋理论的政产学研合作模式与机制研究[J].科技进步与对策,2009(24):6-8.
10. 吴敏.基于三螺旋模型理论的区域创新系统研究[J].中国科技论坛,2006(1):36-40
11. 彭绪娟,彭绪梅.基于三螺旋理论的创业型大学的创业能力培育探析[J].黑龙江高教研究,2007(12):106-108
12. 徐珏,于丽英.企业集群成长中的官产学三螺旋关系演变分析[J].科技管理研究,2010(11):180-186.

13. 齐善鸿,吴思.中国创新战略演进及其趋势分析——基于三螺旋创新模型的架构[J].中国科技论坛,2007.

14. 陈静,林晓言.基于三螺旋理论的我国技术转移新途径分析[J].技术经济,2008(7):1—6.

15. 王勇.海峡西岸经济区区域三螺旋合作深化发展路径探讨[J].台湾研究集刊,2011(3):34—42.

16. 周志霞.基于三螺旋模型的潍坊市蓝色高端企业集群创新研究[J].安徽农业科学.2011(3):1805—1806.

17. 胡浩民,李思思,向安强.科技创新体系的多元联合互动逻辑——温氏集团科技创新发展的三重螺旋模型理论分析[J].科技管理研究.2011(3):24—30.

18. 刘志铭.大学－企业－政府关系与创新模式的变革[J].当代经济研究,2007(10):55—59.

19. 马永斌,王孙禺.浅谈大学、政府和企业三者间关系研究[J].清华大学教育研究,2007(5):26—33.

20. 王如东.基于三螺旋的创意城市研究——以苏州工业园区为例[J].上海管理科学.2008(5):78—81.

21. 胡士强,张云霞.高新技术企业发展中的政府作用探析——无锡尚德与贵州微硬盘的比较研究[J].科技管理研究.2008(4):26—28、33.

22. 栾春娟,陈悦,刘则渊.三螺旋创新模式下的全球学术界专利竞争[J].情报杂志.2008(4):12—15.

23. 王建华.基于国家战略企业发展需求的产学研合作新机制、新模式[J].中国科技企业.2010(1):48—51.

24. 柳岸.我国科技成果转化的三螺旋模式研究——以中国科学院为例[J].科学学研究,2011(8):1129—1134.

25. 张铁男,陈娟.基于三螺旋模型的大学科技园孵化模式[J].研究情报杂志,2011(2):66—67.

26. 西蒙·马金森,马克·康西丹著,周心红译.澳大利亚企业型大学的权力结构、管理模式与再创造方式[M].杭州:浙江大学出版社,2007:204—207.

27. 李世超,苏竣.大学变革的趋势——从研究型大学到创业型大学[J].科学学研究,2006(4):552—558.

28. 冒澄.试论创新背景下的创业型大学建设[J].教育发展研究,2007(11):51—54.

29. 易高峰,赵文华.创业型大学:研究型大学模式的变革与创新[J].复旦教育论坛,2009(1):53—57.

30. 王雁.创业型大学:美国研究型大学模式变革的研究[D].杭州:浙江大学,2005.

31. 彭宜新,邹珊刚.从研究到创业——大学职能的演变[J].自然辩证法研究,2003(4):44—49.

32.王雁,孔寒冰,王沛民.两次学术革命与大学的两次转型[J].浙江大学学报,2005(03):162-167.

33.李世超,苏竣.大学变革的趋势——从研究型大学到创业型大学[J].科学学研究,2006(08):552-558.

34.邹晓东,陈汉聪.创业型大学:概念内涵、组织特征与实践路径[J].高等教育工程研究,2011(3):55-56.

35.张秀萍.论基于三螺旋理论的大学知识创新模式[J].沈阳师范大学学报(社会科学版),2010(3):83-86.

36.南佐民.三螺旋理论下的创业型大学建设[J].教育与职业,2004(30):10-12.

37.刘则渊,杨中楷.基于知识活动系统的中国三螺旋创新模式,第八届国际三螺旋大会,新加坡,2007(05).

38.韩高军.三螺旋理论视角下的创业型大学[J].教育学术月刊,2010(06).

39.陈士俊,柳洲.产学研合作的"钻石琥珀模型"及其启示[J].科学学与科学技术管理,2008(02):14-18.

40.张金波.三螺旋理论视野中的科技创新——基于美国创业型大学的分析[J].高等工程教育研究,2009(5):89-94.

41.段雪辉.美国高校创业教育模式分析[J].前沿.2011(6):195-196.

42.章淡.大学技术转移影响因素模型研究[J].科学学与科学技术管理,2007(11):43-47.

43.卢山.我国大学技术转移机制模式及政策建议[J].改革与战略,2008(51):144-146.

44.刘彦.我国大学技术转移的发展与问题[J].中国科技论坛,2007(3):99-104.

45.胡冬云.中美大学技术转移研究述评[J].研究与发展管理,2008(8):117-122.

46.胡春光.大学变革的趋势:创业型大学的兴起[J].高等农业教育,2005(11).

47.马志强.创业型大学崛起的归因分析[J].江西教育科研,2006(7):48-51.

48.张鹏,宣勇.创业型大学学术运行机制的建构[J].教育发展研究.2011(9):30.

49.甘永涛.论创业型大学研究的理论架构[J].科学学研究.2011(11):1620.

50.王雁,李晓强.创业型大学的典型特征和基本标准[J].科学学研究.2011(2):175-180.

51.陈汉聪,邹晓东.发展中的创业型大学:国际视野与实施策略[J].比较教育研究.2011(9):32-36.

52.文晓灵."三螺旋模式"中的高校定位[J].创新科技.2006(11),16-17.

53.彭绪梅.创业型大学的兴起与发展研究[D].大连:大连理工大学,2007.

54.易高峰.崛起中的创业型大学——基于研究型大学模式变革的视角[M].上海:上海交通大学出版社,2011.

55.王军胜.创业型大学视角下民办本科高校转型路径研究[D].天津大学,2013.

56.陈笃彬.正确处理八个关系建设创业型大学[J].福州大学学报(哲学社会科学版),2009(4):14—18.

57.陈笃彬.创建创业型大学,服务海西工业科学发展[J].发展研究,2008(9):104—106.

58.陈笃彬.确立创业型大学办学理念,走区域特色创业型强校之路[J].高等教育研究(福州大学高等教育研究所编),2008(2):1—4.

59.宋东林,付丙海,唐恒.创业型大学的采用能力评价指标体系构建[J].科技进步与对策.2011(8):116.

60.高明.斯坦福大学——美国研究型大学向创业型大学转型的典范[J].当代教育科学.2011(19):38—39.

61.石变梅,陈劲.可持续创新:美国史蒂文斯理工学院 AE 模式[J].高等教育工程研究.2011(1):95—96.

62.吴伟,邹晓东,陈汉聪.德国创业型大学人才培养模式探析——以慕尼黑工业大学为例[J].高教探索.2011(1):69—70.

63.韩高军.三螺旋理论视角下的创业型大学[J].教育学术月刊.2010(6):41—44.

64.埃兹科维茨.麻省理工学院与创业科学的兴起[M].北京:清华大学出版社,2007.

65.王孙禺,刘继青.中国工程教育发展史研究的理论进路与解释框架[J].清华大学教育研究.2009(3):13—18.

66.阿什比.科技发达时代的大学教育[M].北京:人民教育出版社,1983.

67.克拉克·克尔著,王承绪等译.高等教育不能回避历史——21世纪的问题[M].杭州:浙江教育出版社,2003.

68.乔治·凯勒著,别敦荣译.大学战略与规划[M].青岛:中国海洋大学出版社,2005:28.

69.伯顿·克拉克著,王承绪译.建立创业型大学:组织上转型的途径[M].北京:人民教育出版社,2003.

70.赵婷婷.大学市场化趋势与大学精神的传承[M].台北:高等教育出版社,2002.

71.汤尧.学校经营管理策略:大学经费分配、募款与行销[M].台北:五南图书出版公司,2001.

72.蓋浙生.高等教育的提升:反思与前瞻[M].台北:台湾师范大学,2008.

73.程广文.创业型大学:走出象牙塔后的范式[J].泉州师范学院学报,2010(3):80—84.

74.黄开胜,孙友松,王明和等.地方政府产学研合作基金及其对产学研合作的推动作用[J].科技进步与对策,2004(7):36—38.

75.陈静,林晓言.基于三螺旋理论的我国技术转移新途径分析[J].技术经济,2008(7):1—3.

76.陈笃彬,吴敏生.传承创新 再铸辉煌[J].福州大学学报(哲学社会科学版),2008

(11):1−2.

77.赵文华,易高峰.创业型大学发展模式研究——基于研究型大学模式创新的视角[J].高教探索,2011(3):19−24.

78.储著斌.现代大学制度建设中城市大学的路径选择[J].教育学术月刊,2012(7):45−48.

79.王琳玮,周丽华.创业型大学建设的政府保障机制研究[J].科技创业,2013(7):27−29.

80.易高峰.创业型大学的内涵与基准[J].现代教育管理,2013(11):6−9.

81.吴伟,邹晓东,陈汉聪.德国创业型大学人才培养模式探析——以慕尼黑工业大学为例[J].高教探索,2011(1):69−74.

82.林平.高等教育全球化与中国的高校管理战略[J].中国成人教育,2008(9):5−6.

83.王丽萍,孙东川.政府−大学−企业(GUI)创新网络的合作机制研究评述[J].科技管理研究,2006(6):113−115.

84.龚艳萍,曾德湘.大学技术成果转化组织管理的模式及其发展趋势[J].湖南大学学报,2003(1):12−16.

85.罗尧成.发达国家大学课程结构改革:背景、动向及启示[J].现代教育科学,2005(1):39−43.

86.廖湘阳,王战军.中美日研究生教育学科结构比较及启示[J].中国高等教育,2005(13):58−60.

87.袁本涛,孙健.治理视域下我国研究生教育结构调整问题研究[J].高等教育研究,2011(11):38−42.

88.陆培民,马靖.坚定创业型大学办学理念 走"产学研"三结合办学之路[J].研究与发展管理,2009(2):8−11.

89.王洪才,朱如龙.政产学研合作:高职发展的新模式[J].教育学术月刊,2011(9):1−3.

90.温正胞.创业型大学:比较与启示[D].武汉:华东师范大学博士学位论文,2008.

91.陈劲,张学文.日本型产学官合作创新研究——历史、模式、战略与制度的多元化视角[J].科学学研究,2008(4):1−8.

92.杨德广.应将部分研究型大学转变为创业型大学——从"失衡的金字塔"谈起[J].中国高等教育,2010(1):14−15.

93.李萍,郭晓立.21世纪日本大学产学研合作经验及启示研究[J].青春岁月,2013(4):228−229.

94.希拉·斯劳特,拉里·莱斯利.学术资本主义[M].北京:北京大学出版社,2014.

95.付八军.创业型大学研究述评[J].黑龙江高教研究,2012(7):4−8.

96.顾永安等.新建本科院校转型发展论[M].北京:中国社会科学出版社,2012.

97.吴伟,石变梅,余晓.欧美创业型大学的异化发展、趋同演变及其意蕴[J].现代教育管理,2012(2):120-124.

98.黄佑军.高职院校财经类专业创业型人才培养研究[J].职业教育研究,2012(12):70-73.

99.徐孝昶,宋思运,姜慧等.新建本科院校创新创业型人才培养——以徐州工程学院土木工程学院为例[J].大学教育科学,2013(5):56-59.

100.李晶晶.基于校企联盟的网络创业型人才培养模式研究[J].大众科技,2013(11):163-164.

101.王岚.高校创业型人才培养模式研究[J].中国商贸,2013(7):177-178.

102.赵清艳.对当前高职院校创业型人才培养的思考[J].教育探索,2011(8):14-16.

103.童文胜,夏伦明,颜丹丽.论创新型大学的创业型人才培养环境营建[J].湖北教育,2011(2):45-47.

104.李秀娟."两平台、三层次"创业型人才培养模式研究[J].黑龙江高教研究,2007(11):1-3.

105.生永明,陆建飞,王余龙.创新产学研合作教育模式 培育高层次农科应用型人才——扬州大学产学研合作培养农科类研究生的实践与启示[J].江苏农业科学,2007(4):1-5.

106.魏丽红,陈忠卫.创业教育模式比较及创业型人才培养[J].教学研究,2009(2):1-5.

107.于家杰.高职创业教育人才培养的意义[J].职教论坛,2013(2):65-67.

108.周晓晶,于晓秋,于晓娟等.信息与计算科学专业创新创业教育人才培养途径[J].沈阳农业大学学报,2013(2):221-223.

109.何海晏.创业型经济视角下的大学生创业教育发展策略[J].教育探索,2012(7):151-153.

110.西蒙·马金森,马克·康西丹著,周心红译.澳大利亚企业型大学的权力结构、管理模式与再创造方式[M].杭州:浙江大学出版社,2007.

111.刘强,方锦清,李永.初步分析高新科技园-大学科技园联合网络[J].中国原子能科学研究院年报,2009(1):308-311.

112.王亚玲.大学科技园与大学学科建设互动关系解析——基于斯坦福大学建设科技园的经验[J].黑龙江高教研究,2012(3):1-3.

113.陈晓亮.运用产学结合的方式进行企业形象设计(CI)教育的相关研究——韩国国民大学技术专门研究院品牌实验室(TED)硕士课程事例研究[J].时代教育,2013(10):245-247.

114.张培建,吴建国.人才培养、科学研究、服务社会——谈南通大学"生产过程控制实验室"的创建与三大功能发挥[J].电气电子教学学报,2006(10):1-4.

115.潘景昌,王小利.借鉴韩国高校经验 提高实验室管理水平[J].实验室研究与探索,2006(10):1-3.

116.曹兴,陈思思.大学职能演化与创业型大学:一个文献综述[J].科学决策,2012(4):69-73.

117.崔冬梅.基于SWOT方法的大学生创业环境分析[J].商业经济,2010(7):60-61.

118.娄东生.试论大学创业文化建设[J].福州大学学报,2009(6):89-94.

119.苏益南,齐鹏,朱永跃.创业型经济背景下高校创业文化培育[J].企业经济,2011(9):152-155.

120.于雪丽,王永明.试论创业文化培育的机制创新[J].学术交流,2013(11):188-191.

121.王洪才.新建本科院校:转型发展还是跨越发展——兼评顾永安等著《新建本科院校转型发展论》[J].黑龙江高教研究,2013(3):1-3.

122.顾永安等.新建本科院校转型发展化[M].北京:中国社会科学出版社,2012.

123.施险峰.新时期培养大学生创新创业能力的实践与探索[J].管理观察,2009(4):8-9.

124.查尔斯·维斯特著,蓝劲松主译.一流大学-卓越校长[M].北京:北京大学出版社,2008:71.

125.顾秉林.创新是研究型大学的成功之道[N].中国教育报,2007-11-26(6).

126.陈希.研究型大学要走在建设高教强国的前列[N].中国教育报,2008-1-7(6).

127.刘德恩.创业教育:教育改革与发展的新课题[J].外国教育资料,2000(4):41.

128.杨翔.我国产学研合作发展及问题[J].经济师,2003(3):17-18.

129.王飞绒,吕海萍,龚建立.政府在产学研联合中的影响分析[J].中国科技论坛,2003(3):65-69.

130.周春彦,亨利·埃茨科维兹.论充分发挥大学创业作用实现区域自主创新——麻省理工学院与新英格兰区域创新案例分析及启示[J].中国科技论文在线,2006(1):12-16.

131.教育部关于印发《教育部关于贯彻落实〈中共中央、国务院关于加强技术创新,发展高科技,实现企业化的决定〉的若干意见》的通知(教技〔2000〕2号).

132.张俊宗.现代大学制度——高等教育改革与发展的时代回应[M].北京:中国社会科学出版社,2004:252.

133.常建坤,李时春.美国的创业教育及启示[J].职教论坛,2006(1):35-37.

134.谢飞.基于三螺旋理论的创业型大学建设理论与实践研究[J].中国科学技术信息研究所,2007(2):34-36.

135.张金鉴.行政学典范[M].台北:台湾地区行政学会,1992.

136.查尔斯·沃尔夫.市场或政府[M].北京:中国发展出版社,1994.

137.刘叶.建立创业型大学:管理上转型的路径[D].武汉:华中科技大学,2010:73.

138.徐小洲,胡瑞.英国高校创业教育新政策[N].科学时报,2010-11-30.

139.何建坤,周立,张继红等.研究型大学技术转移——模式研究与实证分析.北京:清华大学出版社,2007.

  140.王辉.中国大学创业教育研究现状、问题与对策[J].高教发展与评估,2005(6):16—18.

  141.林学军.基于三重螺旋创新理论模型的创新体系研究[M].广州:暨南大学出版社,2010:20,131—132.

  142.李善民,潘玉恒.经营经济学[M].北京:中国人民大学出版社,2004:3.

  143.崔建华.大学组织与企业、政府组织特性比较分析[J].黑龙江高教研究,2009(4):1—4.

  144.斯蒂芬.P.罗宾斯.管理学(第11版)[M].北京:中国人民大学出版社,2013:148.

  145.威廉.A.萨尔曼,霍华德.H.史蒂文森,迈克.J.罗伯特等著,郭武文主译.创业管理(第二版)[M].北京:中国人民大学出版社,2005:5.

  146.杰弗里·蒂蒙斯,小斯蒂芬·斯皮内利著,周伟民,吕长春译.创业学[M].北京:人民邮电出版社,2005:13.

  147.张玉利.新经济时代的创业与管理变革[J].外国经济与管理,2005(1):2.

  148.玖·笛德,约翰·本册特,凯思·帕维特著,金马工作室译.创新管理:技术变革、市场变革、组织变革的整合[M].北京:清华大学出版社,2004.

  149.安索夫·伊戈尔著,邵冲译.战略管理[M].北京:机械工业出版社,2010:79.

  150.汤尧.从研究型大学转型到创业型大学要件分析[J].第二届两岸高等教育论坛,2006:134.

  151.张明辉.创新管理与学校经营[J].教育研究月刊,2006(145):41—49.

  152.朱子君,朱如君.大专院校学生创业概念发展之探讨:以咨询类科学生为例[J].创业管理研究,2009(4):85—107.

  153.汤志明.学校创新经营政大的理念、策略与环境[J].教育经营管理研究,2009(1):233—257.

  154.钱强.大学发展内涵与价值取向探析[J].教育评论,2007(4):37—40.

  155.宣勇,张鹏.论创业型大学的价值取向[J].教育研究,2012(4):43—49.

  156.迈克尔·夏托克著,范怡红泽.成功大学的管理之道[M].北京:北京大学出版社,2006:23.

  157.胡建雄,王沛民,高文兵等.学科组织创新——高等学校院系等学科结构的改革研究[M].杭州:浙江大学出版社,2002.

  158.柳洲.高校跨学科科研组织成长机制研究[D].天津:天津大学,2008.

  159.张琰.大学科技转移的双重过程分析[J].科学学与科学技术管理,2004(7):67—69.

  160.何建坤,周立,张继红等.研究型大学技术转移——模式演技与实证分析[J].北京:清华大学出版社,2007:34.

  161.长平彰夫,西尾好司.动き出した产学官连携:知财立国の实现に向けて[M].中央经济社,2003.

162.郭斌.知识经济下产学研合作的模式、机制与绩效评价[M].北京:科学出版社,2007:76.

163.唐小旭.区域产学研结合技术创新研究[D].博士学位论文,哈尔滨:哈尔滨工程大学,2009:79-90.

164.陈劲,陈风华,朱学彦.学术型创业家特质要素、人力资本作用路径与创业环境分析[J].科研管理,2005(10):23-27.

165.王慧.高校教师职务聘任管理中的蝴蝶效应[J].黑龙江高教研究,2006(11):15-19.

166.陈伟,韩孟秋.欧洲创业型大学的组织转型及其启示[J].理工高教研究,2003(02):45-47.

167.许长青.论大学与企业科研合作的风险防范机制[J].现代大学教育,2007(02):67-69.

168.周立,易难,张继红.大学科研成果企业化过程中的风险与防范[J].科技进步与对策,2002(05):23-27.

169.吴少新,王国红.大学科技园创业企业风险资本融资的激励机制分析[J].江汉论坛,2006(02):35-38.

170.杨国安.组织能力的杨三角[M].北京机械工业出版社,2010.

英文参考文献

HENRY ETZKOWITZ,LOET LEYDESDORFF.The Transformation Of University-industry-government Relations[J].Electronic Journal of Sociology,2001.

SAAD MOHAMMED,ZAWDIE GIRMA Source.From technology transfer to the emergence of a triple helix culture:the experience of Algeria in innovation and technological capability development[J].Technology Analysis and Strategic Management,2005(17):89-103.

J.P.C.MARQUES,J.M.G.CARAçA AND H.DIZ.How can university-industry-government interactions change the innovation scenario in Portugal? —the case of the University of Coimbra[J].Technovation,2006(26):534-542.

KEVIN PHILPOT LOET LEYDESDORFF.National and International Dimensions of the Triple Helix in Japan:University-Industry-Government Versus International Coauthorship Relations[J].Journal of the American Society for Information Science and Technology.2009(4):778-788.

LAWRENCE DOOLEY.The entrepreneurial university:Examining the underlying academic tensions[J].Technovation,2010(3):1—10.

HOYE,K.,PRIES,F.,Repeat commercializers:the habitual entrepreneurs of university-industry technology transfer[J].Technovation,2009,29:682—689.

ETZKOWITZ,H.Triple Helix Innovation:Industry,University,and Government in Action[M].Routledge Press,London /New York.2008.

DZISAH,J.,ETZKOWITZ,H..Triple helix circulation:the heart of innovation and development.In:A Theme Paper Presented at the 2009 Triple-Helix Annual Conference,Glasgow,UK,2009(6):16—18.

CARLOS RODRIGUES,ANA I.MELO.The Triple Helix Model as Inspiration for Local Development Policies:An Experience-Based Perspective[J].International Journal of Urban and Regional Research.2012(1):2—4.

HENRY ETZKOWITZ&ZHOU CHUNYAN.Regional innovation initiator:the entrepreneurial university in various triple helix models.Singapore Triple Helix Ⅵ Conference theme paper,2007.

BURTON R.CLARK.Sustaining Change In Universities:Continuities in Case Studies and Concepts.America:McGraw-Hi 11 Press,2005.

GIBBONS.M.,LIMOGES,C.,NOWOTNY,H ETAL.The New Production of knowledge:The Dynamics of Science and Research in Contemporary Societies[M].London:Sage,1994.

MCKELVEY,M.D.Emerging environments in biotechnology,in H.Etzkowitz and L.Leydesdorff,Universities and the Global Knowledge Economy:Triple—Hel ix of Industry—University-Government Relationship,London:Printer.1997.

ROSEMARY DEEN.Globalization,New Managerialism,Academic Capitalism and Entrepreneurialism in Universities:Is the Local Dimension Still Important? [J]Comparative Education,2001(37).

SHEILA SLAUGHTER AND LARRY L.LESLIE.Academic capitalism:policies and the Entrepreneurial University[M].Maryland:The Johns Hopkins University Press,1997.

PETER JARVIS.University and Corporate University:The Higher learning Industry in Global Society[M].Kogan Page Limited,2001.

STEVE G.HOFFMAN.The new tools of the science trade:contested knowledge production and the conceptual vocabularies of academic capitalism[J].Social Anthropology/Anthropologie Sociale.(2011)19,439—462.

SCHMANDT.J;WILSON.R.Growth Policy in the Age of High Technology:The Role of Regions and States[M].Unwin Hyman Press,1990.

ROSTOW.W.W.The Fourth Industrial Revolution and American Society:Some Reflections on the Past of the Future, Furino A(eds), Cooperation and Competition in the Global Economy: Issues and Strategies[M], Mass Ballinger Press. 1998.

ROSENBERG N, NELSON R. American universities and technological change in industry[J]. Research Policy, 1994(23): 323—348.

SIEGEL, D.S., VEUGELERS, R., WRIGHT, M., Technology transfer offices and commercialization of university intellectual property: performance and policy implications[J]. Oxford Review of Economic Policy, 2007 (4), 640—660.

RéJEAN LANDRY A., Malek Sahi, Nabil Amaraa, Mathieu Ouimet. Evidence on how academics manage their portfolio of knowledge transfer activities[J]. Research Policy, 2010 (39): 1387—1403.

RASMUSSEN, E., MOEN, O., GULBRANDSEN, M., Initiatives to promote commercialization of university knowledge. Technovation[J], 2006 (4), 518—533.

P. CRAIG BOARDMAN. Government centrality to university-industry interactions: University research centers and the industry involvement of academic researchers[J]. Research Policy, 2009(38): 1505—1516.

GUSTAVO CRESPI,. PABLO D' ESTE. The impact of academic patenting on university research and its transfer[J]. Research Policy, 2011(31): 55—68.

POH-KAM WONG, YUEN-PING HO, Annette Singh. Towards an "Entrepreneurial University" Model to Support Knowledge-Based Economic Development: The Case of the National University of Singapore World Development[J]. Oxford: Jun 2007(6): 941.

PAUL BENNEWORTH. Seven Samurai Opening Up the Ivory Tower? The Construction of Newcastle as an Entrepreneurial University[J]. European Planning Studies. Abingdon: Apr 2007(4): 487.

ARIANNA MARTINELLI, MARTIN MEYER, NICK VON TUNZELMANN. Becoming an entrepreneurial university? A case study of knowledge exchange relationships and faculty attitudes in a medium-sized, research-oriented university[J]. Journal of Technology Transfer. Indianapolis: Jun 2008(3): 259, 25.

DAVID A. KIRBY, David Urbano. Making Universities More Entrepreneurial: Development of a Model[J]. Canadian Journal of Administrative Sciences Revue canadienne des sciences de l'administration. 2011(28): 302—316.

JEN NELLES, TIM VORLEY Entrepreneurial Architecture: A Blueprint for Entrepreneurial Universities[J]. Canadian Journal of Administrative Sciences Revue canadienne des sciences de l'administration. 2011(28): 341—353.

EINAR RASMUSSEN, SIMON MOSEY AND MIKE WRIGHT. The Evolution of Entrepreneurial Competencies: A Longitudinal Study of University Spin-Off Venture Emergence[J]. Journal of Management Studies September. 2011(48): 6.

ALLISON BRAMWELL, DAVID A. WOLFE. Universities and regional economic development: The Entrepreneurial University of Waterloo[J]. Research Ploicy. 2008(37): 1175—1187.

HENRY ETZKOWITZ, ANDREW WEBSTER, CHRISTIANE GEBHARDT, BRANCA REGINA CANTISANO TERRA. The future of university and the university of the future: evolution of ivory tower to entrepreneurial paradigm[J]. Research Policy 29(2000), 313—330.

MARTIN TROW, The Expansion and Transformation of Higher Education, International Review of Education, 1972(1): 61—63. Peter Jarvis, Universities and Corporate Universities[M]. New York: Kogan Page Limited Press, 1988.

YEATMAN, A. Corporate managerialism: an overview[C]. paper to the New South Wales Teacher's Federationconference, Sydney, March 1991, 8—9.

CLARK, B.R. Collegial entrepreneurialism in proactive universities: Lessons from Europe[J]. Change, 2000(1): 10—19.

CLARK B.R. Delineating the character of the entrepreneurial university[J]. Higher Education policy, 2004 (17): 355—370.

SAXENIAN, A. Regional Advantage: Culture an Competition in silicon Valley and Route 128[M]. Cambridge, MA: Harvard University Press, 2004.

DESAI, COMPERS AND LERNER. An Analysis of Entrepreneurial Environment and Environment and Enterprise Development in Hungary[J]. Journal of SmallBusiness Management, 2003(39): 103—109.

GARTNER W.B. A conceptual framework for describing the phenomenon of new venture creation[J]. The Academy of Management Review, 1985(10): 696—709

SHANE S. AND VENKATARAMAN S. The Promise of Entrepreneurship as a Field of Research[J]. Academy of Management Review, 20003, 25(1): 217—226.

DAVIES, J. L. The emergence of entrepreneurial cultures in European universities. Higher Education Management, 2001, 13(2): 25—43.

ZAHRA, GEORGE AND DHARWADKAR. Entrepreneurship in the multinational corporation: The effects of corporate and local contexts[J]. Academy of Managenment Proceedin, 2001, G1—G6.

ZAHRA, NEUBAUM AND EL-HAGRASSEY. Coeitempetitive analysis and new venture performance: Understanding the impact of strategic uncertainty and venture origin[J]. Entrepreneurship: Theory & Practice, 2002(1), 1—28.

SUSAN M. KUZNIK. Examining the interrelationships among perceived environmental change, strategic response, managerial characteristics and organizational performance[J]. Journal of Business Research, 2004(1): 58—68.

MARKMAN,GIDEON & PETER T.University-industry entrepreneurslip:the organization and management of American university technology transfer units[J].Journal of Business Research,2005(1):25-31.

SIEGEL,DONALD S.& VEUGELERS.University as engines of R&D-based economic growth[J].Journal of Business Research,2007(3):47-55.

JENCK & REISMAN.D.The Triple Helix of university-industry-government relations[J].Oriental EnterpriseCulture,2008(3):78-85.

CLARK,B.R.Sustaining changein universities:continuities in case studies and concepts[M].Maidenhead,England.,New York:Society for Research into Higher Education & Open University Press,2004.

MORAY,N AND CLARYSSE,B.Institutional change and resource based endowment to science-based entrepreneurial firm[J].Research Policy,2005(7):1010-1027.

STUART W.LESLIE.The Cold War and American Science:The Military-Industrial-Academic Complex at MIT and Stanford[M].New York:Columbia University Press,1994.

HENRY GUERLAC."History of the Radiation Laboratory",B-Ⅱ 81 MDRC Minutes,25 October 1940.MIT Archives,1946.

ROTHAERMEL,F.T.and Thursby,M.Incubator firm failure or graduation? The role of university linkages[J].Research University,2005(34):1076-1090.

POWERS,J.AND MCDOUGALL,P.University startup formation and technology licensing with firms that go public:a resource based view of academic entrepreneurship[J].Journal of Business Venturing,2005(20):3.

SHANE,S.Encouraging university entrepreneurship:the effect of the Bayh-Dole act on university patenting in the United States[J].Journal of Business Venturing,2004(1):127-151.

JULIUS A.STRATTON,LORETTA H.MANNIX.Mind and Hand-The Birth of MIT[M].Cambridge:MIT Press,2005.

DEBACKERE,K.AND VEUGELERS,R.The role of academic technology transfer organizations in improving industry-science links[J].Research Policy,2005.

O'SHEA,R.P.,ALLEN,T.J.,O'GORMAN,C.AND ROCHE,F.Universities and Technology Transfer:A Review of Academic Entrepreneurship literature[J].Irish Journal of Management,2004(2):11-29.

O'SHEA,R.P.,ALLEN,T.J.,CHEVALIER,A.AND ROCHE,F.Entrepreneurial orientation,technology transfer and spinoff performance of U.S.Universities[J].Research Policy,2005(7):994-1009.

PONTUS BRAUNERHJELM,Academic entrepreneurship:social norms,university culture and policies[J].science and public policy,2007,11:619-631.

VESPER,H. AND GARTNER,B.,"Measuring Progress in Entrepreneurship Education",Journal of Business Venturing,Volume 12,Issue 5,September 1997,pp.403—421.

SCOTT ANDREW SHANE. Academic Entrepreneurship: University Spinoffs and Wealth Creation[M].Northampton:Edward Elgar Publishing,2004.

PETER M.SENGE,ART KLEINER,CHARLOTTE ROBERTS,GEORGE ROTH,RICK ROSS,BRYAN SMITH.The Fifth Discipline Feedback[M].NY:Crown Archetype Press,1994.

BIRD,B.J.& BRUSH,C.G.A gendered perspective on organizational creation[J].Entrepreneurship Theory and Practice,2003(3):41—65.

KATZ,J.A.,& WILLIAMS,P.M.GENDER,self employment and weak-tie networking through formal organizations—A secondary analysis approach[J].Entrepreneurship and Regional Development,1997(3):183—197.

附录一

高校教师对建设创业型大学的态度及参与意愿影响因素的调查问卷

尊敬的老师：

您好！

为了深入了解我国教师队伍对建设创业型大学的基本态度和影响参与意愿的因素，我们进行了此次调查。本次调查仅作为科研使用，烦请您根据您的实际情况或者真实想法选择答案，不必有任何顾虑，非常感谢您的支持与合作！

一、基本信息

1.您的性别：男（　　）　　女（　　）

2.您的年龄：_____

3.您任教的年限：（　　）

A.5年及以下　　　B.5—10年　　　C.10—15年　　　D.15年及以上

4.您所任职的高校和学院或研究所是：_____

5.您所在学院属于：_____（如文、理、工、农等）

6.贵校所在的省市是：_____

7.您目前的职称为：（　　）

A.教授（研究员）　　　　　　B.副教授（副研究员）

C.讲师（助理研究员）　　　　D.助教（实习研究员）

8.您家庭的收入状况：

5 000—10 000元/月（　　）　　10 000—15 000元/月（　　）

15 000—20 000元/月（　　）　　20 000元以上/月（　　）

9.您是否愿意通过科技成果转化、技术入股、社会培训或创业等方式直接参与创业型大学建设？（　　）

A.愿意　　　　　B.不愿意

10.如果您不愿意参与创业型大学建设,是出于什么考虑(　　　)(可多选)

A.现在的绩效或科研考核机制限制,无法尝试;

B.政府或学校出台的鼓励政策不足,氛围不浓,让我不愿意尝试

C.风险太大,不愿意尝试

D.其他的原因(请注明):_____

_____

11.您认为"创业型大学"应该具有的特征是(　　　)(可多选)

A.至少有3家及以上衍生公司

B.授权、创业、服务等知识转移服务社会的收益占总收入超过50%

C.拥有来自工业或产业科研经费赞助,且占总经费不低于50%

D.明确设定"建设创业型大学,以创业促进国家和地区经济发展为战略目标"

E.其他特征(请说明)_____

备注:若您觉得A、B和C选项的数据不合适,请您写下认为合适的:A项_____家衍生公司;B项_____%;C项_____%。

二、请您根据您的具体情况,选择同意这些表述的程度,并在相应方框处打钩(答案无对错),包括:非常不同意、不同意、没有意见、同意、非常同意五种,数值越大代表您同意程度越大。请您每题都作答,非常感谢!

序号	问题	非常不同意 1	不同意 2	没意见 3	同意 4	非常同意 5
01	国家或地区出台的技术入股或管理入股等激励高校教师进行知识转移政策,会提高我创新创业的意愿	□	□	□	□	□
02	因有创业风险投资机制,减轻我创业风险,故增强我创业的意愿	□	□	□	□	□
03	学校若确定"建设创业型大学,以服务区域经济发展"的战略目标,能提高我参与知识转移服务社会的意愿	□	□	□	□	□
04	因开展创业,或技术转让,或服务社会培训项目等纳入我的绩效考核,会增强我利用知识或技术服务社会意愿	□	□	□	□	□
05	学校改革科研评价方式,将科研成果转化纳入考核,能提高我创新创业的意愿	□	□	□	□	□

附录一　高校教师对建设创业型大学的态度及参与意愿影响因素的调查问卷

续表

序号	问题	非常不同意 1	不同意 2	没意见 3	同意 4	非常同意 5
06	因学校制定鼓励我利用智力成果,开展知识转移服务社会或创建衍生公司的激励政策,故可提高我的积极性	□	□	□	□	□
07	学校定期开展创业模拟或沙盘演练等各种创业活动,创造仿真环境,提高我的技能,也提高我的意愿	□	□	□	□	□
08	学校设置联系外部组织开展技术成果转化的专门机构,做好服务,协助我处理好知识产权、收益分配等问题,能提高我开展科研成果转让或创新创业的意向	□	□	□	□	□
09	学校独立或以合作形式设立科学园、孵化器等公共服务平台,能提高我创新创业的意向	□	□	□	□	□
10	学校不断宣传"创业型大学"理念,灌输企业家精神,会提高我参与的积极性	□	□	□	□	□
11	学校开展针对教师创新创业的教育,会增强我创业的信心,从而提高我创业的意愿	□	□	□	□	□
12	周边同事都积极利用智力成果创新创业,会提升我参与的积极性	□	□	□	□	□
13	家人或朋友肯定和认可我利用智力成果开展创新创业,服务社会,会增强我的意愿	□	□	□	□	□
14	因有来自政府、企业或学校的创业支持项目,所以我会积极开展创业	□	□	□	□	□
15	因有来自政府、产业或学校的创业启动资金支持,所以我有意愿尝试创业	□	□	□	□	□
16	来自产业界的科研经费支持,会影响我开展科研成果转让或技术入股等服务产业发展活动的意愿	□	□	□	□	□
17	拥有更多的科研项目,增加我科研成果产出,能提高我成果转化或创业的意愿	□	□	□	□	□
18	因发表更多国内外权威论文或获得奖项,提高科研成果的认可度,增强我成果转化或创业的意愿	□	□	□	□	□
19	我获得发明专利,拥有自主知识产权成果,能增强我创业的意愿	□	□	□	□	□
20	拥有产学研合作或其他开展知识转移服务社会的经验,有利于提高我的信心,故会影响我创新创业计划	□	□	□	□	□

问卷到此结束,非常感谢您的合作！祝您马年万事如意！

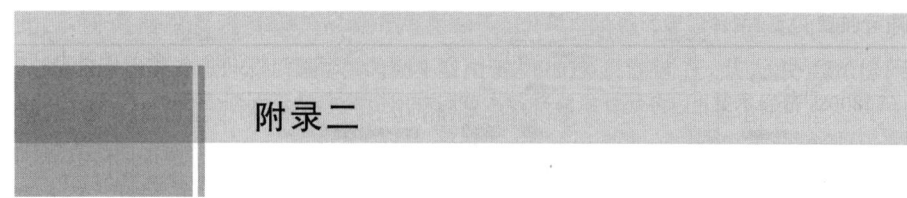

附录二

高等院校或科研院所转向创业型组织影响因素问卷调查

尊敬的领导：

您好！

为深入研究影响我国高等院校及科研院所转向创业型组织的因素，探讨促进可行的转型路径，我们以学院或研究所为对象，进行了此次调查。本次调查仅作为科研使用，烦请您根据您的实际情况选择或填写答案，不必有任何顾虑，非常感谢您的支持与合作！

一、基本信息

1.贵校和学院或研究所的名称：_____

2.贵学院或研究所类型：_____（如文、理、工、农等）

3.贵校或研究所所在省市：_____

二、请您根据学院或研究所的实际情况，选择或填写以下问题

4.贵学院或研究所目前拥有衍生公司的数量（　　）

   A.0　　　　　　　B.1—3　　　　　　C.3家以上

5.贵学院或研究所最近一年知识、授权、培训服务等收益占总收入比例（　　）

   A.10%及以下　　　B.10%—50%　　　C.50%及以上

6.贵学院或研究所最近一年来自产业或工业的科研经费赞助占总科研经费比例（　　）

   A.10%及以下　　　B.10%—50%　　　C.50%及以上

7.贵学院或研究所最近一年拥有的省级及以上科研项目数共_____个。

8.截至目前，贵学院或研究所，拥有的省级及以上科研基地数_____个。

9.贵学院或研究所最近一年拥有的横向经费共_____万元;纵向经费共_____万元。

10.贵学院或研究所目前拥有的学科带头人数为_____人。

11.近三年,贵学院或研究所拥有发表国内外权威论文数————篇。

12.近三年,贵学院或研究所拥有的省部及以上科技奖项数为_____项。

13.近三年,贵学院或研究所拥有的有效发明专利数为_____项。

14.近三年,贵学院或研究所拥有的内外部支持性创业项目数_____项(含学生)。

15.贵学院或研究所最近一年拥有的产学研项目共_____项。产学研经费为_____万元。

16.贵学院或研究所最近一年投入产学研合作的教师人数占总数的比例为_____%。

17.贵学院或研究所最近一年资金来源渠道情况:

财政拨款资金占比_____%;

补助和合同筹集资金占比_____%;

其他自由资金数占比_____%。

18.截至目前,贵学院或研究所拥有的省级及以上实验室数_____个。

19.截至目前,贵学院或研究所拥有的大学一企业合作中心数_____个。

20.截至目前,贵学院或研究所能够使用的校级技术成果转化孵化器数_____个。

21.截至目前,贵学院或研究所能使用的大学科技园区数_____个。

22.贵学院近一年人平均绩效工资额度为_____元。

问卷到此结束,非常感谢您的合作!